# + Potężna

# MOTYWACJA

## *Klucz do sukcesu z zastosowaniem hipnozy*

TERAPEUTYCZNE
WARSZTATY WYJAZDOWE

Foundation
Health
Without
Limits

HEALTH WITHOUT LIMITS
TERAPIA I RELAKS          NON PROFIT

# DEDYKACJA

Dedykuję tę książkę dla wszystkich, którzy stracili swoją motywację i obecnie poszukują sposobów na jej odzyskanie. Często w życiu pojawiają się okresy, w których czujemy się zniechęceni, zmęczeni i pozbawieni energii do działania. Takie momenty mogą być wynikiem różnych przyczyn, takich jak trudności w pracy lub szkole, problemy osobiste czy zmiany w życiu, które nas zaskakują.

Jeśli obecnie przeżywasz taki okres, chcę Ci powiedzieć, że nie jesteś sam. Wiele osób doświadcza podobnych uczuć, a kluczem do ich przezwyciężenia jest odzyskanie motywacji. Właśnie dlatego ta książka jest dla Ciebie - by pomóc Ci w odnalezieniu wewnętrznej motywacji i pozytywnego nastawienia do życia.

W książce znajdziesz wiele praktycznych wskazówek i inspirujących historii, które pomogą Ci odkryć, co jest dla Ciebie naprawdę ważne i jak znaleźć motywację do działania. Znajdziesz tutaj także ćwiczenia i narzędzia, które pomogą Ci wzmocnić swoją wewnętrzną siłę i przekonanie, że możesz osiągnąć swoje cele.

Tak więc, jeśli czujesz się zniechęcony i pozbawiony motywacji, zacznij czytać tę książkę i pozwól sobie na nowe spojrzenie na swoje życie. Dzięki niej zaczniesz wierzyć w siebie i zaczniesz działać w kierunku swoich marzeń.

+ Potężna MOTYWACJA.

Prosty sposób z zastosowaniem hipnozy

*Klucz do sukcesu*

# Cytaty Motywacyjna na 30 dni.

1. Dopóki nie będziesz cenić siebie, nie będziesz cenić własnego czasu. M. Scott Peck

2. Jesteśmy tym, co w swoim życiu powtarzamy. Doskonałość nie jest jednorazowym aktem, lecz nawykiem. Arystoteles

3. Jeśli nie czujesz się godny, by wyrosły Ci skrzydła, nigdy nie oderwiesz się od ziemi. Nick Vujicic

4. Jeśli potrafisz o czymś marzyć, to potrafisz także tego dokonać. Walt Disney

5. Ludzie są dokładnie tak szczęśliwi, jak myślą, że są. Abraham Lincoln

6. Potykając się, można zajść daleko; nie wolno tylko upaść i nie podnieść się. Goethe

7. Prawdziwy akt odkrycia nie polega na odnajdywaniu nowych lądów, lecz na patrzeniu na stare w nowy sposób. Marcel Proust

8. Przeciwności, z którymi musimy się zmierzyć, często sprawiają, że stajemy się silniejsi. A to, co dziś wydaje się stratą, jutro może okazać się zyskiem. Nick Vujicic

9. Ludzie, którzy tracą czas czekając, aż zaistnieją najbardziej sprzyjające warunki, nigdy nic nie zdziałają. Najlepszy czas na działanie jest teraz! Mark Fisher

10. Mądrzy ciągle się uczą, głupcy najczęściej wszystko umieją. Apolinary Despinoix

11. Motywacja jest tym co pozwala Ci zacząć. Nawyk jest tym co pozwala Ci wytrwać! Stephen Covey

12. W życiu nie chodzi o czekanie, aż burza minie… Chodzi o to, by nauczyć się tańczyć w deszczu. Vivian Green

13. Ważniejsze jest, co ty myślisz o sobie samym, niż to, co o tobie myślą inni. Seneka Młodszy

14. Kto potrafi cieszyć się z małych rzeczy, mieszka w ogrodzie pełnym szczęśliwości. Phil Bosmans

15. Nigdy nie rezygnuj z celu tylko dlatego, że osiągnięcie go wymaga czasu. Czas i tak upłynie. H. Jackson Brown

16. Sposobem na zaczęcie jest skończenie mówienia i podjęcie działania. Walt Disney

17. Starania i odwaga nie wystarczą, jeżeli zabraknie celu i ukierunkowania. John Fitzgerald Kennedy

18. To nie nasze życie jest krótkie, to my czynimy je krótkim zajmując się sprawami niepotrzebnymi. Seneka

19. Trudno jest iść przez życie wieloma drogami jednocześnie. Pitagoras

20. Trzeba się nauczyć ponosić porażki. Nie można stworzyć nic nowego, jeżeli nie potrafi się akceptować pomyłek. Charles Knight

21. Aby samemu stać się lepszym, nie musisz czekać na lepszy świat. Phil Bosmans

22. Bez względu na to ile popełnisz błędów, albo jak wolno idą postępy, i tak jesteś przed tymi, którzy nie próbują wcale! Tom Robbins

23. Twój czas jest ograniczony, więc nie marnuj go na byciem kimś, kim nie jesteś. Steve Jobs

24. Weź życie we własne ręce. I co się wtedy stanie? Coś strasznego: Nie będzie kogo obwiniać. Erica Jong

25. Wszystkie nasze marzenia mogą stać się rzeczywistością, jeśli mamy odwagę je realizować. Walt Disney

26. Ludzie, którzy na tym świecie kroczą naprzód, wstają i szukają odpowiednich warunków, a jeśli ich nie mogą znaleźć, tworzą je. George Bernard Shaw

*Klucz do sukcesu*

27. Za dwadzieścia lat bardziej będziesz żałował tego, czego nie zrobiłeś, niż tego, co zrobiłeś. Więc odwiąż liny, opuść bezpieczną przystań. Złap w żagle pomyślne wiatry. Podróżuj, śnij, odkrywaj! Mark Twain

28. Żadne zadanie nie jest szczególnie trudne, jeśli podzielisz je na mniejsze podzadania. Henry Ford

29. Ludzie boją się zmian, nawet na lepsze. J. I. Kraszewski

30. Szczęście to jedyna rzecz, która się mnoży, gdy się ją dzieli. Albert Schweitzer

*Klucz do sukcesu*

# PODZIĘKOWANIE

Dziękuję wszystkim ludziom, którzy stanęli na mojej drodze, tworząc, kreując mnie takiego, jakim jestem.

# + Potężna  MOTYWACJA

## Klucz do sukcesu z zastosowaniem hipnozy

# Zaczynamy !

**UWAGA! To jest bardzo ważne!**

Jeśli brak Ci motywacji aby przeczytać dział I lub stracisz motywację do kontynuacji działu I przejdź do działu II strona 219 : Motywacja z zastosowaniem hipnozy. Po czym powróć do działu I.

*Klucz do sukcesu*

# Spis treści

*Klucz do sukcesu*

*Klucz do sukcesu*

*Klucz do sukcesu*

*Klucz do sukcesu*

*Klucz do sukcesu*

*Klucz do sukcesu*

# Potężna Motywacja:

# Klucz do Osiągnięcia Sukcesu

# Wprowadzenie:

Czy zdarza Ci się patrzeć na ludzi, którzy zdają się mieć wszystko, czego pragniesz, i zastanawiać się, jak im się to udało? Czy masz cele, które chcesz osiągnąć, ale nie wiesz, jak zmotywować się, aby je zrealizować? Właśnie dlatego napisałem tę książkę o potężnej motywacji.

Motywacja jest kluczem do sukcesu, ponieważ to ona pcha nas do działania i pozwala nam przekraczać własne granice. Niezależnie od tego, czy chodzi o karierę zawodową, zdrowie, życie osobiste czy jakikolwiek inny obszar życia, bez potężnej motywacji trudno jest osiągnąć sukces. To właśnie ta siła wewnętrzna pozwala nam pokonać trudności i przeszkody, które stoją na naszej drodze.

W tej książce omówimy różne aspekty motywacji i pokażemy, jak można zbudować potężną motywację, która pozwoli Ci osiągnąć swoje cele. Zaczniemy od tego, czym właściwie jest motywacja i jakie są jej rodzaje. Dowiesz się, jak motywacja wpływa na nasze działania i dlaczego jest tak ważna w osiąganiu sukcesu.

Kolejny rozdział poświęcimy czynnikom wpływającym na motywację, takim jak potrzeby, cele, wartości, poziom stresu i zadowolenia z życia. Omówimy, jakie jest ich znaczenie i jak je wykorzystać, aby zwiększyć swoją motywację.

Następnie przedstawimy różne techniki i strategie, które możesz wykorzystać, aby zwiększyć swoją motywację. Będziemy omawiać takie tematy jak: tworzenie planów działania, wykorzystanie afirmacji i wizualizacji, znaczenie pozytywnego myślenia, wykorzystanie afirmacji oraz technik relaksacyjnych.

W dalszej części książki porozmawiamy o przeszkodach, które często uniemożliwiają nam osiąganie celów. Będziemy omawiać, jak radzić sobie z lękiem, poczuciem bezradności, zbyt dużą ilością obowiązków czy niską samooceną. Dowiesz się, jakie są skuteczne strategie radzenia sobie z trudnościami i jak przekształcić je w motywację.

Następnie przejdziemy do omówienia znaczenia motywacji w życiu zawodowym i prywatnym. Dowiesz się, jak zwiększyć swoją motywację w

*Klucz do sukcesu*

pracy, jak wykorzystać motywację do rozwoju kariery oraz jakie znaczenie ma motywacja w prowadzeniu własnego biznesu. Omówimy także znaczenie motywacji w dziedzinie zdrowia.

# Definicja motywacji

Motywacja to siła wewnętrzna, która pcha nas do działania i pozwala nam osiągać cele. To nasza chęć, pasja i determinacja, która kieruje nasze myśli, emocje i działania w określonym kierunku. Bez motywacji trudno jest zrealizować swoje cele, ponieważ brak siły wewnętrznej powoduje, że czujemy się zniechęceni, bezradni i bezsilni.

Wyróżniamy kilka rodzajów motywacji. Pierwszym z nich jest motywacja wewnętrzna, która pochodzi z nas samych. To nasza wewnętrzna chęć do działania, które wynika z naszych wartości, potrzeb i celów. Motywacja wewnętrzna jest bardzo ważna w osiąganiu długofalowych celów, ponieważ pcha nas do działania bez względu na nagrody zewnętrzne.

Drugim rodzajem motywacji jest motywacja zewnętrzna, która pochodzi z czynników zewnętrznych, takich jak nagrody, pochwały, kary lub presja społeczna. Motywacja zewnętrzna może być skuteczna na krótką metę, ale nie przynosi zadowolenia na dłuższą metę i nie działa w przypadku długofalowych celów.

Motywacja wpływa na nasze działania, ponieważ to ona decyduje o tym, co robimy i jak robimy to. Motywacja może nas pobudzać do działania lub powodować, że czujemy się zniechęceni i niezdolni do podjęcia działań. Motywacja może również wpływać na nasze emocje i myśli, ponieważ to, co robimy, ma wpływ na nasze samopoczucie i postrzeganie siebie.

Motywacja jest bardzo ważna w osiąganiu celów, ponieważ bez niej trudno jest pokonać trudności i przeszkody, które stoją na naszej drodze. Motywacja pozwala nam utrzymać się na kursie i przekraczać własne granice, aby osiągnąć to, czego pragniemy. Bez motywacji trudno jest wytrwać w dążeniu do celów i osiągnąć sukces.

*Klucz do sukcesu*

# Czynniki wpływające na motywację

W tym rozdziale przedstawimy najważniejsze czynniki wpływające na naszą motywację, takie jak potrzeby, cele, wartości, poziom stresu i zadowolenia z życia. Dowiesz się, jakie są ich znaczenie i jak je wykorzystać, aby zwiększyć swoją motywację.

Istnieje wiele czynników, które wpływają na naszą motywację. Niektóre z nich są związane z naszym wewnętrznym stanem, a inne z otoczeniem i sytuacją, w której się znajdujemy. Poniżej przedstawiam kilka czynników wpływających na motywację:

## 1.  Cel.

Cel jest jednym z kluczowych czynników wpływających na motywację. Wyznaczenie sobie konkretnego celu daje nam kierunek, w którym warto podążać i zwiększa naszą motywację do działania. Istotne jest, aby cel był realistyczny, mierzalny oraz dostosowany do naszych wartości i potrzeb.

Realistyczny cel oznacza, że jest on osiągalny, a jego osiągnięcie nie wymaga niemożliwych działań lub wydatków. W przeciwnym razie, jeśli cel wydaje się zbyt trudny do osiągnięcia, nasza motywacja do działania może zostać osłabiona, a sam cel może stać się przyczyną frustracji i poczucia porażki.

Mierzalny cel oznacza, że możemy łatwo określić, czy go osiągnęliśmy, lub na ile jesteśmy mu bliscy. Mierzenie postępów pozwala nam na ocenę naszych działań, a tym samym na podejmowanie decyzji, czy należy zmodyfikować swoje plany działania, czy też trzymać się ustalonej drogi.

Dostosowanie celu do naszych wartości i potrzeb to ważny element, ponieważ to właśnie one stanowią nasze źródło motywacji. Dążenie do celów, które są zgodne z naszymi wartościami, pozwala nam na odczuwanie większej satysfakcji z osiągnięcia celu, a tym samym zwiększa naszą

*Klucz do sukcesu*

motywację do działania.

Warto pamiętać, że cel powinien być również konkretyzowany. Nie wystarczy bowiem postawienie sobie celu ogólnego typu: "chcę schudnąć". Konkretyzacja celu na przykład poprzez określenie dokładnej ilości kilogramów, które chcemy zrzucić lub zdefiniowanie daty, do której chcemy osiągnąć nasz cel, pozwoli nam na bardziej skuteczne dążenie do jego realizacji.

Cel jest istotnym czynnikiem wpływającym na motywację. Jego wyznaczenie i jasne określenie pomaga nam zorientować się w jakim kierunku chcemy podążać oraz co należy zrobić, aby go osiągnąć. Warto jednak pamiętać o tym, aby cel był realistyczny, mierzalny oraz dostosowany do naszych wartości i potrzeb.

## 2. Wartości

Wartości są jednym z kluczowych czynników wpływających na naszą motywację. Stanowią one podstawę naszych przekonań, postaw i decyzji. Jeśli nasze cele i działania są zgodne z naszymi wartościami, to odczuwamy większe zadowolenie z podejmowanych działań, co pozytywnie wpływa na naszą motywację i chęć dalszej pracy nad realizacją celu.

Kiedy nasze cele i działania są zgodne z naszymi wartościami, działamy w zgodzie ze sobą. To oznacza, że nie musimy przekonywać siebie do podejmowanych działań, ani zmuszać się do wykonywania ich. Działając w zgodzie ze swoimi wartościami, zyskujemy wewnętrzną motywację, która pozwala nam osiągnąć nasze cele z większą łatwością.

Podejmowanie działań, które nie są zgodne z naszymi wartościami, może prowadzić do poczucia niezadowolenia i frustracji. Dlatego tak ważne jest, aby zastanowić się nad tym, jakie wartości są dla nas istotne i dopasować nasze cele i działania do nich. Dzięki temu będziemy mieć większą motywację do działania i łatwiej utrzymamy się na drodze do osiągnięcia celu.

Warto także pamiętać, że wartości mogą się zmieniać w czasie. Dlatego warto regularnie odświeżać swoją listę wartości i przekonań, aby upewnić się, że nasze cele i działania wciąż są zgodne z naszymi aktualnymi przekonaniami. To pozwoli nam na utrzymanie wysokiego poziomu motywacji i na skuteczne dążenie do naszych celów.

Wartości są ważnymi czynnikami wpływającymi na naszą motywację. Działając zgodnie z naszymi wartościami, zyskujemy wewnętrzną motywację, co ułatwia nam dążenie do celów. Dlatego tak ważne jest, aby nasze cele i działania były zgodne z naszymi wartościami i aby regularnie odświeżać swoją listę wartości i przekonań.

## 3. **Samoocena**

Samoocena to pojęcie, które odgrywa bardzo ważną rolę w naszym życiu. To, co myślimy o sobie, jak postrzegamy swoje umiejętności i kompetencje, wpływa na nasze postawy i zachowania. Pozytywna samoocena jest kluczowa dla motywacji, ponieważ wprowadza w nas poczucie pewności siebie i wiary w siebie.

Kiedy mamy wysoką samoocenę, to jesteśmy przekonani o swoich umiejętnościach i kompetencjach. Czujemy się na siłach, by podejmować wyzwania i podejmować ryzyko, ponieważ wierzymy, że jesteśmy w stanie osiągnąć sukces. Dzięki temu łatwiej jest nam podejmować decyzje, podejmować działania i wytrwać w dążeniu do celu, nawet w sytuacjach trudnych i wymagających.

Z drugiej strony, niska samoocena może prowadzić do braku motywacji i poczucia bezradności. Czujemy się niepewni swoich umiejętności, boimy się podjąć wyzwanie i podejmować działania. To może prowadzić do stagnacji i unikania zmian, co z kolei ogranicza nasze możliwości rozwoju i osiągnięcia celów.

Dlatego tak ważne jest, aby pracować nad swoją samooceną i rozwijać pozytywne myślenie o sobie. Można to zrobić poprzez uważne obserwowanie swoich myśli i wybieranie pozytywnych, wsparcie bliskich osób, regularne podejmowanie wyzwań i dążenie do rozwoju swoich umiejętności. Wszystkie te czynniki mogą wpłynąć na naszą samoocenę i wzmocnić naszą motywację do osiągania celów.

*Klucz do sukcesu*

## 4. Nagrody i kary

Nagrody i kary to jeden z czynników, które wpływają na naszą motywację. Nagrody mogą działać jako bodziec do podjęcia działania i osiągnięcia celu. Otrzymanie nagrody pozwala nam poczuć się docenionym i nagrodzonym za nasze wysiłki, co z kolei zwiększa naszą motywację do dalszej pracy. Ważne jednak, aby nagroda była adekwatna do wykonanego zadania, a jej wartość była odpowiednio oceniona.

Kary, z drugiej strony, mogą być również bodźcem do działania, jednak ich zastosowanie powinno być starannie przemyślane. Kary nie powinny być stosowane jako jedyny sposób motywacji, ponieważ mogą prowadzić do negatywnych emocji, takich jak lęk czy poczucie niesprawiedliwości. Kary powinny być stosowane tylko w sytuacjach, gdy jest to konieczne, np. w przypadku naruszenia ustalonych reguł lub standardów.

Ważne jest, aby zarówno nagrody, jak i kary, były związane z naszymi wartościami i osiągnięciami. Otrzymanie nagrody za coś, co nie jest dla nas wartościowe, nie będzie działać motywująco. Podobnie, kary powinny być stosowane tylko w przypadku naruszenia wartości lub standardów, których przestrzeganie uważamy za ważne.

Dlatego, aby nagrody i kary działały motywująco, powinny być stosowane w sposób umiejętny i adekwatny do danej sytuacji. Ostatecznie, nagrody i kary powinny być tylko jednym z wielu czynników wpływających na naszą motywację, a nie jedynym sposobem motywacji.

## 5. Otoczenie

Otoczenie, w którym się znajdujemy, ma ogromny wpływ na naszą motywację. Ludzie, z którymi spędzamy czas, mogą nas inspirować, motywować i wspierać lub zniechęcać i obniżać naszą motywację. Dlatego ważne jest, aby wybierać osoby, które nas motywują i dążą do osiągnięcia własnych celów, ponieważ wtedy jesteśmy bardziej skłonni do podjęcia wyzwań i dążenia do sukcesu.

Jeśli mamy wokół siebie ludzi, którzy zawsze narzekają, nie mają żadnych ambicji i unikają odpowiedzialności, to nasza motywacja może znacznie się zmniejszyć. To, co mówią i robią, może wpłynąć na nasze myśli i emocje, co w konsekwencji wpłynie na nasze działania. Jeśli ludzie, z którymi spędzamy czas, krytykują nas lub nasze cele, to możemy zacząć wątpić w siebie i swoje zdolności, co skutecznie obniży naszą motywację.

Z drugiej strony, jeśli otoczenie jest pełne pozytywnych i ambitnych ludzi, którzy ciągle dążą do osiągnięcia celów, to nasza motywacja może znacznie się zwiększyć. Inspirujący przykłady innych ludzi mogą nas zachęcić i pokazać nam, że sukces jest osiągalny. Osoby, które nas wspierają i motywują, mogą pomóc nam przejść przez trudne momenty i dać nam potrzebnego kopa, aby kontynuować dążenie do celu.

Dlatego ważne jest, aby wybierać otoczenie, które nas motywuje i wspiera, a unikać towarzystwa osób, które nas zniechęcają i obniżają naszą motywację. Jeśli nasze otoczenie nie jest pozytywne, możemy szukać wsparcia w grupach lub organizacjach, które dzielą nasze cele i wartości, aby zwiększyć naszą motywację i utrzymać się na kursie w dążeniu do sukcesu.

## 6. Zadania i wyzwania.

Zadania i wyzwania stanowią ważny czynnik wpływający na naszą motywację. Często to właśnie nasze zadania i cele stanowią dla nas wyzwanie, które musimy pokonać, aby osiągnąć sukces. Jeśli wyzwanie jest zbyt łatwe, to może nas znużyć i zniechęcić, ponieważ nie ma w tym dla nas żadnego trudności i satysfakcji z osiągnięcia. Z kolei zadania, które są zbyt trudne, mogą nas przerosnąć i zniechęcić, ponieważ nie jesteśmy w stanie sobie z nimi poradzić.

Dlatego ważne jest, aby wybierać zadania i cele, które są odpowiednio dopasowane do naszych umiejętności i poziomu trudności. Taka sytuacja jest najbardziej motywująca, ponieważ czujemy, że musimy się postarać i wykazać, ale jednocześnie mamy szansę na sukces. Ponadto, kiedy osiągamy cele, które dla nas stanowią wyzwanie, to odczuwamy poczucie satysfakcji z wykonanej pracy oraz wzrost naszej samooceny i motywacji.

Wyzwania i zadania są także istotne dla naszej motywacji, ponieważ pomagają nam rozwijać się i poszerzać swoje umiejętności. Kiedy stawiamy sobie wyzwania i próbujemy czegoś nowego, to jesteśmy w stanie uczyć się na własnych błędach, rozwijać swoje umiejętności oraz poszerzać swoje horyzonty. W ten sposób nasza motywacja rośnie, ponieważ czujemy się lepiej, kiedy jesteśmy w stanie poradzić sobie z czymś trudnym.

Ostatecznie, zadania i wyzwania, które sobie stawiamy, powinny być zgodne z naszymi wartościami i celami. Musimy mieć świadomość, że każde zadanie, które wykonujemy, przyczynia się do realizacji naszych celów i pomaga nam osiągnąć sukces. Kiedy jesteśmy świadomi celów, które chcemy osiągnąć, i kiedy podejmujemy zadania i wyzwania, które prowadzą nas w kierunku tych celów, to nasza motywacja rośnie, ponieważ czujemy się coraz bliżej ich osiągnięcia.

## 7. Stan emocjonalny

Kiedy czujemy się zdezorientowani, zniechęceni lub zestresowani, nasza motywacja może ulec zmniejszeniu. Nasze emocje wpływają na nasze zachowanie, a także na sposób, w jaki myślimy o sobie i swoich umiejętnościach. Przyjemne emocje i samopoczucie pozytywnie wpływają na naszą motywację, co prowadzi do większej chęci do podejmowania działań i dążenia do celów.

Jednym ze sposobów, aby zwiększyć przyjemne emocje, jest dbanie o swoje zdrowie psychiczne i fizyczne. Regularne ćwiczenia fizyczne, zdrowe odżywianie i sen, a także podejmowanie działań, które nam sprawiają przyjemność, pomagają nam w utrzymywaniu dobrego samopoczucia i zwiększeniu poziomu motywacji.

Innym ważnym czynnikiem wpływającym na nasz stan emocjonalny jest nasza perspektywa. Kiedy skupiamy się na pozytywnych aspektach sytuacji, jesteśmy bardziej skłonni do odczuwania przyjemnych emocji i zwiększenia motywacji. Z drugiej strony, skupienie się na negatywnych aspektach i problemy może wpłynąć na naszą motywację negatywnie, prowadząc do poczucia bezradności i braku kontroli nad sytuacją.

Ważnym aspektem naszego stanu emocjonalnego jest również radzenie sobie ze stresem. Zbyt dużo stresu może wpłynąć na naszą motywację negatywnie, dlatego warto nauczyć się technik radzenia sobie ze stresem, takich jak medytacja, głębokie oddychanie czy terapia.

*Klucz do sukcesu*

Wszystkie te czynniki wpływają na nasz stan emocjonalny i mogą wpłynąć na naszą motywację. Dlatego ważne jest, aby zwracać uwagę na swoje samopoczucie i podejmować działania mające na celu jego poprawę, aby zwiększyć swoją motywację i dążenie do celów.

# Techniki budowania motywacji

W tym rozdziale przedstawię techniki i strategie, które możesz wykorzystać, aby zwiększyć swoją motywację. Będziemy omawiać takie tematy jak: tworzenie planów działania, wykorzystanie afirmacji i wizualizacji,

*Klucz do sukcesu*

znaczenie pozytywnego myślenia, wykorzystanie afirmacji oraz technik relaksacyjnych.

# Dziesięć technik i strategii budowania motywacji.

1. ## Wyznaczanie celów - określenie konkretnych, mierzalnych celów, które są dostosowane do naszych wartości i potrzeb.

Wyznaczanie celów jest jednym z najważniejszych elementów budowania motywacji. Dzięki temu, że wiemy, dokąd zmierzamy, łatwiej jest nam skupić się na tym, co jest dla nas ważne i działać w konkretnym kierunku. Cele powinny być konkretnie określone i mierzalne, abyśmy mieli jasny pomysł na to, kiedy i jak osiągniemy sukces.

Wyznaczanie celów może być skomplikowanym procesem, ponieważ musimy uwzględnić wiele czynników, takich jak nasze umiejętności, czas, zasoby i dostępność wsparcia. Powinniśmy zastanowić się nad tym, co jest dla nas ważne i co chcemy osiągnąć, a następnie wyznaczyć konkretne cele, które będą nas prowadzić w kierunku sukcesu.

Kiedy wyznaczamy cele, warto pamiętać, że powinny one być dostosowane do naszych wartości i potrzeb. Jeśli nie jesteśmy przekonani, że dany cel jest dla nas ważny, to trudno będzie nam znaleźć w nim motywację i dążyć do jego osiągnięcia. Dlatego ważne jest, aby cele były zgodne z naszymi wartościami i marzeniami.

Kolejnym ważnym elementem wyznaczania celów jest ich mierzalność. Cele powinny być wyraźnie określone i mierzalne, abyśmy mogli weryfikować nasz postęp i wiedzieć, czy zmierzamy w dobrym kierunku. Wyznaczenie konkretnej daty lub czasu, kiedy chcemy osiągnąć cel, może być również bardzo motywujące.

Wyznaczanie celów jest skuteczną techniką budowania motywacji, ponieważ pomaga nam zdefiniować naszą drogę do sukcesu. Dzięki temu, że mamy jasno określony cel, łatwiej jest nam skupić się na tym, co jest dla nas ważne i podejmować działania, które nas do niego zbliżają.

## 2. Pozytywne myślenie - skupianie się na pozytywnych aspektach i możliwościach zamiast na negatywnych.

Pozytywne myślenie to sposób myślenia, który skupia się na dostrzeganiu pozytywnych aspektów i możliwości w sytuacjach życiowych, zamiast skupiać się na negatywnych. Może to pomóc nam wzmocnić wiarę w siebie i swoje umiejętności oraz pomóc w budowaniu pozytywnego podejścia do życia.

Skupienie się na pozytywnych aspektach sytuacji może również pomóc nam zredukować poziom stresu i lęku, co wpłynie na nasze samopoczucie. Pozytywne myślenie może pomóc nam zobaczyć sytuację z innej perspektywy i podejść do nich z większym optymizmem.

Warto pamiętać, że pozytywne myślenie nie oznacza ignorowania trudności i problemów, ale raczej skupienie się na szukaniu rozwiązań i możliwości, które pozwolą nam przezwyciężyć przeszkody. Pozytywne myślenie może pomóc nam zwiększyć naszą samoocenę i poczucie kontroli nad sytuacją.

Jedną z metod stosowanych w pozytywnym myśleniu jest praktyka dziękowania, czyli codzienne podziękowanie za coś, co jest ważne dla nas, albo coś, co sprawiło nam przyjemność w ciągu dnia. Możemy również powtarzać sobie pozytywnych przekonań na temat siebie, aby wzmocnić swoją wiarę w siebie i swoje umiejętności.

Pozytywne myślenie to jedna z wielu strategii, które możemy stosować w celu budowania motywacji i osiągania naszych celów. Może pomóc nam w radzeniu sobie z trudnościami i osiągnięciu sukcesu, a także w zwiększeniu naszego poczucia szczęścia i spełnienia.

## 3. Wizualizacja - wyobrażanie sobie siebie w sytuacjach, w których osiągamy nasze cele, co pomaga nam wzmocnić wiarę w siebie i swoje umiejętności.

Wizualizacja to technika, która polega na wyobrażaniu sobie siebie w pozytywnych sytuacjach, takich jak osiąganie celów, spełnianie marzeń i realizacja planów. Jest to skuteczna metoda budowania motywacji, ponieważ umożliwia nam zobaczenie siebie w sukcesie i zwiększenie naszej wiary w siebie.

Aby skorzystać z tej techniki, warto wyznaczyć konkretny cel i skupić się na nim. Następnie należy usiąść w spokojnym miejscu, zamknąć oczy i wyobrazić sobie, jak osiągamy ten cel. Wizualizacja powinna być jak najbardziej realistyczna, a my powinniśmy widzieć siebie w tej sytuacji i odczuwać emocje z nią związane. Ważne jest, aby wyobrażać sobie szczegóły i zobaczyć całą sytuację jak najbardziej realistycznie.

Wizualizacja może pomóc w budowaniu motywacji, ponieważ pozwala nam poczuć się bardziej pewnie i skoncentrować się na celu. Kiedy wyobrażamy sobie, że osiągamy cel, nasz umysł zaczyna działać na korzyść naszej motywacji, a my stajemy się bardziej skłonni do podejmowania działań, które prowadzą nas w kierunku osiągnięcia celu.

Wizualizacja może być stosowana w różnych dziedzinach życia, od sportu po biznes. Może być również pomocna w redukcji stresu i poprawie samopoczucia. Warto regularnie praktykować wizualizację, aby wzmocnić swoją motywację i osiągnąć pozytywne rezultaty.

# 4. Motywujące afirmacje - powtarzanie sobie pozytywnych i motywujących zdań, które wzmacniają nasze poczucie wartości i wiarę w siebie.

Motywujące afirmacje to jedna z popularnych technik budowania motywacji, polegająca na powtarzaniu sobie pozytywnych i afirmatywnych zdań, które wzmacniają nasze poczucie wartości i wiarę w siebie. W ten sposób, kierujemy swoje myśli i słowa w pozytywnym kierunku, co wpływa korzystnie na naszą psychikę i motywację.

Powtarzanie afirmacji pomaga nam zredukować negatywne myśli i przekonania, które hamują nasze działania i utrudniają osiąganie celów. Zamiast skupiać się na swoich słabościach, koncentrujemy się na swoich mocnych stronach i możliwościach. To pozwala nam zbudować pozytywne podejście do życia i wzmocnić naszą samoocenę.

Warto pamiętać, że motywujące afirmacje muszą być zgodne z naszymi wartościami i potrzebami. Powinny odzwierciedlać to, co chcemy osiągnąć i jakimi chcemy być ludźmi. Dobrze dobrane afirmacje mogą pomóc nam zbudować wiarę w siebie, zwiększyć naszą motywację i dążenie do celów.

Afirmacje można powtarzać na różne sposoby, np. rano po przebudzeniu, podczas medytacji, podczas ćwiczeń fizycznych czy pracy umysłowej. Ważne jest, aby powtarzać je regularnie i skupić się na ich treści, tak aby pozytywna energia przenikała do naszej psychiki.

Zastosowanie motywujących afirmacji może przynieść wiele korzyści, takich jak zwiększenie poczucia wartości, poprawa nastroju, wzrost samooceny i motywacji do osiągania celów. Jednocześnie, warto pamiętać, że afirmacje same w sobie nie są magicznym rozwiązaniem, ale stanowią tylko jedną z wielu technik budowania motywacji.

*Klucz do sukcesu*

## 5. Dzielenie się sukcesami - dzielenie się z innymi naszymi sukcesami, co dodaje nam motywacji i wzmacnia nasze poczucie wartości.

Dzielenie się sukcesami to kolejna ważna strategia budowania motywacji. Kiedy osiągamy jakiś cel lub odnosimy sukces, warto podzielić się tym z innymi ludźmi, którzy nas wspierają i motywują. To pomaga nam zwiększyć naszą samoocenę i poczucie wartości, a także zmotywować nas do kontynuowania pracy nad kolejnymi celami.

Dzielenie się sukcesami może mieć różne formy. Możemy opowiedzieć o swoim osiągnięciu bliskiej osobie, takiej jak partner, przyjaciel lub rodzic. Możemy również podzielić się nim w pracy, na zajęciach lub na forach internetowych, na których jesteśmy aktywni. Możemy opublikować post na portalach społecznościowych, takich jak Facebook czy LinkedIn, aby nasze osiągnięcia zobaczyło jak najwięcej osób.

Warto również podzielić się swoimi sukcesami w kontekście grupy lub zespołu, w którym działamy. Wspólne osiąganie celów z innymi ludźmi może być bardzo motywujące i budować poczucie wspólnoty oraz zaangażowania w działania. Dzielenie się sukcesami w grupie pozwala nam także na uznanie dla naszej pracy i umiejętności przez innych ludzi, co z kolei wpływa na naszą motywację i poczucie wartości.

Wreszcie, warto pamiętać, że dzielenie się sukcesami to nie tylko okazja do uzyskania uznania i wsparcia od innych, ale również do refleksji nad naszymi osiągnięciami i postępami. Przy okazji opowiadania o swoich sukcesach, możemy zastanowić się nad tym, co zrobiło je możliwymi, jakie umiejętności i cechy pomogły nam je osiągnąć, a także nad tym, jakie lekcje możemy wyciągnąć z naszych doświadczeń i zastosować je w przyszłości. To również wpływa na naszą motywację i rozwój osobisty.

## 6. Rozwijanie umiejętności - rozwijanie umiejętności i zdobywanie nowych doświadczeń może pomóc nam zwiększyć pewność siebie i motywację.

Rozwijanie umiejętności to kluczowa strategia budowania motywacji i osiągania sukcesu. Kiedy koncentrujemy się na rozwoju naszych umiejętności i zdobywaniu nowych doświadczeń, zwiększamy naszą pewność siebie, motywację i gotowość do podejmowania nowych wyzwań.

Poprzez rozwijanie umiejętności stajemy się bardziej kompetentni w tym, co robimy. Zdobycie nowej wiedzy, umiejętności technicznych lub społecznych sprawia, że czujemy się pewniej i bardziej komfortowo w wykonywaniu zadań związanych z naszymi celami. To z kolei przekłada się na większą motywację do działania i podejmowania nowych wyzwań.

Rozwijanie umiejętności może odbywać się na wiele różnych sposobów. Możemy uczęszczać na kursy, szkolenia, warsztaty lub seminaria, które są związane z naszymi zainteresowaniami lub obszarami, w których chcemy się rozwijać. Możemy również uczyć się samodzielnie poprzez czytanie książek, artykułów, oglądanie tutoriali lub korzystanie z dostępnych zasobów online. Warto również szukać okazji do praktycznego wykorzystania zdobytej wiedzy i umiejętności poprzez angażowanie się w projekty, praktyki czy wolontariat.

Podczas rozwoju umiejętności ważne jest zachowanie otwartości i elastyczności. Nie obawiajmy się eksperymentować, popełniać błędy i uczyć się na nich. To proces ciągły, w którym stale poszerzamy nasze horyzonty i doskonalimy nasze umiejętności.

W miarę jak rozwijamy umiejętności, zauważamy postępy, które stają się źródłem motywacji i satysfakcji. Każde nowe osiągnięcie buduje naszą pewność siebie i wiarę w to, że jesteśmy zdolni do kontynuowania rozwoju i osiągania kolejnych sukcesów. To z kolei zwiększa naszą motywację i gotowość do podjęcia nowych wyzwań.

***Klucz do sukcesu***

Rozwijanie umiejętności jest więc nieodłączną częścią procesu budowania motywacji i dążenia do sukcesu. Przez ciągły rozwój stajemy się silniejsi, bardziej kompetentni i gotowi na kolejne wyzwania, co wpływa pozytywnie na naszą motywację i osiągnięcia.

## 7. Pamiętanie o korzyściach - przypominanie sobie o korzyściach, jakie osiągniemy, gdy osiągniemy nasze cele, co pomaga nam utrzymać się na kursie.

Pamiętanie o korzyściach, jakie osiągniemy, gdy osiągniemy nasze cele, jest ważnym elementem budowania i utrzymania motywacji. Często w trudnych momentach, gdy napotykamy przeszkody lub mamy wątpliwości, przypominanie sobie o korzyściach przynosi nam dodatkową motywację i umożliwia utrzymanie się na kursie.

Przypominanie sobie o korzyściach ma kilka aspektów. Po pierwsze, pomaga nam utrzymać wizję końcowego rezultatu. Kiedy mamy jasno przed oczami, jakie korzyści i satysfakcje czekają na nas po osiągnięciu celu, łatwiej jest nam przetrwać trudne chwile i pokonać przeszkody. Jest to swoisty punkt odniesienia, który daje nam energię i motywację do działania.

Po drugie, przypominanie sobie o korzyściach może działać jako wewnętrzny motywator. Kiedy zastanawiamy się, jakie pozytywne zmiany przyniesie osiągnięcie celu, czujemy wewnętrzny impuls do działania. Wyobrażenie sobie lepszego życia, większej satysfakcji, spełnienia czy pozytywnych konsekwencji motywuje nas do podejmowania wysiłku i trwania w dążeniu do celu.

Pamiętanie o korzyściach może również działać jako nagroda sama w sobie. Gdy zwracamy uwagę na pozytywne skutki osiągnięcia celu, doznajemy uczucia satysfakcji i radości. Ta pozytywna emocja jest dodatkowym wsparciem dla naszej motywacji i zachęca nas do kontynuowania wysiłku.

Przypominanie sobie o korzyściach można robić na różne sposoby. Można stworzyć listę korzyści i przeglądać ją regularnie, można stworzyć wizualizację przyszłego sukcesu i wracać do niej w trudnych chwilach, można również dzielić się swoimi planami i korzyściami z innymi osobami, które nas wspierają.

Ważne jest, aby pamiętać, że korzyści nie zawsze muszą być materialne. Mogą to być również emocjonalne, duchowe lub społeczne korzyści. Każdy ma inne wartości i priorytety, dlatego istotne jest, aby skupić się na tych korzyściach, które są dla nas najważniejsze i najbardziej motywujące.

Pamiętanie o korzyściach jest jednym z narzędzi, które możemy wykorzystać w procesie budowania i utrzymania motywacji. Pomaga nam utrzymać fokus, daje nam dodatkową energię i zwiększa naszą determinację w dążeniu do celu. To ważna praktyka, która umożliwia nam utrzymanie motywacji na długą metę i osiąganie sukcesów.

## 8. Wyzwanie siebie - wyzwolenie się do podejmowania trudniejszych zadań i dążenia do celów, które przekraczają nasze dotychczasowe granice.

Wyzwanie siebie jest jednym z kluczowych elementów budowania motywacji i rozwoju osobistego. Polega na świadomym podejmowaniu trudniejszych zadań i dążeniu do celów, które przekraczają nasze dotychczasowe granice. To proces, w którym wychodzimy ze strefy komfortu i stawiamy czoła nowym, wymagającym sytuacjom.

Podejmowanie wyzwań jest istotne, ponieważ pozwala nam rozwijać się i wzrastać jako osoby. Kiedy stawiamy sobie trudniejsze cele i angażujemy się w bardziej wymagające zadania, uczymy się nowych umiejętności, rozwijamy swoje talenty i poszerzamy horyzonty. To prowadzi do osobistego wzrostu i zwiększenia naszej motywacji do ciągłego doskonalenia.

Wyzwanie siebie ma również pozytywny wpływ na nasze poczucie własnej wartości. Gdy udowadniamy sobie, że jesteśmy w stanie przekraczać własne granice i osiągać trudne cele, wzmacniamy naszą pewność siebie i poczucie własnej wartości. Z każdym sukcesem, każdym przezwyciężonym wyzwaniem, stajemy się coraz bardziej przekonani o naszych możliwościach i zdolnościach.

Podjęcie wyzwania może być również źródłem pozytywnej energii i motywacji. Kiedy wyznaczamy sobie ambitne cele i angażujemy się w działania, które przekraczają nasze obecne umiejętności, napędza nas dążenie do osiągnięcia sukcesu. Odczuwamy chęć do nauki, doskonalenia i osiągania coraz większych rezultatów. To pociąga za sobą spirale motywacji i pozytywnego rozwoju.

Wyzwanie siebie może przybrać różne formy, w zależności od naszych celów i zainteresowań. Może to być podejmowanie nowych projektów, nauka nowych umiejętności, włączenie się w większe wyzwania zawodowe czy osobiste, uczestnictwo w konkursach lub maratonach. Istotne jest, aby cele, które sobie stawiamy, były odpowiednio wymagające, ale jednocześnie realistyczne i osiągalne, abyśmy mogli poczuć radość i satysfakcję z ich realizacji.

Wyzwanie siebie to proces ciągły, niezależnie od tego, na jakim etapie rozwoju się znajdujemy. Każde nowe wyzwanie, które podejmujemy, staje się kolejnym krokiem na naszej drodze do sukcesu i samorozwoju. Warto zachować otwartość na nowe doświadczenia, być gotowym na wychodzenie ze strefy komfortu i rozwijać się poprzez wyzwania, które nas inspirują i motywują.

## 9. Organizowanie swojego czasu - planowanie swojego czasu i zadaniowe, co pomaga nam skuteczniej i efektywniej działać w kierunku naszych celów.

Organizowanie swojego czasu jest kluczowym elementem budowania motywacji i osiągania sukcesu. Kiedy planujemy i zadaniowo rozdzielamy swój czas, możemy skuteczniej i efektywniej działać w kierunku naszych celów. Organizacja czasu pomaga nam lepiej zarządzać naszymi zadaniami, redukuje stres i zwiększa naszą produktywność.

Planowanie czasu umożliwia nam skoncentrowanie się na najważniejszych zadaniach i priorytetach. Dzięki temu unikamy rozpraszania się i marnowania czasu na nieistotne lub mało wartościowe działania. Tworzenie harmonogramu lub listy zadań pozwala nam mieć jasną wizję tego, co musimy zrobić i kiedy. To z kolei wpływa na naszą motywację, ponieważ widzimy, jakie kroki musimy podjąć, aby osiągnąć nasze cele.

Organizacja czasu pozwala nam również na efektywne wykorzystanie dostępnych zasobów. Kiedy dokładnie planujemy, ile czasu poświęcamy na poszczególne zadania, unikamy nadmiernego poświęcania czasu na jedno zadanie kosztem innych. To pozwala nam na zrównoważone działanie i lepsze wykorzystanie naszej energii i zasobów. Skuteczne zarządzanie czasem prowadzi do większej efektywności w pracy i osiągania lepszych wyników.

Organizowanie czasu może pomóc nam również w tworzeniu zdrowej równowagi między życiem zawodowym a prywatnym. Kiedy planujemy czas na różne obszary naszego życia, takie jak praca, rodzina, relacje społeczne, odpoczynek czy rozwój osobisty, możemy lepiej zbalansować te sfery i uniknąć poczucia przeciążenia lub braku czasu na to, co dla nas ważne. To wpływa na nasze samopoczucie i motywację, ponieważ czujemy się bardziej zrównoważeni i spełnieni.

Warto również wspomnieć, że organizowanie czasu może obejmować techniki zarządzania czasem, takie jak priorytetyzacja zadań, techniki skracania czasu czy eliminacja marnowania czasu na nieproduktywne czynności. Istnieje wiele narzędzi i strategii, które mogą nam pomóc w organizacji czasu, takie jak kalendarze, listy zadań, planery czy technologie wspomagające.

Wnioskiem jest to, że organizowanie swojego czasu jest kluczowe dla skutecznego działania i osiągania celów. Pozwala nam lepiej zarządzać naszymi zadaniami, redukuje stres i zwiększa naszą produktywność. Kiedy

*Klucz do sukcesu*

planujemy i zadaniowo rozdzielamy swój czas, mamy większą kontrolę nad naszymi działaniami i możemy skoncentrować się na tym, co naprawdę ważne. To z kolei wpływa pozytywnie na naszą motywację, satysfakcję i osiąganie sukcesu.

## 10. Motywująca muzyka i literatura - słuchanie muzyki i czytanie literatury, która nas inspiruje i motywuje, może pomóc nam wzmocnić naszą motywację i dodać nam energii.

Motywująca muzyka i literatura są potężnym źródłem inspiracji i motywacji. Słuchanie muzyki i czytanie literatury, która nas wzrusza, podnosi na duchu i motywuje, może mieć ogromny wpływ na nasze samopoczucie i determinację w dążeniu do celów.

Muzyka ma niezwykłą moc oddziaływania na nasze emocje i nastroje. Melodie, teksty i rytmika mogą pobudzać nasze zmysły, podnosić na duchu i wprowadzać w stan skoncentrowanej motywacji. Motywująca muzyka może dostarczyć nam dodatkowej energii i siły do podejmowania wyzwań, zwłaszcza w trudnych momentach. Rytmy dynamiczne i teksty pełne inspirujących słów mogą wznieść nasze ducha i pomóc nam przekroczyć własne granice.

Podobnie jak muzyka, literatura może również odgrywać ważną rolę w budowaniu motywacji. Czytanie książek, artykułów lub poezji, które skupiają się na sukcesie, przezwyciężaniu przeszkód, inspirujących historiach czy rozwijaniu osobistym, może rozszerzyć nasze horyzonty i pobudzić naszą wyobraźnię. Dobrej jakości literatura może dostarczyć nam wartościowych przemyśleń, mądrości życiowych i wzorców zachowań, które mogą nam pomóc w budowaniu motywacji i osiąganiu celów.

Przy wyborze motywującej muzyki i literatury warto kierować się swoimi preferencjami i zainteresowaniami. To, co motywuje jedną osobę, może nie działać na inną. Każdy ma swoje własne upodobania muzyczne i literackie, dlatego ważne jest, aby znaleźć te utwory i książki, które rezonują z naszymi wartościami, pasjami i celami.

Dodatkowo, warto podkreślić, że wpływ muzyki i literatury na naszą motywację może być jeszcze silniejszy, gdy świadomie dobieramy te treści w kontekście naszych celów i potrzeb. Możemy tworzyć motywacyjne playlisty z utworami, które nas pobudzają do działania, lub czytać książki związane tematycznie z naszymi celami, pasjami czy obszarami, w których chcemy się rozwijać.

Muzyka i literatura stanowią więc niezwykle wartościowe źródło inspiracji i motywacji. Ich pozytywny wpływ na nasze samopoczucie, emocje i motywację nie może być lekceważony. Korzystając z tego, możemy wzmocnić naszą motywację, dodać sobie energii i wiary w siebie, co z kolei przyczyni się do osiągnięcia naszych celów i sukcesu.

*Klucz do sukcesu*

# Praca z przeszkodami w motywacji

W tym rozdziale skupiamy się na istotnym aspekcie budowania i utrzymywania motywacji - pracy z przeszkodami. Każdy z nas spotyka się z różnymi przeciwnościami i trudnościami w drodze do osiągania celów. W tym rozdziale uczymy, jak skutecznie radzić sobie z tymi przeszkodami i nie dać się zniechęcić.

Przeszkody mogą przybierać różne formy - mogą to być trudności wewnętrzne, takie jak lęki, brak pewności siebie czy negatywne myślenie, jak również trudności zewnętrzne, takie jak ograniczenia czasowe, konflikty czy brak wsparcia otoczenia. W tym rozdziale przedstawiamy różne strategie, które pomagają w pokonywaniu tych przeszkód i utrzymaniu motywacji na wysokim poziomie.

Nasza książka dostarcza praktycznych narzędzi i technik, które umożliwiają skuteczne radzenie sobie z przeszkodami w motywacji. Uczymy, jak zidentyfikować przeszkody, rozpoznawać ich źródła i podejść do nich z odpowiednim podejściem. Pokazujemy, jak zmieniać negatywne myśli na pozytywne, jak radzić sobie z lękami i jak budować pewność siebie.

Ważnym elementem pracy z przeszkodami jest również wykorzystanie wsparcia otoczenia. W tym rozdziale przedstawiamy, jak szukać wsparcia i motywacji w swoim otoczeniu - zarówno w bliskich relacjach, jak i w zewnętrznych grupach wsparcia. Pokazujemy, jak budować sieć kontaktów, które motywują nas do działania i pomagają w pokonywaniu trudności.

Dodatkowo, w tym rozdziale zgłębiamy techniki radzenia sobie w sytuacjach stresowych i trudnych. Uczymy, jak utrzymać spokój i klarowność umysłu w obliczu przeciwności, jak rozwijać elastyczność i umiejętność adaptacji do zmieniających się okoliczności. Przedstawiamy również strategie zarządzania czasem i priorytetami, które pomagają w efektywnym działaniu pomimo przeszkód.

Praca z przeszkodami w motywacji jest nieodłącznym elementem osiągania sukcesu. W tym rozdziale odkryjesz, jak przekształcić przeszkody w

*Klucz do sukcesu*

wyzwania, jak wzmacniać swoją determinację i utrzymać wysoką motywację w trudnych momentach. Każda przeszkoda staje się okazją do rozwoju i wzrostu, a dzięki strategiom przedstawionym w tym rozdziale, będziesz gotowy na każde wyzwanie, które napotkasz na swojej drodze do sukcesu.

# Historia z życia: Przemiana z bezrobotnego do przedsiębiorcy

Pozwól, że opowiem Ci historię o Jana, który znalazł się w sytuacji, gdzie spotkał wiele przeciwności na swojej drodze do osiągnięcia sukcesu. Jan był absolwentem uniwersytetu, który po zakończeniu studiów nie mógł znaleźć pracy w swoim zawodzie. Przez wiele miesięcy zmagania się z odrzutami i brakiem perspektyw na rynku pracy zaczęły niszczyć jego motywację i pewność siebie.

To był moment, w którym Jan zdecydował, że musi podjąć działania, aby pokonać te przeszkody. Znalazł inspirację w książce o budowaniu motywacji i pracy z przeszkodami. Zaczął skrupulatnie pracować nad swoją mentalnością, przekształcając negatywne myśli na pozytywne. Zamiast skupiać się na swoich porażkach, zaczął patrzeć na nie jako na lekcje i szanse do rozwoju.

Jan zrozumiał, że aby zmienić swoją sytuację, musi również skorzystać z wsparcia otoczenia. Zaczął aktywnie szukać grup wsparcia, dołączył do lokalnej organizacji przedsiębiorców, gdzie poznał ludzi, którzy byli w podobnej sytuacji lub przeszli przez podobne trudności. Dzięki tym kontaktom, Jan zaczął otrzymywać wsparcie, inspirację i praktyczne wskazówki, które pomogły mu utrzymać wysoką motywację.

Kolejnym krokiem Jana było zidentyfikowanie i przezwyciężenie swoich lęków. Wykorzystywał techniki oddechowe i wizualizację sukcesu, aby kontrolować swoje emocje i podjąć działania, które były dla niego wyzwaniem. Stopniowo, pokonywał swoje obawy i nabierał coraz większej pewności siebie.

Jan zdawał sobie również sprawę, że planowanie czasu i priorytetów było

*Klucz do sukcesu*

kluczowe dla jego sukcesu. Zaczął tworzyć harmonogramy, w których jasno określał cele i zadania do wykonania. Dzięki temu potrafił skuteczniej zarządzać swoim czasem, eliminując nieproduktywne czynności i skupiając się na najważniejszych zadaniach.

Niezależnie od trudności, Jan utrzymywał swoją determinację i wytrwałość. Wiedział, że każda przeszkoda była tylko kolejnym wyzwaniem do przekroczenia. Niezależnie od tego, czy to było odrzucenie podczas poszukiwania pracy czy trudności w rozwijaniu swojego własnego biznesu, Jan podchodził do tych sytuacji jako okazji do nauki i wzrostu.

Po kilku latach ciężkiej pracy, Jan odniósł sukces jako przedsiębiorca. Zbudował własną firmę, która prosperowała i przynosiła mu satysfakcję zarówno finansową, jak i osobistą. Przezwyciężając przeszkody na swojej drodze, Jan stał się silniejszy, bardziej wytrwały i bardziej zmotywowany do osiągania swoich celów.

Ta historia Jana jest doskonałym przykładem, jak praca z przeszkodami może prowadzić do sukcesu. Dzięki strategiom przedstawionym w tym rozdziale, Jan zdołał przekształcić swoje przeciwności w wyzwania i utrzymać swoją motywację na wysokim poziomie. Każda przeszkoda stała się dla niego okazją do nauki, rozwoju i wzrostu, a dzięki temu osiągnął swoje cele i odniósł sukces.

# Przedstawiam szereg praktycznych ćwiczeń i strategii, które pomogą Ci skutecznie radzić sobie z przeszkodami i utrzymać wysoką motywację:

## 1. Identyfikuj przeszkody: Naucz się rozpoznawać i identyfikować przeszkody, które napotykasz na swojej drodze. Zastanów się, jakie są ich źródła i jak wpływają na Twoją motywację.

Identyfikowanie przeszkód jest kluczowym krokiem w procesie pracy z nimi i utrzymania wysokiej motywacji. Oto kilka wskazówek, które pomogą Ci skutecznie identyfikować przeszkody i zrozumieć ich wpływ na Twoją motywację:

1. Samoświadomość:

 Zatrzymaj się na chwilę i zastanów się, co konkretnie utrudnia Ci osiągnięcie Twojego celu. Zidentyfikuj trudności, które napotykasz na swojej drodze. Może to być brak czasu, brak zasobów finansowych, brak umiejętności lub nawet negatywne myśli i wątpliwości.

2. Analiza przyczyn:

Przeanalizuj, skąd te przeszkody się biorą. Czy są to czynniki wewnętrzne, takie jak brak pewności siebie, lęki czy ograniczające przekonania? Czy są to czynniki zewnętrzne, takie jak brak wsparcia otoczenia, konflikty czy niewłaściwe warunki pracy? Zrozumienie przyczyn pozwoli Ci skierować swoje działania w odpowiednim kierunku.

3. Świadomość emocjonalna:

Zwróć uwagę na to, jak te przeszkody wpływają na Twoje emocje i motywację. Czy czujesz frustrację, bezradność, lęk czy poczucie przytłoczenia? Pamiętaj, że świadomość swoich emocji pozwala Ci lepiej nimi zarządzać i podejmować skuteczne działania.

*Klucz do sukcesu*

4. Dziennikarstwo motywacyjne:

Prowadzenie dziennika, w którym zapisujesz swoje przeszkody i emocje z nimi związane, może pomóc Ci lepiej zrozumieć ich wpływ na Twoją motywację. Zapisując swoje obserwacje i refleksje, możesz odkryć powtarzające się wzorce i szukać rozwiązań.

5. Analiza potencjalnych rozwiązań:

Po zidentyfikowaniu przeszkód, zastanów się nad możliwymi sposobami ich pokonania. Wyobraź sobie różne strategie i działania, które mogą pomóc Ci przezwyciężyć przeszkody. Może to być zdobycie nowych umiejętności, poszukiwanie wsparcia, zmiana perspektywy czy stworzenie planu działania.

6. Konsultacja z innymi:

Nie wahaj się szukać pomocy i rady od innych ludzi. Możesz skonsultować się z mentorami, przyjaciółmi, ekspertami w danej dziedzinie lub dołączyć do grupy wsparcia. Innym osobom może przyjść łatwiej dostrzec rozwiązania, których Ty sam jeszcze nie widzisz.

7. Skoncentrowanie się na kontroli:

Zamiast skupiać się na przeszkodach, które leżą poza Twoją kontrolą, skup się na tym, co możesz zmienić i kontrolować. Koncentruj się na swoich działaniach i podejmuj kroki w kierunku osiągnięcia celu, niezależnie od przeszkód.

Identyfikowanie przeszkód wymaga czasu, samorefleksji i otwartości na zmiany. Pamiętaj, że każda przeszkoda jest szansą do nauki i rozwoju. Nie trać motywacji, gdy napotkasz przeszkody, ale wykorzystaj je jako okazję do wzrostu i stania się jeszcze silniejszą w dążeniu do swoich celów.

## 2. Pozytywne myślenie: Zwróć uwagę na swoje myśli i przekształcaj negatywne myśli na pozytywne. Ćwicz świadome myślenie i szukaj pozytywnych aspektów nawet w trudnych sytuacjach.

Wykorzystanie pozytywnego myślenia jest niezwykle skuteczną strategią budowania i utrzymywania motywacji. Oto kilka wskazówek, które pomogą Ci rozwijać pozytywne myślenie i szukać pozytywnych aspektów nawet w trudnych sytuacjach:

1. Świadomość myśli:

Zaczynamy od zwrócenia uwagi na swoje myśli i zauważenia, jakie są one dominujące. Bądź uważny na to, jakie myśli pojawiają się w Twojej głowie w różnych sytuacjach. Czy są one negatywne, krytyczne czy pesymistyczne? Świadomość swoich myśli jest kluczowa, aby móc je skutecznie przekształcić.


2. Przekształcanie negatywnych myśli:

Po zauważeniu negatywnych myśli, zastanów się, jak możesz je przekształcić na bardziej pozytywne. Zamiast skupiać się na tym, co może pójść źle, skoncentruj się na możliwościach, rozwiązaniach i pozytywnych scenariuszach. Zadaj sobie pytanie: Jak mogę spojrzeć na tę sytuację z innej, bardziej optymistycznej perspektywy?

3. Pozytywne afirmacje:

Stwórz listę afirmacji, czyli pozytywnych stwierdzeń, które możesz powtarzać sobie regularnie. Te stwierdzenia powinny skupiać się na Twoich mocnych stronach, osiągnięciach i wartościach. Powtarzanie afirmacji może pomóc w wzmocnieniu Twojego poczucia wartości i wiary w siebie.

4. Otwartość na możliwości:

Bądź otwarty na możliwości i szukaj pozytywnych aspektów nawet w trudnych sytuacjach. Zamiast skupiać się na tym, co jest niemożliwe lub

*Klucz do sukcesu*

nieudane, zastanów się, jak możesz wykorzystać sytuację jako szansę do nauki i rozwoju. Czy jest coś, czego możesz się nauczyć lub jakieś pozytywne skutki, które mogą wyniknąć z tej trudnej sytuacji?

5. Wdzięczność:

Codziennie zastanów się nad tym, za co jesteś wdzięczny. Skupienie się na pozytywnych aspektach swojego życia wzmacnia pozytywne myślenie. Możesz prowadzić dziennik wdzięczności, w którym zapisujesz trzy rzeczy, za które jesteś wdzięczny każdego dnia.

6. Ograniczanie negatywnego wpływu:

Zwróć uwagę na to, jakie czynniki lub sytuacje mają negatywny wpływ na Twoje myśli i emocje. Jeśli możliwe, unikaj towarzystwa negatywnych osób i narażenia się na negatywne treści. Skupiaj się na pozytywnych informacjach, inspirujących książkach i motywującej muzyce.

7. Świadome myślenie:

Praktykuj świadome myślenie, czyli skupianie się na bieżącym momencie i obserwowanie swoich myśli bez oceniania ich. Uważnie słuchaj swojego wewnętrznego dialogu i skieruj go na bardziej pozytywne tory, gdy zauważysz negatywne myśli.

Pozytywne myślenie to umiejętność, którą można rozwijać poprzez regularne ćwiczenia i świadome praktyki. Im bardziej będziesz skupiać się na pozytywnych aspektach, tym bardziej wzmocnisz swoją motywację i będziesz gotowy do pokonywania trudności. Pamiętaj, że pozytywne myślenie to proces, który wymaga czasu, ale przynosi wiele korzyści dla Twojego samopoczucia i sukcesu.

## 3. Techniki radzenia sobie z lękami: Zidentyfikuj swoje lęki i pracuj nad tym, aby je przekraczać. Wykorzystuj techniki oddechowe, wizualizację sukcesu i pozytywne afirmacje, aby przezwyciężać lęki i utrzymywać motywację.

Radzenie sobie z lękami jest istotnym elementem pracy nad budowaniem i utrzymywaniem motywacji. Oto kilka technik, które mogą Ci pomóc w pokonywaniu lęków i utrzymaniu wysokiego poziomu motywacji:

a. Zidentyfikuj swoje lęki:

Zastanów się, jakie lęki Cię ograniczają i utrudniają osiągnięcie swoich celów. Może to być lęk przed porażką, krytyką, niepowodzeniem lub odrzuceniem. Zrozumienie swoich lęków jest kluczowe, aby móc z nimi efektywnie pracować.

b. Zbliżaj się stopniowo do lęków:

Zamiast unikać sytuacji, które wywołują lęk, stopniowo się do nich zbliżaj. Zaczynaj od mniejszych wyzwań, które nie są tak przerażające, a następnie stopniowo zwiększaj poziom trudności. To pozwoli Ci stopniowo przekraczać swoje lęki i wzmacniać swoją motywację.

c. Techniki oddechowe:

Głębokie oddychanie może pomóc w uspokojeniu się i zmniejszeniu uczucia lęku. Wypróbuj techniki oddechowe, takie jak oddychanie brzuszkowe lub metoda 4-7-8, aby uspokoić swoje ciało i umysł w momencie, gdy odczuwasz lęk.

Metoda 4-7-8 to technika oddechowa, która pomaga w relaksacji, redukcji stresu i uspokojeniu umysłu. Jest prosta do wykonania i może być skutecznym narzędziem w radzeniu sobie z lękiem i utrzymaniu motywacji. Oto jak działa metoda 4-7-8:

*Klucz do sukcesu*

- Znajdź ciche i spokojne miejsce, gdzie możesz wygodnie usiąść lub położyć się.

- Zrelaksuj swoje ciało i zamknij oczy.

- Zacznij oddychać przez nos, cicho i głęboko.

- Na liczenie do czterech powoli wdychaj powietrze przez nos, wypełniając brzuch powietrzem.

- Na liczenie do siedmiu zatrzymaj oddech i zatrzymaj powietrze w płucach.

- Na liczenie do ośmiu powoli wydychaj powietrze przez usta, starając się w pełni opróżnić płuca.

- Powtórz ten cykl oddechowy (wdychanie przez nos, zatrzymanie oddechu, wydychanie przez usta) jeszcze trzy razy, tak abyś zrobił to łącznie cztery razy.

- Kontynuuj oddychanie normalnie i zauważ, jak Twoje ciało się relaksuje, a umysł się uspokaja.

Metoda 4-7-8 opiera się na technikach oddechowych stosowanych w medytacji. Poprzez kontrolowanie oddechu i wprowadzanie go w rytm, możemy skutecznie zregulować nasz układ nerwowy, przynieść poczucie spokoju i obniżyć poziom stresu.

Regularne praktykowanie metody 4-7-8 może pomóc w utrzymaniu równowagi emocjonalnej, poprawie koncentracji i redukcji lęków. Może być wykorzystywana jako narzędzie zarówno w sytuacjach codziennego stresu, jak i w momencie, gdy czujesz się zaniepokojony lub przytłoczony.

Ważne jest regularne praktykowanie tej techniki, aby stała się ona dla Ciebie bardziej naturalna i skuteczna. Możesz stosować ją jako część swojej rutyny relaksacyjnej, przed snem lub w dowolnym momencie, gdy potrzebujesz chwili oddechu i uspokojenia. Pamiętaj, że każda technika oddechowa wymaga praktyki i cierpliwości, więc daj sobie czas na jej opanowanie i dostrzeżesz korzyści, jakie przynosi dla Twojej motywacji i ogólnego samopoczucia.

*Klucz do sukcesu*

45

d. Wizualizacja sukcesu:

Wyobrażaj sobie siebie odnoszącego sukcesy w sytuacjach, które wywołują lęk. Wizualizacja sukcesu może pomóc Ci zbudować pewność siebie i przygotować się mentalnie do trudnych sytuacji. Wizualizuj siebie radzącego sobie skutecznie i osiągającego pożądane rezultaty.

e. Pozytywne afirmacje:

Powtarzaj sobie pozytywne afirmacje, które pomogą Ci przezwyciężyć lęki i utrzymać motywację. Stwórz listę stwierdzeń, które wzmacniają Twoją wiarę w siebie i umiejętności. Powtarzaj je regularnie, szczególnie w momencie, gdy odczuwasz lęk.

f. Szukaj wsparcia:

Jeśli lęki są trudne do pokonania samodzielnie, nie wahaj się szukać wsparcia. Możesz skonsultować się z terapeutą, psychologiem lub dołączyć do grupy wsparcia, gdzie będziesz mógł dzielić się swoimi obawami i otrzymywać wsparcie od innych, którzy przeżywają podobne sytuacje.

g. Rób małe kroki:

Zamiast skupiać się na wielkim skoku w nieznane, postaw na małe, stopniowe kroki w kierunku przezwyciężania lęków. Działaj systematycznie, stopniowo zwiększając swoje umiejętności i odwagę. To pozwoli Ci budować poczucie sukcesu i utrzymywać motywację na dłuższą metę.

Pamiętaj, że pokonywanie lęków to proces, który wymaga czasu, cierpliwości i determinacji. Pracuj systematycznie nad swoimi lękami, wykorzystując różne techniki i narzędzia, które Cię wspierają. Bądź wytrwały i celebruj każdy krok, który podejmujesz w kierunku przezwyciężenia swoich lęków. Z czasem, będziesz zaskoczony, jak wiele jesteś w stanie osiągnąć, utrzymując wysoką motywację i pokonując swoje lęki.

4. Budowanie pewności siebie:

Skoncentruj się na rozwijaniu swojej pewności siebie. Przypominaj sobie o swoich osiągnięciach, doceniaj swoje umiejętności i zdolności. Wyobrażaj sobie siebie jako pewną siebie i odnoszącą sukcesy osobę.

Budowanie pewności siebie jest kluczowym elementem w procesie budowania i utrzymywania motywacji. Oto kilka dodatkowych wskazówek, jak rozwijać pewność siebie i wzmocnić poczucie własnej wartości:

a. Poznaj swoje mocne strony:

Zastanów się nad swoimi umiejętnościami, talencjami i osiągnięciami. Zidentyfikuj to, w czym jesteś dobry, i skoncentruj się na rozwijaniu tych mocnych stron. Rozwijanie umiejętności i korzystanie z nich wzmacnia poczucie pewności siebie.

b. Dokonuj afirmacji:

Codziennie rano i wieczorem powtarzaj sobie afirmacje związane z pewnością siebie. Powiedz sobie pozytywne stwierdzenia, takie jak: "Jestem pewny/pewna siebie", "Wartość moich osiągnięć jest niezwykła" czy "Mam umiejętności i talenty, które przynoszą sukces". Powtarzanie tych afirmacji pozwoli Ci wzmocnić swoje przekonania o swojej wartości.

c. Wizualizacja sukcesu:

Wyobrażaj sobie siebie jako osobę pewną siebie, odnoszącą sukcesy i radzącą sobie z wyzwaniami. Przeżyj w swojej wyobraźni sytuacje, w których czujesz się pewny siebie i osiągasz sukcesy. Wizualizacja takich pozytywnych scenariuszy pomaga wzmocnić poczucie pewności siebie.

d. Rób małe kroki poza swoją strefę komfortu:

Wyzwij siebie do podejmowania małych działań poza swoją strefą komfortu. Podejmowanie nowych wyzwań i pokonywanie własnych barier buduje poczucie pewności siebie. Zauważ, że jesteś w stanie radzić sobie z różnymi sytuacjami i rozwijać swoje umiejętności.

e. Staraj się być obiektywny:

Często skłaniamy się do negatywnego samokrytycyzmu, który obniża naszą pewność siebie. Staraj się spojrzeć na siebie i swoje osiągnięcia z większą obiektywnością. Doceniaj swoje sukcesy i postępy, zamiast skupiać się na swoich niedoskonałościach.

f. Korzystaj z hipnozy i technik terapeutycznych:

Jeśli czujesz, że Twoje problemy z pewnością siebie są głęboko zakorzenione, możesz rozważyć skorzystanie z terapii, która wykorzystuje hipnozę. Książka "Silne, zdrowe i stabilne POCZUCIE WŁASNEJ WARTOŚCI" mojego autorstwa może być pomocna w rozwijaniu pewności siebie i wzmocnieniu poczucia własnej wartości.

Ważne jest, abyś poświęcił czas na rozwijanie pewności siebie i utrzymywanie jej na wysokim poziomie. Pamiętaj, że pewność siebie jest procesem, który wymaga cierpliwości i praktyki. Z czasem, korzystając z różnych technik i narzędzi, będziesz budować silne i zdrowe poczucie własnej wartości, które będzie wspierać Twoją motywację i osiąganie celów.

## 5. Szukanie wsparcia: Zidentyfikuj osoby w swoim otoczeniu, które mogą Cię wesprzeć i motywować. Buduj zdrowe relacje, angażuj się w grupy wsparcia i szukaj mentorów, którzy podzielą się swoją mądrością i doświadczeniem.

Szukanie wsparcia jest kluczowym aspektem w budowaniu i utrzymywaniu motywacji. Ludzie otaczają nas swoimi energią, wsparciem i inspiracją, dlatego warto aktywnie szukać pozytywnych relacji w swoim otoczeniu. Oto kilka sposobów, jak szukać wsparcia i zbudować zdrowe relacje, które będą wspierać Twoją motywację:

a. Identyfikuj wsparcie w swoim otoczeniu:

Spójrz na swoje aktualne relacje - rodzina, przyjaciele, współpracowników i znajomi. Zidentyfikuj osoby, które Cię motywują, wspierają i inspirują. Te osoby powinny być pozytywne, akceptujące i otwarte na wsparcie.

b. Buduj zdrowe relacje:

*Klucz do sukcesu*

Skup się na rozwijaniu zdrowych relacjach z ludźmi w swoim otoczeniu. Czujesz się dobrze w towarzystwie tych osób, a one również czują się dobrze w Twoim towarzystwie. Dąż do wzajemnego wsparcia i wspólnego wzmacniania się nawzajem.

c. Angażuj się w grupy wsparcia:

Dołącz do grupy, klubu lub organizacji, której cele i wartości są zbieżne z Twoimi. Grupy wsparcia mogą oferować wsparcie emocjonalne, motywację i cenne rady. Spotkania z ludźmi, którzy podzielają Twoje cele, mogą być motywującym doświadczeniem.

d. Znajdź mentora:

Szukaj osoby, która osiągnęła sukces w dziedzinie, która Cię interesuje lub w której chciałbyś się rozwijać. Mentora możesz znaleźć wśród swoich znajomych, w swojej branży lub za pośrednictwem organizacji mentorów. Mentor może podzielić się swoją mądrością, doświadczeniem i wspierać Cię w osiąganiu celów.

e. Bądź otwarty na nowe znajomości:

Czasami wsparcie może przyjść od osób, które dopiero poznajesz. Bądź otwarty na nawiązywanie nowych relacji i poznawanie różnych ludzi. Każda osoba, którą spotkasz, może przynieść coś wartościowego do Twojego życia.

f. Bądź też wsparciem dla innych:

Pamiętaj, że wsparcie działa w dwie strony. Bądź otwarty na wspieranie innych ludzi w ich celach i marzeniach. Dzielenie się wsparciem i motywacją z innymi może wzmocnić Twoje poczucie spełnienia i radości.

g. Szukaj wsparcia online:

Wirtualne społeczności i grupy w mediach społecznościowych mogą być również cennym źródłem wsparcia. Szukaj grup związanych z Twoimi zainteresowaniami i celami, gdzie możesz dzielić się swoimi doświadczeniami i inspiracjami.

Pamiętaj, że znalezienie wsparcia może wymagać czasu i wysiłku. Bądź proaktywny w budowaniu swojej sieci wsparcia i zadbaj o utrzymanie pozytywnych relacji. Wsparcie innych ludzi może działać jak motywujący katalizator, który podtrzyma Cię na drodze do osiągania swoich celów i realizacji marzeń.

## 6. Zarządzanie stresem: Ucz się technik radzenia sobie ze stresem, takich jak głębokie oddychanie, medytacja, regularna aktywność fizyczna i odpoczynek. Pozwól sobie na relaks i dbaj o swoje dobre samopoczucie.

Zarządzanie stresem jest niezwykle ważnym elementem utrzymywania potężnej motywacji i osiągania sukcesu. Oto bardziej szczegółowe informacje na temat technik radzenia sobie ze stresem:

a. Głębokie oddychanie:

Technika głębokiego oddychania polega na skupieniu się na oddechu i wykorzystaniu pełnej pojemności płuc. Gdy odczuwasz stres, Twoje oddychanie często staje się płytsze i szybsze. Praktyka głębokiego oddychania pomaga obniżyć poziom kortyzolu, hormonu stresu, i wprowadza w stan relaksu. Wystarczy kilka minut dziennie, by poczuć różnicę i zyskać większą klarowność umysłu.

b. Medytacja:

Medytacja to praktyka, która pozwala na skupienie się na teraźniejszości i odcięcie się od szumu myśli. Regularna medytacja może obniżyć poziom stresu, zwiększyć zdolność do skupienia się, a także zwiększyć poczucie spokoju i harmonii. Istnieje wiele różnych technik medytacyjnych, więc warto wypróbować kilka i znaleźć tę, która najlepiej odpowiada Twoim potrzebom.

c. Regularna aktywność fizyczna:

Aktywność fizyczna jest jednym z najlepszych sposobów na redukcję stresu. Podczas ćwiczeń organizm uwalnia endorfiny, które są naturalnym środkiem przeciwdziałającym stresowi i poprawiają samopoczucie. Wybierz aktywność, która sprawia Ci przyjemność, aby regularne ćwiczenia stały się przyjemnością, a nie obowiązkiem.

d. Odpoczynek i relaks:

Wszyscy potrzebujemy czasu na odpoczynek i regenerację. Zadbaj o odpowiednią ilość snu, ponieważ brak snu może negatywnie wpłynąć na motywację i zdolność do radzenia sobie ze stresem. Odpoczynek może przybrać różne formy - czytanie książki, słuchanie muzyki, spacer wśród natury czy aromaterapia. Wybierz aktywności, które pozwalają Ci się odprężyć i zrelaksować.

e. Dbaj o dobre samopoczucie:

Twoje dobre samopoczucie jest kluczowe dla efektywnego zarządzania stresem. Szukaj aktywności i hobby, które sprawiają Ci radość i pozwalają oderwać się od codziennych zmartwień. Utrzymuj równowagę między pracą a życiem prywatnym i pozwól sobie na czas dla siebie.

Zarządzanie stresem jest nie tylko korzystne dla Twojej motywacji, ale także ma pozytywny wpływ na zdrowie fizyczne i psychiczne. Dzięki regularnemu stosowaniu tych technik, będziesz bardziej odporny na trudności, łatwiej podejmiesz wyzwania i utrzymasz wysoką motywację w dążeniu do swoich celów. Pamiętaj, że nie ma jednego idealnego sposobu radzenia sobie ze stresem - warto eksperymentować i znaleźć te techniki, które najlepiej działają dla Ciebie.

# 7. Planowanie czasu i priorytetów: Wykorzystuj techniki zarządzania czasem, takie jak tworzenie harmonogramów, ustalanie priorytetów i eliminowanie nieproduktywnych czynności. Skup się na najważniejszych zadaniach i utrzymuj efektywność w swoim działaniu.

Planowanie czasu i priorytetów to kluczowa umiejętność w budowaniu potężnej motywacji i skutecznym osiąganiu celów. Oto więcej informacji na temat tej techniki:

a. Tworzenie harmonogramów:

Harmonogram pozwala na lepszą organizację czasu i efektywne rozplanowanie różnych zadań i obowiązków. Skup się na tym, aby tworzyć realistyczne harmonogramy, które uwzględniają zarówno czas na pracę, jak i czas na odpoczynek. Regularne planowanie dnia lub tygodnia pozwala uniknąć chaosu i przeciążenia, co może wpływać negatywnie na motywację.

b. Ustalanie priorytetów:

Istotne jest, abyś określił, które zadania są najważniejsze i mają największy wpływ na realizację Twoich celów. Skoncentruj się na zadaniach o najwyższym priorytecie i wykonuj je w pierwszej kolejności. Pozwoli to uniknąć marnowania czasu na nieistotne rzeczy i zwiększy efektywność swojego działania.

c. Eliminowanie nieproduktywnych czynności:

Zidentyfikuj czynności, które nie przynoszą wartości dodanej i jedynie pochłaniają Twój czas. Staraj się ograniczać lub eliminować takie czynności, aby zwiększyć ilość czasu poświęconego na zadania ważne dla osiągnięcia Twoich celów. Czasami warto także delegować zadania lub zastąpić je bardziej efektywnymi rozwiązaniami.

d. Skupienie na najważniejszych zadaniach:

Skupienie na jednym zadaniu naraz, zamiast próby załatwiania wielu rzeczy jednocześnie, pozwala na większą koncentrację i wydajność. Często przeskakiwanie między różnymi zadaniami może zaburzać efektywność i spowolnić postępy.

e. Utrzymywanie efektywności w działaniu:

Skuteczne zarządzanie czasem wymaga stałego dostosowywania i doskonalenia. Przyjrzyj się swoim dotychczasowym nawykom pracy i identyfikuj obszary, które wymagają poprawy. Stosuj techniki efektywności, takie jak metoda Pomodoro (pracuj przez określony czas, a następnie zrób krótką przerwę) lub technikę 80/20 (skup się na 20% zadań, które przynoszą 80% wyników).

f. Wykorzystaj narzędzia do zarządzania czasem:

Obecnie istnieje wiele narzędzi i aplikacji do zarządzania czasem, które pomagają w organizacji i planowaniu. Wypróbuj różne narzędzia, takie jak kalendarze, aplikacje do zarządzania zadaniami czy technologie pomiaru czasu, aby znaleźć te, które najlepiej odpowiadają Twoim potrzebom.

g. Bądź elastyczny:

Planowanie czasu jest istotne, ale czasami życie przynosi niespodziewane sytuacje i zmiany planów. Bądź elastyczny i gotowy do adaptacji do nowych okoliczności. Przyjmowanie elastycznego podejścia pomaga utrzymać spokój i motywację nawet w trudnych sytuacjach.

Zarządzanie czasem i priorytetami jest kluczowym elementem w osiąganiu celów i utrzymaniu potężnej motywacji. Dzięki tej technice, będziesz w stanie lepiej zorganizować swoje życie, skupić się na istotnych zadaniach i uniknąć zbędnego stresu. Efektywne zarządzanie czasem pozwoli Ci na większe osiągnięcia, a także więcej czasu na to, co naprawdę Cię motywuje i inspiruje.

## 8. Adaptacja do zmieniających się okoliczności: Ucz się elastyczności i umiejętności adaptacji do nowych sytuacji. Znajdź sposoby na dostosowanie się do zmian i wykorzystaj je jako szansę do rozwoju i nauki.

Adaptacja do zmieniających się okoliczności jest niezwykle istotną umiejętnością w dzisiejszym dynamicznym świecie. Każdy z nas spotyka się z różnymi zmianami, zarówno w życiu osobistym, jak i zawodowym. Umiejętność elastycznego dostosowywania się do nowych sytuacji może okazać się kluczowa dla utrzymania potężnej motywacji i osiągnięcia sukcesu. Oto więcej informacji na ten temat:

a. Akceptacja zmiany:

Pierwszym krokiem do adaptacji jest akceptacja faktu, że zmiany są nieuniknione. Zamiast opierać się zmianom i trwać w przeszłości, staraj się zrozumieć, że zmiana jest naturalną częścią życia. Akceptacja pomoże Ci przejść przez proces adaptacji w bardziej pozytywny sposób.

b. Elastyczność umysłu:

Elastyczność umysłu oznacza otwartość na różnorodne możliwości i gotowość do przyjęcia innych perspektyw. Zamiast trzymać się sztywnych planów i przekonań, bądź elastyczny w podejściu do nowych sytuacji. Być może pojawią się niespodziewane wyzwania, ale elastyczność umysłu pozwoli Ci znaleźć kreatywne rozwiązania.

c. Umiejętność przewidywania:

Właściwa adaptacja wymaga zdolności przewidywania zmian i reagowania na nie z odpowiednim wcześniejszym przygotowaniem. Obserwuj zmiany zachodzące w Twoim otoczeniu i na bieżąco zdobywaj informacje, które pomogą Ci zrozumieć, co się dzieje i jakie mogą być konsekwencje.

d. Nauka i rozwój:

Zmiany często niosą za sobą nowe wyzwania i okazje do nauki. Wykorzystaj każdą nową sytuację jako szansę do zdobycia nowych umiejętności i doświadczeń. Im bardziej aktywnie uczestniczysz w procesie nauki, tym

*Klucz do sukcesu*

bardziej zaadoptujesz się do zmieniającego się środowiska.

e. Radzenie sobie ze stresem:

Zmiany mogą wywoływać stres i niepewność. Warto pracować nad technikami radzenia sobie ze stresem, takimi jak medytacja, głębokie oddychanie czy regularna aktywność fizyczna. Skuteczne radzenie sobie ze stresem pozwala utrzymać motywację i skoncentrować się na dostosowywaniu do zmian.

f. Znajdowanie wsparcia:

W trudnych momentach, warto szukać wsparcia w swoim otoczeniu. Może to być rodzina, przyjaciele czy mentorzy, którzy pomogą Ci zrozumieć zmiany i dostosować się do nowych okoliczności. Często wspólna praca z innymi może okazać się motywująca i inspirująca.

g. Znajdowanie pozytywnych aspektów zmiany:

Zamiast skupiać się na negatywnych aspektach zmiany, postaraj się dostrzec w niej pozytywne strony. Czasami zmiany otwierają nowe drzwi i dają szansę na rozwój i osiągnięcie nowych celów. Pozytywne podejście do zmiany pozwoli Ci lepiej ją zaakceptować i zaadaptować się do nowej rzeczywistości.

h. Stały rozwój:

W dzisiejszych czasach, świat zmienia się niezwykle szybko, dlatego ważne jest, aby być otwartym na stały rozwój. Ucz się nowych umiejętności, rozwijaj swoją wiedzę i pozostawaj elastycznym w podejściu do zmieniających się okoliczności. Stały rozwój pozwoli Ci być gotowym na przyszłe wyzwania.

Umiejętność adaptacji do zmieniających się okoliczności jest niezbędna dla utrzymania potężnej motywacji i osiągnięcia sukcesu w życiu osobistym i zawodowym. Staraj się praktykować te techniki regularnie, aby stawać się coraz bardziej elastycznym i gotowym na wyzwania, jakie niesie przyszłość.

## 9. Przemyślane cele: Ponownie zdefiniuj swoje cele i upewnij się, że są realistyczne, mierzalne i dostosowane do Twoich wartości i potrzeb. Określ konkretne kroki, które musisz podjąć, aby je osiągnąć.

Przemyślane cele są kluczowym elementem budowania potężnej motywacji i skutecznego działania. Oto więcej informacji na temat tego, jak ponownie zdefiniować cele i podjąć konkretne kroki w kierunku ich osiągnięcia:

a. Refleksja nad celami:

Zastanów się nad swoimi obecnymi celami i zadań. Czy są one nadal odpowiednie dla Ciebie? Czy dążysz do rzeczy, które są dla Ciebie ważne i zgodne z Twoimi wartościami? Czasami zmieniają się nasze priorytety i cele, dlatego ważne jest, aby regularnie je przemyśleć i dostosować.

b. Określenie priorytetów:

Skoncentruj się na najważniejszych celach, które mają największe znaczenie dla Twojego osobistego i zawodowego rozwoju. Określenie priorytetów pozwoli Ci skupić się na najistotniejszych zadaniach i uniknąć rozproszenia energii na mniej istotne sprawy.

c. Realistyczność celów:

Upewnij się, że Twoje cele są realistyczne i osiągalne. Czasami zbyt ambitne cele mogą zniechęcić, jeśli wydają się niemożliwe do osiągnięcia. Podziel swoje cele na mniejsze, bardziej osiągalne etapy, które będziesz mógł systematycznie realizować.

d. Mierzalność celów:

Zdefiniuj swoje cele w sposób, który pozwoli Ci łatwo ocenić, czy zostały osiągnięte. Wykorzystaj konkretne wskaźniki i mierniki postępu, które pomogą Ci monitorować, jak blisko jesteś osiągnięcia swoich celów.

e. Dopasowanie do wartości i potrzeb:

Sprawdź, czy Twoje cele są zgodne z Twoimi głębokimi wartościami i potrzebami. Cel, który jest zgodny z Twoimi pragnieniami i wartościami,

*Klucz do sukcesu*

będzie dla Ciebie bardziej motywujący i satysfakcjonujący.

f. Tworzenie planu działania:

Określ konkretne kroki, które musisz podjąć, aby osiągnąć swoje cele. Rozbicie celów na konkretne zadania ułatwi Ci zaplanowanie działań i osiągnięcie sukcesu.

g. Monitorowanie postępów:

Regularnie sprawdzaj swoje postępy w realizacji celów. Analizuj, czy nadal podążasz we właściwym kierunku i dokonaj ewentualnych korekt, jeśli zajdzie taka potrzeba.

h. Działanie i wytrwałość:

Zbudowanie potężnej motywacji wymaga konsekwentnego działania i wytrwałości w dążeniu do celów. Nie zrażaj się trudnościami, ale podejmuj działania, które prowadzą Cię ku osiągnięciu Twoich marzeń.

i. Nagradzanie osiągnięć:

Celebruj swoje osiągnięcia na drodze do celu. Doceniaj każdy krok w kierunku realizacji swoich marzeń. Nagradzanie siebie za osiągnięcia wzmacnia motywację i zachęca do kontynuowania wysiłków.

Zrozumienie i praktyczne zastosowanie tych punktów w zakresie przemyślanych celów pomoże Ci rozwijać silną motywację i zdolność osiągania sukcesu. Ustalając właściwe cele i działając z determinacją, możesz przekształcić swoje marzenia w rzeczywistość.

## 10. Pozytywne odniesienia: Poszukuj inspiracji w motywującej muzyce, literaturze i historiach sukcesu. Czytaj książki, słuchaj podcastów lub oglądaj filmy, które podnoszą Twoją motywację i dają Ci pozytywne przykłady do naśladowania.

Pozytywne odniesienia są kluczowe w budowaniu i utrzymaniu potężnej motywacji. Oto więcej informacji na temat tego, jak poszukiwać inspiracji w motywującej muzyce, literaturze i historiach sukcesu:

a. Muzyka motywacyjna:

Muzyka ma niesamowitą moc oddziaływania na nasze emocje i stan umysłu. Poszukaj utworów, które mają pozytywne i inspirujące przesłanie. Stwórz swoją playlistę z piosenkami, które dodają Ci energii i motywacji, szczególnie w trudnych momentach.

b. Motywujące książki:

Czytanie książek związanych z rozwojem osobistym, motywacją i sukcesem może dostarczyć Ci cennych wskazówek i inspiracji. Wybieraj pozycje autorów, którzy odnieśli znaczący sukces lub przedstawiają motywujące historie innych osób.

c. Podcasty motywacyjne:

Podcasty stały się popularnym źródłem inspiracji i wiedzy. Słuchaj programów, które gościnnie prezentują historie sukcesu, dzielą się motywującymi przemyśleniami i udzielają praktycznych porad w zakresie osiągania celów.

d. Filmy i dokumenty:

Oglądanie filmów i dokumentów opowiadających o osiągnięciach i sukcesach może być nie tylko relaksujące, ale i inspirujące. Wybieraj produkcje, które przedstawiają prawdziwe historie osób, które pokonały trudności i osiągnęły wielkie cele.

e. Mentorzy i wzorce do naśladowania:

*Klucz do sukcesu*

Szukaj osób, które osiągnęły sukces w dziedzinie, która Cię interesuje. Znalezienie mentorów, zarówno w świecie rzeczywistym, jak i wirtualnym, pozwoli Ci uczyć się od doświadczonych osób i korzystać z ich mądrości.

f. Motywacyjne konferencje i wydarzenia:

Wzięcie udziału w motywacyjnych konferencjach i wydarzeniach może dać Ci nie tylko nowe pomysły, ale i umożliwić nawiązanie kontaktów z ludźmi, którzy podzielają Twoje cele i wartości.

g. Tworzenie własnych sukcesów:

Oprócz korzystania z inspiracji z zewnątrz, warto również patrzeć na swoje własne osiągnięcia i sukcesy. Przypominaj sobie o swoich wcześniejszych triumfach i używaj ich jako wsparcia do osiągnięcia nowych celów.

Pozytywne odniesienia są jak paliwo dla motywacji. Szukaj inspiracji wszędzie tam, gdzie możesz, i korzystaj z nich jako wsparcia w dążeniu do swoich celów. Pamiętaj, że otoczenie się motywującymi treściami może wpłynąć pozytywnie na Twój stan umysłu i osiągnięcia w życiu.

Pamiętaj, że praca z przeszkodami jest nieodłączną częścią drogi do sukcesu. Wykorzystaj te ćwiczenia i strategie, aby nie dać się zniechęcić, wzmacniać swoją determinację i utrzymać wysoką motywację nawet w obliczu trudności. Przeszkody są tylko okazjami do wzrostu i rozwoju, a Ty masz w sobie moc, aby pokonać każde wyzwanie, które napotkasz na swojej drodze.

# Motywacja w życiu zawodowym

W tym rozdziale omówimy kluczową rolę motywacji w życiu zawodowym, skupiając się na trzech głównych aspektach: zwiększaniu motywacji w pracy, wykorzystaniu motywacji do rozwoju kariery oraz znaczeniu motywacji w prowadzeniu biznesu.

## I. Zrozumienie znaczenia motywacji w pracy.

### 1. Wpływ motywacji na wydajność, kreatywność i satysfakcję zawodową.

Wpływ motywacji na wydajność, kreatywność i satysfakcję zawodową jest niezwykle istotny dla każdego pracownika i organizacji. Motywacja stanowi kluczowy czynnik determinujący poziom zaangażowania i efektywności w wykonywaniu zadań zawodowych. Oto bardziej szczegółowe informacje na ten temat:

a. Wydajność zawodowa:

Motywacja ma bezpośredni wpływ na wydajność pracowników. Osoby silnie zmotywowane do pracy angażują się bardziej w wykonywanie swoich obowiązków, podejmując dodatkowy wysiłek w celu osiągnięcia lepszych wyników. Posiadanie wyraźnych celów i zrozumienia, jakie korzyści płyną z ich osiągnięcia, skutkuje większą determinacją i zaangażowaniem w działania zawodowe. Wysoka motywacja pozwala pracownikom przekraczać własne granice, podejmować ryzyko i stawiać czoła wyzwaniom, co prowadzi do zwiększonej wydajności pracy.

b. Kreatywność:

Motywacja ma także wpływ na kreatywność i innowacyjność w miejscu pracy. Pracownicy, którzy czują się zmotywowani i doceniani za swoje

*Klucz do sukcesu*

pomysły, są bardziej skłonni do dzielenia się swoimi nowatorskimi
rozwiązaniami i wnoszenia wartościowych wkładów w rozwój firmy.
Motywacja daje pewność, że wysiłek i zaangażowanie w kreatywne działania
zostaną docenione i zauważone, co z kolei motywuje pracowników do
dalszych wysiłków w tworzeniu nowych i innowacyjnych rozwiązań.

c. Satysfakcja zawodowa:

Silna motywacja jest związana z większym poczuciem satysfakcji
zawodowej. Kiedy pracownik odczuwa sensowność i znaczenie swojej
pracy, gdy widzi progres i osiąga cele, doświadcza większej satysfakcji z
wykonywanych zadań. Pozytywne wyniki i osiągnięcia w pracy wzmacniają
motywację i dodają energii do dalszych wysiłków. Zadowolenie z pracy
przekłada się na większe zaangażowanie, lojalność wobec firmy oraz
pozytywny wpływ na atmosferę w zespole.

Wnioski te mają zastosowanie zarówno na poziomie indywidualnym, jak i w
odniesieniu do całej organizacji. Firmy, które umożliwiają rozwijanie
motywacji wśród swoich pracowników, skutecznie wzmacniają wydajność,
kreatywność i satysfakcję w miejscu pracy. Dlatego warto inwestować w
motywowanie zespołu poprzez określenie jasnych celów, docenienie
osiągnięć, stworzenie pozytywnej atmosfery pracy oraz oferowanie szansy
na rozwój zawodowy i spełnianie się w wykonywanej pracy. W ten sposób
organizacje tworzą środowisko, w którym pracownicy są bardziej
zaangażowani i zdolni do osiągania wyższych poziomów wydajności i
kreatywności.

# II. Korzyści wynikające z posiadania silnej motywacji dla nas samych i organizacji.

# 1. Zwiększanie motywacji w pracy:

## a. Techniki i metody stymulujące zaangażowanie i entuzjazm w wykonywaniu zadań.

Stymulowanie zaangażowania i entuzjazmu w wykonywaniu zadań jest kluczowym elementem w budowaniu silnej motywacji w miejscu pracy. Istnieje wiele różnych technik i metod, które można zastosować, aby pracownicy czuli się bardziej zaangażowani i entuzjastyczni w swojej pracy. Oto kilka z nich:

Wyznaczanie wyraźnych celów:

Dbanie o to, aby każdy pracownik miał wyraźnie zdefiniowane cele zawodowe, które są zgodne z celami organizacji. Wyraźne cele dostarczają pracownikom jasnego punktu odniesienia, umożliwiając im skupienie się na tym, co jest naprawdę istotne i motywujące. Dodatkowo, okresowe monitorowanie postępów w osiąganiu tych celów pozwala na śledzenie własnych osiągnięć, co dodatkowo mobilizuje do działania.

Autonomia i zaufanie:

Daj pracownikom swobodę w podejmowaniu decyzji i realizacji swoich zadań. Zaufaj ich umiejętnościom i kompetencjom, umożliwiając im pełniejszy udział w procesach podejmowania decyzji. Praca w kulturze zaufania i autonomii zwiększa poczucie odpowiedzialności za wykonywane zadania oraz daje większą satysfakcję z efektów ich pracy.

Docenianie i nagradzanie osiągnięć:

Regularne docenianie i nagradzanie osiągnięć pracowników jest niezwykle ważne dla utrzymania ich motywacji na wysokim poziomie. Wsparcie i uznanie za dobrze wykonaną pracę daje pracownikom satysfakcję i poczucie, że ich wysiłki są zauważane i doceniane.

Rozwój zawodowy:

Dążenie do ciągłego rozwoju i doskonalenia umiejętności jest motywujące samo w sobie. Oferowanie szkoleń, warsztatów i możliwości rozwoju zawodowego pozwala pracownikom na rozwijanie swoich umiejętności i

*Klucz do sukcesu*

awansowanie w karierze. Zwiększenie kompetencji przekłada się na większą pewność siebie i zaangażowanie w pracę.

Kreowanie pozytywnej atmosfery:

Dbaj o kulturę organizacyjną, w której panuje pozytywna atmosfera i wzajemne wsparcie. Twórz zespół, w którym ludzie chętnie współpracują i dzielą się swoimi pomysłami. Pozytywna atmosfera pracy sprzyja wzrostowi motywacji i entuzjazmu w wykonywaniu zadań.

Zapewnianie feedbacku i wsparcia:

Regularne spotkania, podczas których pracownicy otrzymują konstruktywny feedback na temat swojej pracy, są niezwykle ważne. Feedback pozwala na szybką korektę działań i dostarcza pracownikom informacji zwrotnej na temat ich osiągnięć. Dodatkowo, zapewnienie wsparcia i pomocy w sytuacjach, gdy pracownikom jest trudno, jest kluczowe dla utrzymania ich motywacji i zaangażowania.

Stosowanie tych technik i metod może skutecznie zwiększyć zaangażowanie i entuzjazm w wykonywaniu zadań, co w konsekwencji przyczynia się do wzrostu motywacji i osiągania lepszych wyników w miejscu pracy. Kluczem do sukcesu jest indywidualne podejście do pracowników, zrozumienie ich potrzeb i motywatorów oraz odpowiednie dostosowanie strategii motywacyjnych.

## b. Rozwijanie pozytywnego nastawienia w miejscu pracy.

Rozwijanie pozytywnego nastawienia w miejscu pracy jest kluczowym czynnikiem wpływającym na motywację i efektywność pracowników. Pozytywne nastawienie może znacząco wpłynąć na atmosferę w firmie, zwiększyć zaangażowanie i satysfakcję pracowników oraz przyczynić się do lepszych wyników biznesowych. Oto kilka sposobów, jak to osiągnąć:

Kultura organizacyjna: Tworzenie kultury organizacyjnej opartej na pozytywnym podejściu do pracy jest kluczowe. Firma powinna promować wartości takie jak zaufanie, wzajemne wsparcie, uczciwość i szacunek. Pracownicy powinni czuć, że są doceniani i że ich zdanie ma znaczenie.

Komunikacja:

Otwarta i efektywna komunikacja jest niezwykle ważna. Pracownicy powinni być informowani o tym, co się dzieje w firmie, jakie są cele i plany, oraz jakie są oczekiwania wobec nich. Kiedy pracownicy są dobrze poinformowani, mogą lepiej zrozumieć kontekst swojej pracy.

Rozwój osobisty i zawodowy:

Dbanie o rozwój osobisty i zawodowy pracowników może przyczynić się do pozytywnego nastawienia. Oferowanie możliwości szkoleń, awansu i rozwoju umiejętności może sprawić, że pracownicy będą bardziej zaangażowani w swoją pracę.

Pochwały i uznanie:

Docenianie pracowników za ich wysiłki i osiągnięcia jest kluczowe. Pochwały, nagrody i uznanie publiczne mogą sprawić, że pracownicy poczują się docenieni i zmotywowani do dalszej pracy.

Zrównoważona praca i życie prywatne: Wspieranie pracowników w utrzymywaniu równowagi między pracą a życiem prywatnym jest ważne. Elastyczne godziny pracy, możliwość pracy zdalnej i czas na odpoczynek pomagają pracownikom unikać wypalenia zawodowego i utrzymać pozytywne nastawienie.

Rozwiązywanie konfliktów:

W miejscu pracy mogą występować konflikty. Ważne jest, aby pracodawca aktywnie podejmował działania w celu rozwiązywania konfliktów w sposób sprawiedliwy i efektywny. Rozwiązane konflikty mogą przyczynić się do poprawy atmosfery i pozytywnego nastawienia pracowników.

Rola liderów:

Liderzy w organizacji odgrywają kluczową rolę w rozwijaniu pozytywnego nastawienia pracowników. Ich przywództwo, wzorzec postawy i sposób komunikacji mają ogromny wpływ na motywację zespołu. Liderzy powinni być autentyczni, inspirujący i gotowi wspierać swoich pracowników.

Innowacyjność i kreatywność:

*Klucz do sukcesu*

Zachęcanie pracowników do wyrażania swoich pomysłów i rozwiązań może zwiększyć ich zaangażowanie. Organizacje powinny tworzyć przestrzenie do eksperymentowania i rozwijania kreatywności.

Monitorowanie i reakcja na opinie pracowników: Pracownicy powinni mieć możliwość wyrażania swoich opinii i obaw. Firma może zbierać opinie za pomocą ankiet, spotkań czy platform do wyrażania opinii. Ważne jest również, aby reagować na te opinie i podejmować działania w celu rozwiązania problemów.

Rozwijanie pozytywnego nastawienia w miejscu pracy to proces, który wymaga zaangażowania zarówno pracowników, jak i kierownictwa. Gdy organizacja tworzy pozytywną kulturę pracy, może to przyczynić się do zwiększenia motywacji, satysfakcji i efektywności w pracy.

## c. Wyznaczanie celów zgodnych z wartościami i potrzebami.

Wyznaczanie celów zgodnych z własnymi wartościami i potrzebami odgrywa kluczową rolę w budowaniu motywacji i poczucia spełnienia w pracy oraz życiu osobistym. Oto więcej informacji na ten temat:

Zrozumienie własnych wartości:

Pierwszym krokiem jest zrozumienie swoich osobistych wartości. Wartości to przekonania i przekonania, które kształtują nasze priorytety i wpływają na to, co uważamy za ważne w życiu. Może to obejmować wartości takie jak rodzina, zdrowie, rozwój zawodowy, wolontariat, tworzenie relacji lub nauka. Wyjaśnienie swoich wartości pomaga zidentyfikować obszary życia i pracy, które są dla nas najważniejsze.

Cele zgodne z wartościami:

Następnie można wyznaczyć cele zawodowe i życiowe, które są zgodne z naszymi wartościami. To oznacza, że cele te są spójne z tym, co uważamy za ważne i ważne w życiu. Na przykład, jeśli jedną z Twoich głównych wartości jest rozwój zawodowy, to cele związane z awansem zawodowym, zdobywaniem nowych umiejętności lub osiągnięciami w pracy będą bardziej motywujące.

Cele SMART:

Aby cele były bardziej skuteczne, warto stosować zasady tworzenia celów SMART (Specyficzne, Mierzalne, Osiągalne, Realistyczne, Określony czasowo). Dzięki temu cele stają się bardziej konkretnymi i łatwiejszymi do śledzenia. Na przykład, zamiast postawić sobie ogólny cel "chcę awansować", możesz stworzyć cel SMART: "Chcę awansować na stanowisko kierownicze w mojej firmie do końca przyszłego roku, zdobywając na ten cel dodatkowe kwalifikacje i rozwijając moje umiejętności w zarządzaniu".

Motywacja i zaangażowanie:

Cele zgodne z własnymi wartościami są bardziej motywujące i skłaniają do zaangażowania. Kiedy pracujesz nad czymś, co jest zgodne z Twoimi przekonaniami i wartościami, łatwiej jest utrzymać wysoki poziom motywacji i energii. To pomaga przezwyciężyć trudności i dążyć do osiągnięcia celu.

Monitorowanie postępów:

Ważne jest regularne monitorowanie postępów w realizacji celów. Możesz to robić poprzez śledzenie swoich działań, ustalanie krótkoterminowych etapów postępu i ocenianie, czy osiągasz swoje cele zgodne z wartościami. Świadomość postępów może dodatkowo zwiększyć motywację do działania.

Dostosowywanie celów:

W miarę jak ewoluują Twoje wartości i potrzeby, ważne jest dostosowywanie celów. Niektóre cele mogą przestać być zgodne z Twoimi wartościami, dlatego warto mieć elastyczność w tworzeniu i modyfikowaniu celów, aby były one zgodne z aktualnym stanem rzeczy.

Wyznaczanie celów zgodnych z własnymi wartościami i potrzebami jest kluczowym krokiem w budowaniu długotrwałej i autentycznej motywacji. Pomaga to tworzyć bardziej satysfakcjonujące doświadczenia zawodowe i osobiste oraz osiągać cele, które naprawdę są dla nas ważne.

### d. Budowanie pozytywnych relacji zespołowych i współpracy.

Budowanie pozytywnych relacji zespołowych i umiejętność efektywnej współpracy to kluczowe aspekty, które wpływają na naszą motywację i sukces zawodowy. Oto więcej informacji na ten temat:

Zrozumienie roli relacji w pracy: Relacje międzyludzkie odgrywają kluczową rolę w miejscu pracy. Tworzenie pozytywnych relacji z kolegami, współpracownikami, przełożonymi i innymi osobami związanymi z pracą może znacząco wpłynąć na nasze samopoczucie, motywację i efektywność zawodową.

Komunikacja interpersonalna:

Efektywne budowanie relacji rozpoczyna się od zdolności do skutecznej komunikacji interpersonalnej. Obejmuje to słuchanie, wyrażanie swoich myśli i uczuć w jasny sposób oraz umiejętność rozwiązywania konfliktów w sposób konstruktywny. Dobry komunikator potrafi zrozumieć potrzeby innych i dostosować swoje działania do określonych sytuacji.

Zaufanie i współpraca:

Budowanie zaufania jest kluczowe w tworzeniu pozytywnych relacji. Osoby, które czują się zaufane i wspierane w zespole, są bardziej skłonne do zaangażowania i współpracy. To pomaga w osiąganiu wspólnych celów i zwiększa motywację całego zespołu.

Dzielenie się wiedzą i doświadczeniem:

Współpraca opiera się na gotowości do dzielenia się wiedzą, umiejętnościami i doświadczeniem z innymi. Kiedy jesteśmy otwarci na uczenie się od innych i dzielenie się naszymi zasobami, tworzymy atmosferę wzajemnego wsparcia i rozwoju.

Budowanie kultury zespołowej:

Kultura zespołowa odgrywa istotną rolę w tworzeniu pozytywnych relacji w pracy. Warto inwestować w budowanie kultury, która promuje zaufanie, otwartość, szacunek i współpracę. Organizacje o silnej kulturze zespołowej często przyciągają i zatrzymują utalentowanych pracowników.

Uczestnictwo w projektach zespołowych:

Prace nad projektami z innymi osobami zespołowymi mogą być nie tylko produktywne, ale także satysfakcjonujące. Uczestnictwo w projektach daje okazję do nauki, rozwoju umiejętności interpersonalnych i wspólnego osiągania celów.

Konstruktywne rozwiązywanie konfliktów:

Konflikty w pracy są nieuniknione, ale to, jak nimi zarządzamy, ma duże znaczenie. Umiejętność rozwiązywania konfliktów w sposób konstruktywny, bez naruszania relacji, jest kluczowa dla budowania trwałych związków zespołowych.

Aktywne słuchanie:

Kluczowym elementem budowania pozytywnych relacji jest umiejętność aktywnego słuchania. Słuchanie uważne, bez uprzedzeń i pełne empatii pozwala zrozumieć potrzeby innych i budować relacje oparte na wzajemnym zrozumieniu.

Motywacja przez relacje:

Pozytywne relacje zespołowe mogą służyć jako źródło motywacji. Współpracownicy, którzy wzajemnie się wspierają i doceniają, mogą wzmacniać swoją motywację i inspirować do osiągania lepszych wyników.

Rozwijanie kompetencji społecznych:

Rozwijanie umiejętności społecznych, takich jak empatia, komunikacja interpersonalna i umiejętność rozwiązywania konfliktów, może pomóc w budowaniu lepszych relacji zespołowych. Można to osiągnąć poprzez szkolenia, samokształcenie i praktykę.

Budowanie pozytywnych relacji zespołowych i współpraca to klucz do sukcesu w pracy i osiągnięcia wyższego poziomu motywacji. Dzięki zdolnościom interpersonalnym i zaangażowaniu w tworzenie korzystnego środowiska pracy możemy osiągnąć znakomite wyniki zarówno indywidualnie, jak i jako zespół.

*Klucz do sukcesu*

# 2. Wykorzystanie motywacji do rozwoju kariery:

## a. Rola motywacji jako klucza do osiągnięcia sukcesu zawodowego.

Motywacja jest niezwykle istotnym czynnikiem wpływającym na osiągnięcie sukcesu zawodowego. Stanowi ona paliwo, które napędza nasze wysiłki, pozwala nam pokonywać trudności i dążyć do celów. Oto więcej informacji na temat roli motywacji w sukcesie zawodowym:

Wzmocnienie wydajności:

Motywacja jest kluczowa dla naszej wydajności zawodowej. Kiedy jesteśmy zmotywowani, pracujemy bardziej efektywnie, jesteśmy bardziej skoncentrowani na zadaniach, co przekłada się na lepsze wyniki. Dlatego pracownicy lub przedsiębiorcy, którzy potrafią utrzymać wysoki poziom motywacji, często osiągają wyższe wyniki w swoich dziedzinach.

Kreatywność i innowacyjność:

Silna motywacja może stymulować naszą kreatywność. Osoby zmotywowane są bardziej otwarte na nowe pomysły, poszukują innowacyjnych rozwiązań i chętniej podejmują wyzwania. Dzięki temu przyczyniają się do rozwoju i udoskonalania procesów oraz produktów.

Zadowolenie zawodowe:

Motywacja pomaga w osiąganiu satysfakcji zawodowej. Kiedy osiągamy cele i widzimy efekty naszej pracy, czujemy się spełnieni i zadowoleni. Zadowolenie zawodowe jest kluczowym aspektem sukcesu, ponieważ wpływa na nasze ogólne samopoczucie i jakość życia.

Ambicje i rozwój kariery:

Osoby z wysoką motywacją często mają wyraźne cele zawodowe i ambicje. Dążenie do sukcesu motywuje ich do ciągłego doskonalenia się, zdobywania nowych umiejętności i awansu zawodowego. To podejście przyczynia się do budowania udanej kariery.

Odporność na trudności:

Motywacja pomaga nam przetrwać trudności i poradzić sobie z przeciwnościami losu. Osoby silnie zmotywowane są bardziej odporne na stres i frustrację. Widzą trudności jako wyzwania do pokonania, a nie przeszkody nie do przejścia.

Budowanie reputacji i marki osobistej:

Sukces zawodowy często idzie w parze z budowaniem reputacji i marki osobistej. Osoby zmotywowane do osiągania doskonałości są bardziej widoczne w swoich branżach i budują pozytywny wizerunek, co może otwierać nowe możliwości zawodowe.

Przywództwo i inspiracja:

Osoby silnie zmotywowane często stają się liderami i źródłem inspiracji dla innych. Ich determinacja i pasja przyciągają ludzi do współpracy i tworzenia silnych zespołów.

Osobisty rozwój i spełnienie:

Motywacja napędza nasz osobisty rozwój i dąży do spełnienia. Kiedy świadomie dążymy do realizacji naszych celów zawodowych, doświadczamy spełnienia i satysfakcji z osiągniętych wyników.

Wnioski są jasne: motywacja jest kluczem do osiągnięcia sukcesu zawodowego. Wzmacnia naszą wydajność, kreatywność, satysfakcję i rozwijanie kariery. To narzędzie, które warto pielęgnować i doskonalić, aby odnieść sukces w swojej dziedzinie zawodowej.

## b. Podejmowanie wyzwań i rozwijanie umiejętności dzięki silnej motywacji.

Podejmowanie wyzwań i rozwijanie umiejętności to kluczowe elementy osiągnięcia sukcesu zawodowego, które są ściśle powiązane z silną motywacją. Oto kilka głównych aspektów tego zagadnienia:

Ambicje i dążenie do rozwoju:

Silna motywacja popycha nas do dążenia do celów i osiągania sukcesów. Dzięki temu jesteśmy bardziej skłonni do podejmowania trudnych wyzwań, które prowadzą nas na ścieżkę rozwoju. To podejście pomaga nam stale

*Klucz do sukcesu*

doskonalić swoje umiejętności i wiedzę.

Zwiększanie pewności siebie:

Silna motywacja sprzyja budowaniu pewności siebie. Kiedy dążymy do osiągnięcia trudnych celów i osiągamy sukcesy, zyskujemy pewność siebie. To z kolei pozwala nam podejmować coraz większe wyzwania bez obaw o porażkę.

Poszukiwanie nowych możliwości:

Osoby zmotywowane do rozwoju zawodowego często szukają nowych możliwości i doświadczeń. Dzięki temu eksplorują różne obszary swojej dziedziny, uczą się nowych umiejętności i odkrywają potencjał, którego wcześniej nie byli świadomi.

Efektywne rozwiązywanie problemów:

Silna motywacja pomaga nam lepiej radzić sobie z problemami i wyzwaniami zawodowymi. Jesteśmy bardziej zdeterminowani do znalezienia rozwiązań, kiedy napotykamy na trudności, co prowadzi do bardziej efektywnego rozwiązywania problemów.

Rozwijanie umiejętności miękkich:

Rozwijanie umiejętności miękkich, takich jak komunikacja, przywództwo i umiejętność pracy w zespole, jest kluczowe w świecie zawodowym. Silna motywacja może skłonić nas do ciągłego doskonalenia tych umiejętności, co przekłada się na efektywną współpracę z innymi i budowanie pozytywnych relacji zawodowych.

Zarządzanie czasem i zadaniami:

Osoby z silną motywacją potrafią lepiej zarządzać swoim czasem i priorytetami. Są bardziej skoncentrowane na zadaniach, które przynoszą największe korzyści w kontekście rozwoju zawodowego.

Podnoszenie kwalifikacji i edukacja:

Motywacja często napędza naszą chęć nauki i podnoszenia kwalifikacji. Zmotywowane osoby często uczestniczą w kursach, szkoleniach i innych formach edukacji, aby poszerzyć swoją wiedzę i umiejętności.

Przywództwo i inspiracja:

Osoby, które podejmują wyzwania i rozwijają umiejętności dzięki motywacji, często stają się źródłem inspiracji dla innych. Ich determinacja i osiągnięcia mogą motywować innych do podobnych działań i dążenia do sukcesu.

Wnioski są jasne: silna motywacja jest kluczowa dla podejmowania wyzwań i rozwijania umiejętności zawodowych. Motywacja napędza naszą determinację, pozwala nam pokonywać trudności i prowadzi nas na ścieżkę rozwoju i sukcesu w karierze zawodowej.

## c. Wykorzystywanie szans na awans i rozwój zawodowy.

Wykorzystywanie szans na awans i rozwój zawodowy jest niezwykle ważne dla osiągnięcia sukcesu w karierze zawodowej. Silna motywacja może stanowić kluczową rolę w identyfikowaniu, podejmowaniu i wykorzystywaniu tych szans. Oto kilka kluczowych kwestii związanych z tym aspektem:

Ciągłe doskonalenie umiejętności:

Osoby z silną motywacją do rozwoju zawodowego są zawsze gotowe do doskonalenia swoich umiejętności. Są gotowe uczestniczyć w szkoleniach, kursach, warsztatach i innych formach edukacji, które pozwalają im zdobywać nowe kwalifikacje i kompetencje. Dzięki temu są bardziej konkurencyjni na rynku pracy i przygotowani do awansu.

Monitorowanie postępów i ocena osiągnięć:

Osoby zmotywowane do awansu często dokładnie monitorują swoje postępy zawodowe. Przyjmują systematyczne podejście do oceny swoich umiejętności i osiągnięć, co pomaga im określać, jakie kroki są konieczne do osiągnięcia awansu lub podniesienia kwalifikacji.

Budowanie relacji zawodowych:

Silna motywacja do awansu często wiąże się z budowaniem pozytywnych relacji zawodowych. Osoby te starają się nawiązywać kontakty w branży, być aktywne w sieciach zawodowych i wykorzystywać wsparcie innych, aby zdobywać informacje o dostępnych szansach i stanowiskach.

Dążenie do przywództwa:

Dla wielu osób awans wiąże się z możliwością objęcia stanowiska kierowniczego lub przywódczego. Motywowane osoby pracują nad rozwojem umiejętności przywódczych, takich jak zarządzanie zespołem, podejmowanie decyzji i rozwiązywanie konfliktów, aby być gotowymi do awansu na stanowisko kierownicze.

Kształtowanie swojej ścieżki kariery:

Silna motywacja do rozwoju zawodowego często wiąże się z planowaniem swojej ścieżki kariery. Osoby te starają się określić, gdzie chcą być za kilka lat i jakie kroki muszą podjąć, aby osiągnąć te cele. Tworzą plany rozwoju zawodowego i stale pracują nad ich realizacją.

Korzystanie z mentorów i doradców zawodowych:

Osoby zmotywowane do awansu często korzystają z wsparcia mentorów i doradców zawodowych. Ci doświadczeni profesjonaliści mogą pomóc w określeniu odpowiednich kierunków rozwoju zawodowego i udzielić cennych wskazówek na temat osiągnięcia celów kariery.

Rozważanie zmiany ścieżki zawodowej:

Czasami szansa na awans i rozwój zawodowy może wiązać się z koniecznością zmiany ścieżki kariery lub branży. Osoby zmotywowane do rozwoju są otwarte na takie zmiany i gotowe do nauki nowych umiejętności lub zdobywania doświadczenia w innych obszarach.

Podsumowując, wykorzystywanie szans na awans i rozwój zawodowy wymaga zarówno wytrwałości, jak i silnej motywacji. Osoby, które są gotowe do podjęcia tych wyzwań i ciągłego rozwoju, często odnoszą sukcesy w swojej karierze i osiągają wyższe cele zawodowe. Silna motywacja pełni kluczową rolę w napędzaniu tych działań i pozwala na wykorzystanie dostępnych możliwości.

*Klucz do sukcesu*

# 3. Znaczenie motywacji w prowadzeniu biznesu:

## a. Wpływ motywacji przedsiębiorcy na rozwój i sukces firmy.

Motywacja przedsiębiorcy ma ogromny wpływ na rozwój i sukces firmy. Przedsiębiorcy, którzy są silnie zmotywowani, często osiągają lepsze wyniki i są bardziej skłonni do podejmowania działań, które prowadzą do sukcesu firmy. Oto kilka kluczowych aspektów wpływu motywacji przedsiębiorcy na rozwój i sukces firmy:

Kierowanie firmą w trudnych momentach:

W biznesie zawsze pojawiają się trudności i wyzwania. Silna motywacja przedsiębiorcy pomaga mu utrzymać optymizm i determinację w obliczu przeciwności. Motywowani przedsiębiorcy są bardziej skłonni do szukania rozwiązań, podejmowania ryzyka i podejmowania trudnych decyzji, co może pomóc firmie przezwyciężyć kryzysy i trudności.

Innowacje i rozwijanie firmy:

Motywowani przedsiębiorcy często skłaniają się ku innowacjom. Są otwarci na nowe pomysły i gotowi do eksperymentowania z nowymi produktami, usługami lub strategiami biznesowymi. To podejście może pomóc firmie rosnąć i rozwijać się, unikając stagnacji.

Zarządzanie zespołem:

Motywowani przedsiębiorcy mają zdolność inspirowania i motywowania swojego zespołu. Tworzą pozytywną kulturę pracy, w której pracownicy czują się zaangażowani i inspirowani do osiągania najlepszych wyników. Zespół pracujący pod przywództwem silnie zmotywowanego przedsiębiorcy jest często bardziej produktywny i kreatywny.

Długoterminowe cele i strategie:

Silnie zmotywowani przedsiębiorcy zazwyczaj mają jasno określone cele i strategie długoterminowe dla swojej firmy. To pomaga w utrzymaniu spójności i skupieniu na osiągnięciu długotrwałego sukcesu, zamiast skupiać się na krótkoterminowych zyskach.

*Klucz do sukcesu*

Zdolność do przyciągania inwestorów i partnerów:

Motywowani przedsiębiorcy często są bardziej przekonujący dla inwestorów, partnerów biznesowych i klientów. Ich pasja i zaangażowanie mogą przyciągać inwestycje i współpracowników, co może pomóc w finansowaniu i rozwoju firmy.

Budowanie marki i reputacji:

Przedsiębiorcy o silnej motywacji często skupiają się na budowaniu pozytywnej marki i reputacji swojej firmy. Dbają o jakość produktów lub usług, etykę biznesową i zaangażowanie społeczne, co może przyciągać lojalnych klientów i wpływać na sukces rynkowy.

Zarządzanie zmianami:

W dzisiejszym dynamicznym środowisku biznesowym zmiany są nieuniknione. Silna motywacja przedsiębiorcy pomaga mu zarządzać zmianami, dostosowywać się do nowych warunków rynkowych i eksplorować nowe możliwości.

Długofalowy wzrost i zrównoważony rozwój: Motywowani przedsiębiorcy często mają na uwadze długofalowy wzrost i zrównoważony rozwój firmy. Starają się unikać krótkoterminowych strategii, które mogą prowadzić do szybkiego zysku kosztem długofalowej stabilności.

Podsumowując, motywacja przedsiębiorcy jest kluczowym czynnikiem wpływającym na rozwój i sukces firmy. Silna motywacja może pomóc przedsiębiorcy przezwyciężyć trudności, rozwijać firmę, zarządzać zespołem i osiągać długofalowe cele. To narzędzie, które pozwala przedsiębiorcom kierować swoimi firmami ku wyższym osiągnięciom i trwałemu sukcesowi.

## b. Radzenie sobie z trudnościami i wyzwaniami dzięki silnej motywacji.

Radzenie sobie z trudnościami i wyzwaniami dzięki silnej motywacji jest kluczowym aspektem zarówno w życiu zawodowym, jak i osobistym. Silna motywacja może stanowić siłę napędową, która pomaga nam przekształcać przeszkody w możliwości. Oto kilka sposobów, jak radzić sobie z trudnościami i wyzwaniami dzięki motywacji.

Pozytywne myślenie:

Silna motywacja często idzie w parze z pozytywnym myśleniem. Zamiast koncentrować się na trudnościach, skup się na możliwościach i rozwiązaniach. Szukaj pozytywnych aspektów nawet w trudnych sytuacjach, co pozwoli ci utrzymać motywację.

Niezłomna determinacja:

Motywowane osoby charakteryzują się niezłomną determinacją. Nie poddają się łatwo i nie rezygnują z dążenia do celu, nawet gdy napotykają na przeszkody. To zaangażowanie i wytrwałość pomagają im radzić sobie z trudnościami.

Zidentyfikowanie źródeł trudności:

Ważne jest zrozumienie, skąd pochodzą trudności i wyzwania. Czy wynikają one z braku umiejętności, braku zasobów czy innych czynników? Zrozumienie źródeł problemów pozwala na bardziej efektywne ich rozwiązywanie.

Planowanie i organizacja:

Silna motywacja może pomóc w planowaniu i organizowaniu działań w celu rozwiązania problemów. Tworzenie planów działania i wyznaczanie kroków do podjęcia może uczynić nawet największe wyzwania bardziej przystępnymi.

Kreatywne myślenie:

Zmotywowani ludzie często wykazują się kreatywnym myśleniem. Starają się znaleźć nietypowe rozwiązania i podejścia do trudnych problemów. To podejście może prowadzić do innowacyjnych rozwiązań.

Wsparcie zespołu i mentora:

Motywacja może być wzmocniana przez wsparcie innych. Jeśli napotykasz na trudności, nie wahaj się szukać pomocy od kolegów, przyjaciół lub mentora. Współpraca z innymi może dostarczyć nowych perspektyw i

*Klucz do sukcesu*

rozwiązań.

Utrzymywanie spokoju w sytuacjach stresowych:

Silna motywacja pomaga w utrzymaniu spokoju w trudnych momentach.
Wykorzystuj techniki relaksacyjne, jak medytacja czy głębokie oddychanie,
aby zachować klarowność umysłu w sytuacjach stresowych.

Utrzymywanie długofalowego celu w ogniu:

Ważne jest, aby utrzymywać długofalowy cel i wizję sukcesu jako źródło
motywacji. Gdy napotykasz na trudności, przypomnij sobie, dlaczego to cel
jest ważny i jakie korzyści przyniesie, gdy go osiągniesz.

Nauka na błędach:

Trudności i niepowodzenia są częścią życia. Silnie zmotywowane osoby
traktują je jako okazję do nauki. Analizują swoje błędy, aby uniknąć ich w
przyszłości i stawać się coraz bardziej wytrwałymi i mądrzejszymi.

Dążenie do samorozwoju:

Silnie zmotywowani ludzie często dążą do samorozwoju. Wiedzą, że
rozwijając swoje umiejętności i zdobywając nowe doświadczenia, stają się
bardziej kompetentni w radzeniu sobie z przyszłymi wyzwaniami.

Radzenie sobie z trudnościami i wyzwaniami dzięki silnej motywacji to
proces, który może prowadzić do osobistego wzrostu i sukcesu
zawodowego. To podejście pomaga przekształcać każdą przeszkodę w
okazję do rozwoju i osiągnięcia celów.

"Motywacja w życiu zawodowym" to pełne zrozumienie znaczenia
motywacji w kontekście naszej pracy i kariery. Przeanalizowaliśmy wpływ
motywacji na wydajność, kreatywność oraz ogólną satysfakcję zawodową.
Ponadto, ukazaliśmy liczne korzyści płynące z posiadania silnej motywacji
zarówno dla jednostki, jak i organizacji.

W rozdziale przedstawiliśmy konkretne techniki i metody, które pomagają
zwiększyć motywację w pracy, w tym stymulowanie zaangażowania,
rozwijanie pozytywnego nastawienia, wyznaczanie celów zgodnych z

wartościami i budowanie pozytywnych relacji zespołowych.

Nie zapomnieliśmy także o roli motywacji w osiąganiu sukcesu zawodowego, gdzie kluczowe jest podejmowanie wyzwań, rozwijanie umiejętności i wykorzystywanie szans na awans i rozwój kariery.

Nasza analiza obejmowała również znaczenie motywacji w kontekście prowadzenia własnego biznesu, pokazując, jak wpływa ona na rozwój i sukces firmy.

W tej części książki omówiliśmy strategie radzenia sobie z trudnościami i wyzwaniami dzięki silnej motywacji. Wszystko to po to, aby czytelnicy mogli efektywnie budować i utrzymywać swoją motywację, osiągając sukces i spełnienie w sferze zawodowej. Czas na kolejny rozdział.

*Klucz do sukcesu*

# Motywacja w życiu prywatnym

W tym rozdziale omówimy znaczenie motywacji w życiu prywatnym. Będziemy rozmawiać o tym, jak zwiększyć swoją motywację w dziedzinie zdrowia, nauki, rozwoju osobistego oraz w relacjach z innymi ludźmi.

## I. Motywacja w dziedzinie zdrowia:

### 1. Wpływ motywacji na zdrowie fizyczne i psychiczne.

### 1.1. Znaczenie motywacji dla utrzymania zdrowego stylu życia.

Znaczenie motywacji dla utrzymania zdrowego stylu życia jest fundamentalne i wpływa na wiele aspektów naszego codziennego funkcjonowania. Oto kilka kluczowych punktów, które ilustrują, dlaczego motywacja jest niezwykle istotna w tym kontekście:

Rola w podejmowaniu zdrowych wyborów żywieniowych:

Motywacja jest kluczowa, gdy chodzi o dokonywanie zdrowych wyborów żywieniowych. Osoby, które są silnie zmotywowane do dbania o swoje zdrowie, częściej wybierają świeże, niskokaloryczne i pełnowartościowe produkty spożywcze, unikając jedzenia przetworzonego, tłustego i wysoko przesłodzonego.

Regularna aktywność fizyczna:

Motywacja jest nieodzowna w utrzymaniu regularnej aktywności fizycznej. Dla wielu osób trudno jest wyjść na trening lub wykonywać ćwiczenia regularnie, jeśli nie są wystarczająco zmotywowane. Silna motywacja pomaga pokonać lenistwo i trudności, zachęcając do podejmowania aktywności fizycznej.

Utrzymanie zdrowej wagi:

Osoby zmotywowane do utrzymania zdrowej wagi często skuteczniej kontrolują swoje spożycie kalorii i podejmują działania mające na celu utrzymanie równowagi między spożywanymi kaloriami a ilością spalanych kalorii poprzez aktywność fizyczną.

*Klucz do sukcesu*

Zapobieganie chorobom:

Motywacja do dbania o zdrowy styl życia pomaga w zapobieganiu wielu chorobom, takim jak cukrzyca typu 2, nadciśnienie, choroby serca czy otyłość. Regularna aktywność fizyczna i zdrowa dieta mogą znacząco zmniejszyć ryzyko wystąpienia tych schorzeń.

Poprawa stanu psychicznego:

Motywacja do zdrowego stylu życia ma również pozytywny wpływ na stan psychiczny. Regularna aktywność fizyczna wyzwala endorfiny, które poprawiają nastrój i zmniejszają stres oraz objawy depresji.

Dłuższa i zdrowsza życie:

Osoby, które prowadzą zdrowy tryb życia, zazwyczaj żyją dłużej i cieszą się lepszym zdrowiem w późniejszych latach życia. Motywacja do dbania o siebie może przekładać się na jakość i ilość lat spędzonych w dobrym zdrowiu.

Wzorce dla innych:

Osoby, które są zmotywowane do prowadzenia zdrowego stylu życia, często stają się wzorcem dla swojej rodziny i znajomych. To może inspirować innych do również podejmowania zdrowych wyborów.

Podsumowując, motywacja odgrywa kluczową rolę w utrzymaniu zdrowego stylu życia. To ona stanowi siłę napędową, która pomaga nam podejmować zdrowe wybory żywieniowe, regularnie ćwiczyć, kontrolować wagę i przeciwdziałać wielu chorobom. Silna motywacja ma ogromny wpływ na jakość naszego życia i nasze samopoczucie zarówno fizyczne, jak i psychiczne.

## 1.2. Motywacja jako czynnik wpływający na regularność aktywności fizycznej.

Motywacja to kluczowy czynnik wpływający na regularność aktywności fizycznej. Oto pogłębiona analiza, jak motywacja wpływa na naszą zdolność do utrzymania regularnych treningów:

Utrzymanie stałego zaangażowania:

*Klucz do sukcesu*

Motywacja stanowi podstawę naszego zaangażowania w aktywność
fizyczną. Bez odpowiedniego poziomu motywacji trudno jest utrzymać
regularność treningów. To właśnie motywacja daje nam energię do
wstawania rano na trening, pomaga nam pokonywać lenistwo i
przeciwdziałać rozpraszającym czynnikom.

Motywacja wewnętrzna i zewnętrzna:

Warto zrozumieć różnicę między motywacją wewnętrzną a zewnętrzną.
Motywacja wewnętrzna pochodzi z nas samych - jest to pasja, przyjemność
i satysfakcja, jakie czerpiemy z aktywności fizycznej. Z kolei motywacja
zewnętrzna wynika z czynników zewnętrznych, takich jak nagrody, kary czy
oczekiwania innych. Długoterminowa regularność treningów zazwyczaj
opiera się na motywacji wewnętrznej, która jest bardziej trwała i
autentyczna.

Cele jako źródło motywacji:

Określanie konkretnych celów treningowych może znacznie zwiększyć
motywację. Cele te mogą być krótko- lub długoterminowe, np. utrzymanie
zdrowej wagi, zwiększenie siły, poprawa wytrzymałości czy przygotowanie
do zawodów sportowych. Mając wyraźne cele, łatwiej jest znaleźć
motywację do systematycznego treningu.

Wsparcie społeczne:

Wiele osób znajduje dodatkową motywację do regularnej aktywności
fizycznej w otoczeniu społecznym. Treningi w grupie lub z przyjaciółmi
mogą sprawić, że czujemy się odpowiedzialni za swoje zaangażowanie, a
jednocześnie czerpiemy z tego radość. Dodatkowo, wsparcie i zachęty ze
strony innych osób mogą działać jako silny czynnik motywacyjny.

Nagrody i utraty:

Psychologia motywacji podkreśla znaczenie nagród i utraty. Nagradzając
siebie za osiągnięcia treningowe, możemy wzmacniać pozytywną
motywację. Z drugiej strony, obawiając się utraty wyników lub opóźnienia
w osiągnięciu celów, możemy zwiększyć swoje zaangażowanie.

Pokonywanie trudności:

*Klucz do sukcesu*

Motywacja może wzrastać w miarę pokonywania trudności. Kiedy osiągamy sukcesy lub przezwyciężamy wyzwania podczas treningów, nasza motywacja do kontynuacji wzrasta. To poczucie osiągnięcia i możliwość rozwoju wpływa na naszą regularność.

Dopasowanie treningów do zainteresowań:

Wybieranie aktywności fizycznych, które nas interesują i sprawiają przyjemność, pomaga w utrzymaniu motywacji. Nie jesteśmy zmuszeni do wykonywania treningów, które nas nudzą, co zwiększa szanse na regularność.

Motywacja jest kluczowym czynnikiem wpływającym na regularność aktywności fizycznej. Zrozumienie jej mechanizmów oraz umiejętność utrzymania jej na odpowiednio wysokim poziomie jest kluczowe dla osiągnięcia długotrwałych korzyści zdrowotnych i sportowych. Warto inwestować w swoją motywację, aby cieszyć się zdrowszym i bardziej aktywnym życiem.

## 1.3. Skutki braku motywacji dla zdrowia fizycznego i psychicznego.

Brak motywacji do regularnej aktywności fizycznej może mieć poważne skutki zarówno dla zdrowia fizycznego, jak i psychicznego. Oto bardziej szczegółowa analiza tych negatywnych konsekwencji:

Skutki dla zdrowia fizycznego.

Nadwaga i otyłość:

Brak motywacji do regularnej aktywności fizycznej często prowadzi do nadwagi lub otyłości. To zwiększa ryzyko wielu poważnych schorzeń, takich jak cukrzyca typu 2, choroby serca, nadciśnienie i inne problemy zdrowotne związane z nadmierną masą ciała.

Spadek wydolności fizycznej:

Brak aktywności prowadzi do utraty wydolności fizycznej, co oznacza, że osoba może czuć się szybciej zmęczona i niezdolna do wykonywania codziennych czynności.

*Klucz do sukcesu*

Osłabienie układu mięśniowego i kostnego:

Brak ruchu wpływa na osłabienie mięśni i kości, co zwiększa ryzyko złamań i urazów.

Zaburzenia metaboliczne:

Regularna aktywność fizyczna pomaga w regulacji poziomu cukru we krwi i funkcji metabolicznych. Brak ruchu może prowadzić do zaburzeń metabolicznych, co z kolei może wpływać na zdrowie ogólnie.

Ryzyko chorób przewlekłych:

Osoby, które nie są zmotywowane do aktywności fizycznej, są bardziej narażone na rozwijanie chorób przewlekłych, takich jak osteoporoza, depresja, a także niektóre rodzaje nowotworów.

Skutki dla zdrowia psychicznego:

Depresja i lęk:

Aktywność fizyczna ma ogromny wpływ na zdrowie psychiczne. Brak motywacji do ruchu może przyczyniać się do występowania objawów depresji i lęku. Regularna aktywność stymuluje wydzielanie endorfin, które są naturalnymi substancjami przeciwlękowymi i przeciwdziałają depresji.

Stres:

Aktywność fizyczna pomaga w redukcji poziomu stresu poprzez regulację poziomu hormonów stresu, takich jak kortyzol. Brak ruchu może skutkować zwiększonym poziomem stresu.

Złe samopoczucie i brak energii:

Brak aktywności fizycznej może prowadzić do ogólnego złego samopoczucia, braku energii i uczucia apatii.

Złe samopoczucie ciała:

Osoby, które nie ćwiczą regularnie, mogą doświadczać negatywnego postrzegania swojego ciała, co może wpływać na ich poczucie własnej wartości i pewność siebie.

Zaburzenia snu:

Regularna aktywność fizyczna pomaga w regulacji snu. Brak ruchu może skutkować zaburzeniami snu, takimi jak bezsenność.

Warto zrozumieć, że motywacja do aktywności fizycznej ma ogromne znaczenie dla naszego zdrowia fizycznego i psychicznego. Dlatego warto szukać sposobów na zwiększenie swojej motywacji, aby uniknąć negatywnych skutków braku aktywności. Jednak jeśli trudności w motywowaniu się są głębsze i związane z problemami psychicznymi, warto rozważyć konsultację z terapeutą lub psychologiem, którzy pomogą znaleźć odpowiednie strategie motywacyjne.

## 1.4. Rola motywacji w promowaniu zdrowego odżywiania.

Rola motywacji w promowaniu zdrowego odżywiania jest niezwykle istotna, ponieważ nawyki żywieniowe mają ogromny wpływ na zdrowie ogólne. Oto więcej informacji na ten temat:

Motywacja jako kluczowy czynnik zdrowego odżywiania.

Kształtowanie nawyków żywieniowych:

Motywacja odgrywa kluczową rolę w kształtowaniu naszych nawyków żywieniowych. Dzięki silnej motywacji możemy wybrać zdrowsze opcje żywieniowe i unikać produktów wysokokalorycznych, bogatych w tłuszcze nasycone i cukry.

Dążenie do celów zdrowotnych:

Motywacja jest niezbędna do osiągnięcia i utrzymania celów zdrowotnych, takich jak utrata wagi, kontrola poziomu cukru we krwi czy zmniejszenie ryzyka chorób serca. Osoby, które są mocno zmotywowane, częściej trzymają się swoich planów żywieniowych.

Wpływ na wybór produktów spożywczych:

Motywacja pomaga nam dokonywać świadomych wyborów żywieniowych. Kiedy jesteśmy zmotywowani, jesteśmy bardziej skłonni czytać etykiety

*Klucz do sukcesu*

produktów, wybierać produkty o niższej zawartości tłuszczu i cukrów oraz unikać żywności przetworzonej.

Skutki braku motywacji dla zdrowego odżywiania.

Nadwaga i otyłość:

Brak motywacji do zdrowego odżywiania może prowadzić do nadwagi i otyłości. Spożywanie nadmiaru kalorii i niezdrowych produktów może powodować nagromadzenie tkanki tłuszczowej.

Zwiększone ryzyko chorób dietozależnych:

Osoby, które nie dbają o zdrowe odżywianie, są bardziej narażone na rozwijanie chorób dietozależnych, takich jak cukrzyca typu 2, choroby serca, nadciśnienie i niektóre rodzaje nowotworów.

Złe samopoczucie i brak energii:

Dieta bogata w produkty wysokokaloryczne i ubogie w składniki odżywcze może prowadzić do złego samopoczucia, zmęczenia i spadku energii.

Problemy trawienne:

Brak odpowiedniej motywacji do zdrowego odżywiania może prowadzić do problemów trawiennych, takich jak zaparcia czy zgaga, zwłaszcza jeśli dieta opiera się na produktach przetworzonych i fast foodzie.

Jak zwiększyć motywację do zdrowego odżywiania:

Znajdź swoje dlaczego:

Określ, dlaczego chcesz prowadzić zdrowy styl życia i zdrową dietę. To może być związane z poprawą zdrowia, utratą wagi, zwiększeniem energii lub innymi celami.

Planuj posiłki:

Planowanie posiłków i zakup zdrowych produktów może pomóc uniknąć impulsywnych decyzji żywieniowych.

*Klucz do sukcesu*

Szukaj wsparcia:

Wsparcie rodziny, przyjaciół lub grupy wsparcia może zwiększyć Twoją motywację. Razem łatwiej jest trzymać się zdrowych nawyków.

Nagradzaj siebie:

Stawiaj sobie małe cele i nagradzaj się za ich osiągnięcie. To może być np. odrobina ulubionej żywności w umiarkowanych ilościach.

Bądź cierpliwy:

Zmiana nawyków żywieniowych może być trudna, ale ważne jest, aby być cierpliwym i nie zrażać się niepowodzeniami. Warto dążyć do postawionych celów krok po kroku.

Wnioskiem jest to, że motywacja odgrywa kluczową rolę w naszych wyborach żywieniowych i wpływa na nasze zdrowie ogólne. Warto więc pracować nad swoją motywacją, aby prowadzić zdrowy styl życia i cieszyć się korzyściami zdrowego odżywiania.

## 1.5. Motywacja jako wsparcie w radzeniu sobie z przewlekłymi chorobami.

Motywacja pełni istotną rolę jako wsparcie w radzeniu sobie z przewlekłymi chorobami. Przewlekłe choroby, takie jak cukrzyca, choroba serca, astma, reumatoidalne zapalenie stawów czy choroby autoimmunologiczne, wymagają ciągłego zarządzania i opieki. Motywacja może stanowić kluczowy czynnik w utrzymaniu zdrowia i poprawie jakości życia pacjentów w takich przypadkach. Oto kilka aspektów, które ilustrują znaczenie motywacji w tej sferze:

Świadomość choroby.

Motywacja do zrozumienia swojej choroby jest kluczowa. Pacjenci, którzy są odpowiednio zmotywowani, częściej uczestniczą w edukacji na temat swojej choroby. Wiedza ta może pomóc im zrozumieć, jakie zmiany w stylu życia i leczeniu są konieczne.

Zarządzanie leczeniem:

Przewlekłe choroby często wymagają skomplikowanych schematów leczenia, w tym przyjmowania leków, stosowania terapii fizycznych lub dietetycznych, a także monitorowania swojego stanu zdrowia. Motywacja jest niezbędna do systematycznego i odpowiedzialnego podejścia do tych zadań.

Stosowanie zaleceń lekarskich:

Lekarze często przekazują pacjentom zalecenia dotyczące zmiany stylu życia, takie jak dieta, regularna aktywność fizyczna i unikanie czynników ryzyka. Osoby dobrze zmotywowane są bardziej skłonne przestrzegać tych zaleceń, co może prowadzić do lepszej kontroli choroby.

Emocjonalne wsparcie:

Motywacja może pomóc pacjentom przetrwać trudne chwile związane z chorobą. Ciężkie diagnozy i długotrwałe leczenie mogą wywołać stres, depresję i lęk. Silna motywacja może pomóc pacjentom znaleźć siłę do radzenia sobie z emocjonalnymi aspektami choroby.

Poprawa jakości życia:

Dobrze ukierunkowana motywacja może prowadzić do poprawy jakości życia pacjentów z przewlekłymi chorobami. Poprzez podejmowanie zdrowych nawyków i odpowiednie zarządzanie chorobą, pacjenci mogą unikać powikłań i utrzymać jak najwyższą jakość życia.

Zaangażowanie w opiekę nad sobą:

Motywacja zachęca pacjentów do aktywnego zaangażowania się w opiekę nad sobą. Pacjenci, którzy podejmują inicjatywę w dbaniu o swoje zdrowie, często osiągają lepsze wyniki leczenia.

Motywacja jest kluczowym czynnikiem w zarządzaniu przewlekłymi chorobami. Pacjenci, którzy są odpowiednio zmotywowani, mają większe szanse na skuteczne radzenie sobie z chorobą, utrzymanie zdrowego stylu życia i poprawę swojej jakości życia. Dlatego też wsparcie i rozwijanie motywacji pacjentów są istotnym elementem opieki medycznej i terapeutycznej.

*Klucz do sukcesu*

## 1.6. Techniki motywacyjne pomagające utrzymać zdrowie psychiczne.

Teraz omówimy techniki motywacyjne, które mogą pomóc w utrzymaniu zdrowia psychicznego. Zdrowie psychiczne jest niezwykle istotnym aspektem ogólnego dobrostanu, a motywacja może odegrać kluczową rolę w jego podtrzymywaniu. Oto kilka skutecznych technik motywacyjnych w kontekście zdrowia psychicznego:

Cele i cele życiowe:

Określenie klarownych celów i celów życiowych może stanowić silne źródło motywacji. Cele te mogą dotyczyć różnych aspektów życia, takich jak praca, nauka, życie rodzinne i zdrowie psychiczne. Motywacja do realizacji tych celów może pomóc w utrzymaniu równowagi psychicznej.

Pozytywne afirmacje i myślenie:

Warto kultywować pozytywne podejście do siebie i swojego życia. Możesz wykorzystywać afirmacje, czyli pozytywne zdania lub myśli, które wzmacniają poczucie własnej wartości i pewność siebie. Warto również ćwiczyć myślenie pozytywne i unikać negatywnych myśli.

Samodyscyplina i rutyna:

Motywacja często idzie w parze z samodyscypliną i rutyną. Tworzenie zdrowych nawyków, takich jak regularna aktywność fizyczna, zdrowa dieta, sen i praktyki relaksacyjne, może pomóc w utrzymaniu zdrowia psychicznego. Samodyscyplina pomaga utrzymać te nawyki.

Wsparcie społeczne:

Kontakty społeczne i wsparcie od przyjaciół i rodziny mają ogromne znaczenie dla zdrowia psychicznego. Motywacja do dbania o te relacje i angażowania się w interakcje społeczne może poprawić samopoczucie i redukować stres.

Edukacja na temat zdrowia psychicznego:

Motywacja do nauki i zrozumienia własnego zdrowia psychicznego jest kluczowa. Warto poznać podstawowe pojęcia z tej dziedziny, rozpoznawać

*Klucz do sukcesu*

symptomy problemów psychicznych i wiedzieć, gdzie szukać pomocy w
razie potrzeby.

Cele krótko- i długoterminowe:

Opracowanie zarówno krótko- jak i długoterminowych celów związanych z
utrzymaniem zdrowia psychicznego może być inspirujące.
Krótkoterminowe cele mogą obejmować codzienne techniki relaksacyjne, a
długoterminowe cele mogą obejmować budowanie odporności psychicznej.

Terapia i wsparcie specjalistyczne:

W przypadku problemów psychicznych, takich jak depresja czy lęki, terapia
i wsparcie specjalistyczne mogą być niezwykle pomocne. Motywacja do
poszukiwania i uczestnictwa w terapii może prowadzić do znacznej
poprawy zdrowia psychicznego.

Warto zrozumieć, że utrzymanie zdrowia psychicznego jest procesem
wieloetapowym i indywidualnym. Motywacja odgrywa kluczową rolę w tym
procesie, pomagając osobom zachować równowagę psychiczną, radzić
sobie z wyzwaniami i realizować swoje cele życiowe. Dlatego warto
inwestować czas i wysiłek w rozwijanie tej motywacji, dbając o swoje
zdrowie psychiczne.

Te podpunkty pomogą lepiej zrozumieć, w jaki sposób motywacja może
wpłynąć na nasze zdrowie fizyczne i psychiczne oraz jakie korzyści płyną z
utrzymania silnej motywacji w tych obszarach.

## 2. Motywacja do regularnej aktywności fizycznej i zdrowej diety.

### 2.1. Kształtowanie motywacji do regularnych treningów i aktywności fizycznej.

Omówmy teraz kształtowanie motywacji do regularnych treningów i
aktywności fizycznej. Motywacja do regularnego ruchu jest kluczowa dla
zdrowego stylu życia, a także ma wiele korzyści zarówno dla ciała, jak i
umysłu. Oto kilka sposobów, jak kształtować i podtrzymywać tę motywację:

Określenie celów treningowych:

Pierwszym krokiem do kształtowania motywacji do aktywności fizycznej jest określenie konkretnych celów treningowych. Cele te mogą być różne, na przykład bieżące cele krótkoterminowe i długoterminowe cele, takie jak uczestnictwo w konkretnej zawodowej imprezie sportowej, zrzucenie wagi, poprawa wydolności czy zwiększenie masy mięśniowej. Konkretne cele działają jako motywator, ponieważ dają ci coś, do czego dążysz.

Stworzenie planu treningowego:

Po ustaleniu celów warto stworzyć konkretny plan treningowy. Plan ten może obejmować harmonogram ćwiczeń, rodzaje treningu, dni wolne od treningu i monitorowanie postępów. Mając wyraźny plan, masz większą pewność, że osiągniesz swoje cele.

Urozmaicenie aktywności fizycznej:

Monotonia w treningach może prowadzić do spadku motywacji. Dlatego warto regularnie zmieniać rodzaje aktywności fizycznej. Możesz próbować różnych sportów, ćwiczeń siłowych, jogi czy taniec. Różnorodność pomaga utrzymać świeżość i ciekawość, co wpływa na motywację.

Partnerzy treningowi i wsparcie społeczne:

Trening z partnerem lub przyjacielem może być niezwykle motywujący. Wspólna aktywność sprawia, że jesteście dla siebie wsparciem i motywacją do regularnych treningów. Razem łatwiej przekonujecie się do ćwiczeń, a także możecie rywalizować w zdrowy sposób.

Nagradzanie siebie:

Nagradzanie się za osiągnięcia w treningach może być skutecznym sposobem na podtrzymanie motywacji. To nie muszą być duże nagrody; mogą to być małe przyjemności, które dają ci satysfakcję po zakończonym treningu, na przykład ulubiony posiłek, gorąca kąpiel czy wieczór z ulubioną książką.

Monitorowanie postępów:

*Klucz do sukcesu*

Warto śledzić swoje postępy, aby mieć jasny obraz swoich osiągnięć.
Możesz prowadzić dziennik treningów, mierzyć postępy w wydolności czy
obserwować zmiany w ciele. To może być motywujące, ponieważ widzisz,
jakie rezultaty przynosi twoja ciężka praca.

Wyobraźnia i wizualizacja:

Technika wizualizacji polega na wyobrażaniu sobie osiągnięcia swoich
celów. Wizualizacja może pomóc w budowaniu motywacji i pewności siebie.
Wyobraź sobie, jak osiągasz swoje cele treningowe i jak to wpływa na twoje
zdrowie i samopoczucie.

Zrozumienie korzyści zdrowotnych:

Poznanie korzyści zdrowotnych regularnej aktywności fizycznej może
również zmotywować do treningów. Ćwiczenia pomagają w utrzymaniu
zdrowego serca, obniżeniu poziomu stresu, poprawie nastroju i wielu
innych aspektach zdrowia fizycznego i psychicznego.

Przyjęcie elastycznego podejścia:

Nie zawsze wszystko idzie zgodnie z planem. Czasem mogą pojawić się
przeszkody, takie jak kontuzje czy zmęczenie. Ważne jest, aby mieć
elastyczne podejście i nie zniechęcać się w przypadku chwilowych
trudności. Adaptacja do zmieniających się okoliczności może pomóc w
utrzymaniu długotrwałej motywacji.

Cele pośrednie i małe kroki:

Podziel swoje główne cele na mniejsze cele pośrednie. To ułatwia śledzenie
postępów i dostarcza częstszych okazji do uczucia satysfakcji z osiągnięć.
Małe kroki w kierunku celu mogą być równie satysfakcjonujące jak sam cel.

Ważne jest, aby pamiętać, że motywacja do regularnych treningów może
różnić się dla każdej osoby, dlatego warto eksperymentować i
dostosowywać strategię do własnych potrzeb i preferencji. Kluczem jest
znalezienie czegoś, co naprawdę ciebie inspiruje i mobilizuje do działania w
zakresie aktywności fizycznej.

*Klucz do sukcesu*

## 2.2. Techniki motywacyjne wspierające utrzymanie zdrowej diety.

Przejdźmy teraz do omówienia technik motywacyjnych, które wspierają utrzymanie zdrowej diety. Dieta odgrywa ogromną rolę w zachowaniu zdrowego stylu życia, dlatego motywacja do jej przestrzegania jest kluczowa. Oto kilka skutecznych technik motywacyjnych w tym zakresie:

Przyjęcie elastycznego podejścia:

Kiedy rozpoczynasz zdrową dietę, ważne jest, aby mieć elastyczne podejście. Unikaj skrajności, takich jak zbyt rygorystyczne ograniczenia kalorii lub całkowite wykluczenie ulubionych potraw. Zamiast tego, ucz się umiarkowania i balansu. Jeśli czasem zjesz coś, co nie mieści się w ramach diety, nie martw się tym zbytnio. Elastyczność pozwala na utrzymanie zdrowego podejścia do jedzenia.

Kontrola porcji:

Jednym z kluczowych aspektów zdrowej diety jest kontrola rozmiaru porcji. Możesz wykorzystać technikę polegającą na używaniu mniejszych talerzy, aby zmniejszyć ilość spożywanego jedzenia. Ograniczanie porcji pomaga kontrolować spożycie kalorii i promuje zdrowe nawyki żywieniowe.

Planowanie posiłków:

Planowanie posiłków na przyszłość może pomóc w uniknięciu impulsywnego jedzenia niezdrowych przekąsek. Zanim zaczniesz dzień, zastanów się nad tym, co będziesz jadł na śniadanie, lunch i kolację. Możesz także przygotować zdrowe przekąski na przypadek głodu między posiłkami.

Znajdowanie alternatyw:

Jeśli masz słabość do niezdrowych przekąsek lub potraw, staraj się znaleźć zdrowe alternatywy. Na przykład, zamiast chipsów możesz sięgnąć po chrupkie warzywa z hummusem. Znalezienie smacznych zamienników może pomóc w utrzymaniu zdrowej diety.

Budowanie wsparcia społecznego:

Podobnie jak w przypadku aktywności fizycznej, wsparcie społeczne jest

*Klucz do sukcesu*

ważne. Możesz dołączyć do grupy osób dbających o zdrową dietę lub podzielić się swoimi celami żywieniowymi z przyjaciółmi lub rodziną. Wspólne gotowanie i jedzenie zdrowych posiłków może stać się przyjemnym doświadczeniem.

Nagradzanie się:

Podobnie jak w przypadku aktywności fizycznej, nagradzanie się za osiągnięcia w dziedzinie diety może być skuteczną techniką motywacyjną. To nie muszą być duże nagrody; wystarczy mała przyjemność, która zachęca do przestrzegania zdrowej diety, na przykład wieczór z ulubioną książką czy relaksująca kąpiel.

Edukacja żywieniowa:

Poznanie korzyści zdrowotnych wynikających z właściwego żywienia może być inspirujące. Dowiedz się, jakie składniki odżywcze zawierają różne produkty spożywcze i jak wpływają na twoje zdrowie. Im lepiej zrozumiesz, dlaczego zdrowa dieta jest ważna, tym bardziej będziesz zmotywowany, aby jej przestrzegać.

Monitorowanie postępów:

Tak jak w przypadku treningów, warto monitorować swoje postępy w zakresie diety. Prowadzenie dziennika żywieniowego, w którym zapisujesz to, co jesz, może pomóc zidentyfikować obszary, w których możesz poprawić swoje nawyki żywieniowe.

Przygotowywanie zdrowych przepisów:

Kiedy samodzielnie przygotowujesz posiłki, masz większą kontrolę nad tym, co jesz. Eksperymentuj z przepisami na zdrowe dania i próbuj nowych smaków. Gotowanie może stać się pasją i źródłem satysfakcji.

Cele etapowe:

Podziel swoje cele dietetyczne na mniejsze cele etapowe. To pozwoli ci śledzić postępy i osiągać sukcesy na każdym etapie. Drobne kroki w kierunku zdrowej diety mogą prowadzić do długotrwałych zmian nawyków.

*Klucz do sukcesu*

Pamiętaj, że motywacja do utrzymania zdrowej diety może być wyzwaniem, ale z odpowiednimi technikami i wsparciem możesz osiągnąć sukces. Kluczem jest znalezienie tych motywatorów, które działają najlepiej dla ciebie i dostosowanie ich do swoich indywidualnych potrzeb.

## 2.3. Rola celów zdrowotnych w motywowaniu się do aktywności fizycznej i diety.

Przejdźmy teraz do omówienia roli celów zdrowotnych w motywowaniu się do aktywności fizycznej i diety.

Rola celów zdrowotnych w motywowaniu się do aktywności fizycznej:

W dzisiejszym świecie, gdzie coraz większa liczba osób zmaga się z problemami zdrowotnymi związanymi z siedzącym trybem życia, celowe podejście do zdrowia i aktywności fizycznej staje się kluczowe. Cele zdrowotne odgrywają fundamentalną rolę w motywowaniu jednostek do podejmowania regularnej aktywności fizycznej. Poprzez jasno określone i realistyczne cele, osoby są w stanie zwiększyć swoją motywację, zaangażowanie i wytrwałość w dążeniu do zdrowszego stylu życia.

Definiowanie Celów Zdrowotnych

Cele zdrowotne mogą być różnorodne, od poprawy kondycji fizycznej, przez redukcję masy ciała, aż po zmniejszenie ryzyka chorób przewlekłych takich jak cukrzyca czy choroby serca. Kluczowe jest, aby cele te były:

1. Specyficzne:

Cele powinny być jasno określone i konkretne, np. „Chcę biegać 30 minut dziennie przez pięć dni w tygodniu".

2. Mierzalne:

Powinny umożliwiać śledzenie postępów, np. „Chcę schudnąć 5 kg w ciągu trzech miesięcy".

3. Osiągalne:

Cele muszą być realistyczne i dostosowane do możliwości jednostki.

*Klucz do sukcesu*

4. Relewantne:

Powinny być istotne i mające znaczenie dla osoby, która je realizuje.

5. Określone w czasie:

Muszą mieć jasno określone ramy czasowe, np. „Chcę poprawić swój poziom cholesterolu w ciągu sześciu miesięcy".

Psychologiczne Aspekty Motywacji

Motywacja do aktywności fizycznej może być wewnętrzna (pochodząca z wewnętrznych pragnień i potrzeb) lub zewnętrzna (wynikająca z zewnętrznych nagród lub presji). Cele zdrowotne mogą wzmacniać zarówno wewnętrzną, jak i zewnętrzną motywację poprzez:

1. Poczucie Własnej Skuteczności:

Osiągnięcie małych, stopniowych celów zwiększa pewność siebie i wiarę w własne możliwości.

2. Poczucie Kontroli: Jasno określone cele pomagają jednostkom czuć, że mają kontrolę nad swoim zdrowiem i życiem.

3. Redukcja Stresu:

Regularna aktywność fizyczna prowadzona w celu osiągnięcia określonych celów może zmniejszać stres i poprawiać samopoczucie.

4. Satysfakcja i Nagrody:

Realizowanie celów zdrowotnych przynosi satysfakcję i może być nagradzane (np. zakup nowego sprzętu do ćwiczeń po osiągnięciu określonego celu).

Strategie Realizacji Celów Zdrowotnych

1. Planowanie:

Opracowanie szczegółowego planu działania, który uwzględnia codzienne i tygodniowe aktywności.

2. Monitorowanie Postępów:

Regularne śledzenie postępów za pomocą dzienników, aplikacji mobilnych lub urządzeń monitorujących aktywność.

3. Wsparcie Społeczne:

Zaangażowanie rodziny, przyjaciół lub grup wsparcia może zwiększyć motywację i dostarczyć dodatkowej inspiracji.

4. Elastyczność:

Gotowość do modyfikowania celów w odpowiedzi na zmieniające się okoliczności lub postępy.

5. Nagradzanie:

Wdrażanie systemu nagród za osiągnięcie poszczególnych etapów celów może działać jako dodatkowy motywator.

Przykłady Celów Zdrowotnych

1. Krótkoterminowe:

Zwiększenie liczby kroków dziennie z 5000 do 8000 w ciągu miesiąca.

2. Średnioterminowe:

Poprawa czasu biegu na 5 km o 10 minut w ciągu sześciu miesięcy.

3. Długoterminowe:

Utrata 10% masy ciała w ciągu roku i utrzymanie nowej wagi przez kolejne lata.

Przeszkody i Jak Im Zaradzić

1. Brak Czasu:

Stworzenie elastycznego harmonogramu ćwiczeń, który można łatwo dostosować do codziennych obowiązków.

*Klucz do sukcesu*

2. Utrata Motywacji:

Znalezienie nowych, interesujących form aktywności, aby utrzymać zaangażowanie.

3. Zbyt Wysokie Oczekiwania:

Realistyczne podejście do celów i zaakceptowanie, że postęp może być powolny, ale stabilny.

4. Kontuzje:

Regularne konsultacje z profesjonalistami (lekarzami, fizjoterapeutami) i dostosowywanie intensywności ćwiczeń do możliwości fizycznych.

Cele zdrowotne są potężnym narzędziem w motywowaniu się do regularnej aktywności fizycznej. Pomagają one nie tylko w osiągnięciu lepszego stanu zdrowia, ale także w poprawie jakości życia i samopoczucia. Poprzez właściwe planowanie, monitorowanie i wsparcie, cele zdrowotne mogą prowadzić do trwałych, pozytywnych zmian w stylu życia.

Określenie kierunku działań:

Cele zdrowotne pomagają w określeniu kierunku działań i wyznaczeniu priorytetów. Kiedy masz konkretny cel związany z aktywnością fizyczną, stajesz się bardziej świadomy swojego planu działania.

Motywacja i wytrwałość:

Cele zdrowotne działają jako źródło motywacji. W momencie, gdy masz jasno zdefiniowany cel, łatwiej jest utrzymać regularność w treningach. Zobowiązanie do osiągnięcia określonej kondycji fizycznej lub wagi może być silnym czynnikiem motywującym.

Monitorowanie postępów:

Cele pozwalają na śledzenie postępów. Możesz regularnie oceniać, czy zbliżasz się do swojego celu czy też potrzebujesz dostosować swoje podejście. To daje poczucie kontroli nad swoim zdrowiem.

Podział na etapy:

*Klucz do sukcesu*

Długotrwałe cele zdrowotne można podzielić na mniejsze cele etapowe. To ułatwia osiąganie sukcesów krok po kroku, co może zwiększyć poczucie satysfakcji i motywacji.

Długofalowe zaangażowanie:

Cele zdrowotne pomagają w kształtowaniu długofalowego zaangażowania w aktywność fizyczną. Zamiast traktować trening jako krótkotrwałą fazę, staje się on częścią stylu życia.

Rola celów zdrowotnych w motywowaniu się do zdrowej diety:

Wytyczenie jasnych wytycznych:

Cele zdrowotne w dziedzinie żywienia pomagają w określeniu jasnych wytycznych dotyczących tego, co powinieneś jeść i co unikać. Dają one ramy, które ułatwiają podejmowanie decyzji żywieniowych.

Kontrola nad nawykami:

Cele zdrowotne związane z dietą pozwalają na kontrolę nad nawykami żywieniowymi. Możesz ustalić konkretne cele dotyczące spożycia kalorii, ilości warzyw i owoców czy ograniczenia spożywania niezdrowych przekąsek.

Motywacja do eksperymentowania:

Cele mogą zachęcać do eksperymentowania z nowymi przepisami i zdrowszymi składnikami. Zamiast trzymać się jednego monotonnego menu, możesz odkrywać różnorodne smaki i dania.

Zdobywanie wiedzy:

W celu osiągnięcia zdrowych celów żywieniowych często trzeba zdobyć wiedzę na temat wartości odżywczych, składników i sposobów przygotowywania posiłków. To samo kształcenie może być motywujące i inspirujące.

Zwiększona świadomość żywieniowa:

Dążenie do zdrowych celów żywieniowych może zwiększyć świadomość

*Klucz do sukcesu*

tego, co jesz. Zaczynasz bardziej uważnie czytać etykiety produktów i analizować, jakie składniki zawierają.

Poprawa zdrowia ogólnego:

Cele zdrowotne związane z dietą mają bezpośredni wpływ na zdrowie ogólne, co może być silnym motywatorem. W miarę osiągania postępów w kierunku zdrowej diety, możesz odczuć poprawę zdrowia i samopoczucia.

Wniosek jest taki, że cele zdrowotne pełnią kluczową rolę w motywowaniu się zarówno do aktywności fizycznej, jak i zdrowej diety. Pomagają one określić kierunek działań, monitorować postępy utrzymać motywację na dłuższą metę. Ważne jest jednak, aby cele były realistyczne i dostosowane do indywidualnych potrzeb i możliwości, co pomaga uniknąć frustracji i zniechęcenia.

## 2.4. Motywacja jako narzędzie walki z błędami i nawykami dietetycznymi.

Omówmy teraz rolę motywacji jako narzędzia walki z błędami i nawykami dietetycznymi.

Świadomość nawyków:

Motywacja pomaga w zwiększeniu świadomości dotyczącej własnych nawyków żywieniowych. Kiedy jesteś zmotywowany do zdrowego odżywiania, bardziej uważnie obserwujesz, co jesz, ile jesz i dlaczego.

Samodyscyplina:

 Motywacja jest silnym narzędziem wspomagającym rozwijanie samodyscypliny. Kiedy masz jasno określone cele dotyczące diety, łatwiej jest powstrzymać się przed niezdrowymi przekąskami i nadmiernym spożywaniem kalorii.

Utrzymywanie planu:

Motywacja pomaga utrzymać założony plan dietetyczny. Nawet wtedy, gdy napotykasz trudności, silna motywacja może pomóc ci wrócić na właściwe tory i kontynuować zdrowe odżywianie.

Radzenie sobie z pokusami:

Motywacja pomaga radzić sobie z pokusami żywieniowymi. Kiedy masz na uwadze swoje cele zdrowotne, łatwiej jest odmówić sobie niezdrowych przekąsek lub nadmiaru kalorii.

Praca nad błędami:

Zmotywowane osoby często bardziej otwarcie przyznają się do popełniania błędów żywieniowych i pracują nad ich poprawą. Zamiast się zniechęcać, widzą błędy jako okazję do nauki i rozwoju.

Korekta nawyków:

Motywacja działa jako siła napędowa zmiany nawyków dietetycznych. Pomaga w identyfikacji negatywnych nawyków i zastępowaniu ich zdrowszymi alternatywami.

Wsparcie społeczne:

Motywacja może być wspierana przez bliskich i znajomych, którzy podzielają te same cele zdrowotne. Wspólne dążenie do zdrowej diety może być inspirujące i wzmacniać motywację.

Monitorowanie postępów:

Osoby zmotywowane do zmiany nawyków żywieniowych często śledzą swoje postępy. To pozwala na ocenę, czy podejmowane działania przynoszą oczekiwane rezultaty i, jeśli nie, na dostosowanie strategii.

Zapobieganie nawrotom:

Silna motywacja może pomóc w zapobieganiu nawrotom starych, niezdrowych nawyków. Utrzymywanie motywacji przez dłuższy okres czasu pozwala na trwałe zmiany w sposobie żywienia.

Motywacja jest kluczowym narzędziem w walce z błędami i niezdrowymi nawykami dietetycznymi. Pomaga utrzymać determinację do zdrowego odżywiania, rozwijać samodyscyplinę i radzić sobie z pokusami. W połączeniu z odpowiednią wiedzą i wsparciem społecznym, motywacja może być decydującym czynnikiem w osiąganiu celów zdrowotnych.

***Klucz do sukcesu***

## 2.5. Motywacja jako klucz do utrzymania długoterminowego zaangażowania w zdrowy styl życia.

Utrzymanie zdrowego stylu życia przez długi okres czasu to wyjątkowe wyzwanie. Motywacja odgrywa tu kluczową rolę, ponieważ pomaga nam utrzymać ciągłe zaangażowanie w zdrowe nawyki. Długoterminowa motywacja jest jak silnik, który napędza nasze wysiłki, niezależnie od przeciwności losu czy okoliczności życiowych. Oto kilka aspektów, które podkreślają znaczenie motywacji w utrzymaniu zdrowego stylu życia na dłuższą metę:

Zmienne cele:

Motywacja do utrzymania zdrowego stylu życia może ewoluować wraz z naszymi celami. Na początku możemy być zmotywowani przez chęć zrzucenia wagi, ale z czasem nasze cele mogą zmieniać się na bardziej ogólne, takie jak poprawa ogólnego zdrowia i samopoczucia. Ważne jest, aby dostosowywać cele do naszych aktualnych potrzeb i zachować motywację.

Nagrody i cele pośrednie:

Długoterminowe cele zdrowotne mogą wydawać się odległe. Dlatego ważne jest, aby tworzyć cele pośrednie, które dostarczą nam natychmiastowej satysfakcji i motywacji. To mogą być, na przykład, krótkoterminowe cele, takie jak przebiegnięcie określonej odległości podczas biegu lub osiągnięcie określonej liczby treningów w miesiącu.

Rutyna i nawyki:

Motywacja może pomóc nam ustanowić zdrowe nawyki i rutyny. Gdy zdrowy styl życia staje się częścią naszej codzienności, staje się łatwiejszy do utrzymania. Jednak motywacja jest kluczowa na początku, aby te nawyki w ogóle utworzyć.

Wsparcie społeczne:

Motywacja może wzrastać dzięki wsparciu społecznemu. Długoterminowe zaangażowanie w zdrowy styl życia może być trudne, ale z pomocą rodziny, przyjaciół lub grupy wsparcia możemy czuć się bardziej zmotywowani i odpowiedzialni za swoje cele.

Samorozwój:

Motywacja do utrzymania zdrowego stylu życia może prowadzić do dalszego samorozwoju. Osoby, które konsekwentnie dbają o swoje zdrowie, często dostrzegają, że ich motywacja i dyscyplina przenoszą się na inne obszary życia, co prowadzi do ogólnego rozwoju osobistego.

Rola trenerów i specjalistów:

Profesjonalni trenerzy fitness, dietetycy i psychologowie zdrowia mogą pomóc w utrzymaniu długoterminowej motywacji. Pracując z ekspertami, możemy tworzyć spersonalizowane plany i strategie, które są dostosowane do naszych potrzeb i pomagają nam utrzymać zaangażowanie na dłuższą metę.

Motywacja jest kluczowym czynnikiem wpływającym na utrzymanie zdrowego stylu życia na dłuższą metę. Pozwala nam przekształcać cele, dostosowywać nawyki i przeciwdziałać pokusom. Długoterminowa motywacja jest jak iskra, która zapala ogień zdrowego życia i pomaga nam cieszyć się lepszym zdrowiem i samopoczuciem przez wiele lat.

## 2.6. Wykorzystywanie wsparcia społecznego i grup motywacyjnych w procesie utrzymywania zdrowych nawyków.

Wsparcie społeczne i uczestnictwo w grupach motywacyjnych są nieocenionym źródłem motywacji i pomagają utrzymać zdrowe nawyki na dłuższą metę. Oto jakie korzyści niesie ze sobą korzystanie z wsparcia społecznego i grup motywacyjnych:

Wzajemna odpowiedzialność:

Biorąc udział w grupie motywacyjnej lub dzieląc się swoimi celami ze wsparciem społecznym, stajemy się odpowiedzialni wobec innych. To uczucie wzajemnej odpowiedzialności zobowiązuje nas do trzymania się swoich postanowień i motywuje do działania, ponieważ nie chcemy zawieść innych.

Uczenie się od innych:

*Klucz do sukcesu*

Grupy motywacyjne skupiają osoby o podobnych celach i wyzwaniach. Możemy uczyć się od innych, dzielić się pomysłami na zdrowe przepisy kulinarne, treningi czy strategie walki z pokusami. To cenne źródło wiedzy i inspiracji.

Wsparcie emocjonalne:

Proces utrzymywania zdrowych nawyków może być trudny i stresujący. Wsparcie emocjonalne od przyjaciół, rodziny lub członków grupy motywacyjnej może pomóc nam przetrwać trudne chwile, kiedy motywacja opada.

Konkurencja pozytywna:

Rywalizowanie z innymi w grupie motywacyjnej może być zdrową formą konkurencji. Wspólna rywalizacja może zwiększać motywację do osiągania celów i poprawiać wyniki.

Rozwój relacji społecznych:

Dzięki udziałowi w grupach motywacyjnych lub dzieleniu się swoimi celami ze wsparciem społecznym, budujemy silniejsze relacje społeczne. To może przyczynić się do większej satysfakcji z życia i poprawy naszego samopoczucia.

Monitoring postępów:

Wspólnie z innymi możemy regularnie monitorować nasze postępy w osiąganiu celów. To pozwala nam śledzić nasz rozwój, dostosowywać strategie i celebrować osiągnięcia.

Długoterminowe zaangażowanie:

Grupy motywacyjne często spotykają się regularnie, co pomaga utrzymać długoterminowe zaangażowanie w zdrowe nawyki. Spotkania te stanowią okazję do refleksji nad naszymi celami i postępami.

Urozmaicenie treningów i diet:

W grupach motywacyjnych można eksperymentować z różnymi formami aktywności fizycznej i zdrowymi przepisami, co pomaga uniknąć monotonii

*Klucz do sukcesu*

i utrzymać zainteresowanie zdrowym stylem życia.

Wsparcie społeczne i uczestnictwo w grupach motywacyjnych są skutecznymi narzędziami w procesie utrzymywania zdrowych nawyków. Pomagają one budować silną motywację, dostarczają wsparcia emocjonalnego i uczą nas cennych umiejętności. Wspólnie z innymi stajemy się bardziej zdeterminowani i skoncentrowani na długoterminowym utrzymaniu zdrowego stylu życia.

Te podpunkty pomogą zrozumieć, jak motywacja wpływa na naszą zdolność do utrzymania regularnej aktywności fizycznej i zdrowej diety, oraz jakie strategie można zastosować, aby utrzymać zdrowy styl życia na dłuższą metę.

## 3. Techniki motywacyjne wspierające utrzymanie zdrowego stylu życia.

### 3.1. Określenie jasnych celów zdrowotnych: Zrozumienie, dlaczego zdrowy styl życia jest ważny i wyznaczenie konkretnych celów zdrowotnych.

Wyznaczanie jasnych celów zdrowotnych jest kluczowym elementem motywacji do utrzymania zdrowego stylu życia. Oto, dlaczego określenie tych celów jest tak istotne i jakie korzyści niesie za sobą ten proces:

Motywacja:

Wyraźnie określone cele zdrowotne stanowią źródło motywacji. Kiedy wiemy, dlaczego dążymy do zdrowszego życia i co chcemy osiągnąć, łatwiej nam podjąć działania i przetrwać trudne chwile.

Kierunek:

Cele zdrowotne działają jak kompas, który określa nasz kierunek. Pomagają nam skoncentrować się na tym, co naprawdę istotne, oraz uniknąć rozpraszających czynników.

Miarodajność:

Jasno sprecyzowane cele pozwalają nam dokładnie mierzyć nasz postęp.
*Klucz do sukcesu*

Możemy śledzić, czy osiągamy wyznaczone cele, co dostarcza nam poczucia osiągnięcia i satysfakcji.

Długoterminowość:

Cele zdrowotne pomagają nam spojrzeć w przyszłość i myśleć perspektywicznie. To nie tylko o natychmiastowych rezultatach, ale także o długoterminowym utrzymaniu zdrowia.

Konkretność:

Im bardziej konkretne są cele, tym łatwiej jest nam opracować plan działania. Na przykład, zamiast ogólnego celu "schudnę trochę", możemy określić "schudnę 5 kg w ciągu 3 miesięcy".

Dźwignia emocjonalna:

Cel zdrowotny może być źródłem silnych emocji. To marzenie o lepszym zdrowiu, dłuższym życiu, lepszym samopoczuciu i większej pewności siebie. Te emocje działają jak dźwignia motywacji.

Zrozumienie wartości zdrowego stylu życia:

Określenie celów pomaga nam zrozumieć, dlaczego zdrowy styl życia jest ważny. To szansa na uniknięcie chorób, polepszenie jakości życia i cieszenie się większą energią.

Adaptacja i ewolucja:

Cele zdrowotne nie są stałe. Mogą się zmieniać w miarę jak osiągamy postępy i rozwijamy się. To pozwala nam na ciągłą adaptację naszych celów do zmieniających się potrzeb i aspiracji.

Dlatego kluczowym krokiem w utrzymaniu zdrowego stylu życia jest zrozumienie, dlaczego jest on ważny dla nas samych, a następnie wyznaczenie jasnych, konkretów celów zdrowotnych. To te cele będą naszą motywacją i przewodnikiem w dążeniu do długotrwałego zdrowia i dobrostanu.

## 3.2. Monitorowanie postępów: Ustalanie systematycznych pomiarów i monitorowanie postępów w kierunku osiągnięcia celów zdrowotnych.

Monitorowanie postępów jest kluczowym elementem procesu utrzymania zdrowego stylu życia. Pozwala to na świadome śledzenie naszych działań, identyfikowanie obszarów do poprawy i utrzymanie stałej motywacji. Oto kilka kluczowych aspektów związanych z monitorowaniem postępów:

Określenie celów mierzalnych:

Pierwszym krokiem jest określenie konkretnych, mierzalnych celów zdrowotnych. Na przykład, zamiast wyznaczać ogólny cel "chcę schudnąć", lepiej jest sformułować cel w sposób mierzalny, np. "chcę schudnąć 5 kilogramów w ciągu 3 miesięcy".

Ustalanie harmonogramu pomiarów:

Należy określić regularne punkty czasowe, w których będziemy dokonywać pomiarów. To może być codzienny, tygodniowy lub miesięczny pomiar, w zależności od charakteru celu.

Dokładne rejestrowanie danych:

Ważne jest, aby rejestrować wszystkie istotne dane związane z naszym zdrowym stylem życia. Może to obejmować pomiary wagi, obwodów ciała, ilości spożywanych kalorii, ilość czasu spędzanego na treningach czy też poziom energii i samopoczucie.

Wykorzystywanie aplikacji i narzędzi:

W dzisiejszych czasach istnieje wiele aplikacji i narzędzi, które ułatwiają monitorowanie postępów. Dzięki nim możemy automatycznie gromadzić dane i analizować je w czytelny sposób.

Analiza wyników:

Regularna analiza zebranych danych pozwala zidentyfikować trendy i wzorce. Możemy dowiedzieć się, jakie działania przynoszą najlepsze rezultaty i na tej podstawie dostosować naszą strategię.

*Klucz do sukcesu*

Motywacja poprzez sukcesy:

Śledzenie postępów daje nam okazję do celebracji małych sukcesów. To ważne, ponieważ każde osiągnięcie, nawet to pozornie małe, może stanowić dodatkową motywację.

Skuteczna korekta działań:

Jeśli zauważamy, że nie osiągamy swoich celów, monitorowanie postępów pozwala nam szybko zidentyfikować, gdzie popełniamy błędy i jakie zmiany można wprowadzić.

Zachowanie spójności:

Regularne monitorowanie postępów pomaga nam utrzymać spójność w naszych działaniach. Możemy uniknąć sytuacji, w której tracimy motywację przez brak widocznych rezultatów.

Długoterminowe podejście:

Monitorowanie postępów sprzyja utrzymywaniu zdrowego stylu życia na dłuższą metę. To proces, który można kontynuować przez wiele lat, dbając o swoje zdrowie i dobre samopoczucie.

Podsumowując, monitorowanie postępów jest kluczowym narzędziem w utrzymaniu motywacji do zdrowego stylu życia. Pozwala nam świadomie pracować nad osiąganiem celów, dostosowywać naszą strategię w miarę potrzeb i cieszyć się sukcesami po drodze.

### 3.3. Motywujące nagrody: Tworzenie systemu nagród za osiągnięcia związane ze zdrowiem, które mogą zwiększyć motywację.

Motywacyjne nagrody stanowią skuteczną strategię wspierającą utrzymanie zdrowego stylu życia. Oto kilka kluczowych aspektów związanych z tworzeniem systemu nagród, które mogą zwiększyć naszą motywację:

Psychologiczna motywacja:

Nagrody działają na psychikę człowieka i stymulują mózg do działania. To działanie oparte na pozytywnym bodźcu, które pozwala czerpać przyjemność z osiąganych celów.

Cele pośrednie:

Motywacyjne nagrody mogą być używane jako cele pośrednie. Gdy osiągniemy określony etap naszego planu zdrowego stylu życia, nagroda stanowi swojego rodzaju punkt kontrolny, który wskazuje, że jesteśmy na dobrej drodze.

Zwiększanie zaangażowania:

Świadomość, że po osiągnięciu celu czeka nas nagroda, zwiększa nasze zaangażowanie w proces. To szczególnie ważne w momencie, gdy tracimy chwilową motywację.

Różnorodność nagród:

System nagród może obejmować różnorodne bodźce, nie tylko materialne. To mogą być drobne przyjemności, jak np. wieczór w kinie, ale także rzeczy bardziej substancjalne, jak wyjazd na krótki wakacyjny urlop.

Skoncentrowanie na małych krokach:

Nagrody mogą być wyznaczane na każdym etapie naszej drogi do zdrowego stylu życia. Dzięki temu nie tracimy motywacji, nawet gdy cel końcowy wydaje się daleki.

Osadzenie nawyku:

System nagród może pomóc w utrwaleniu zdrowych nawyków. Gdy nagradzamy siebie za regularne treningi czy zdrowe posiłki, te działania stają się bardziej osadzone w naszym życiu.

Długoterminowa motywacja:

Motywacyjne nagrody mogą pomóc w utrzymaniu długoterminowej motywacji. Świadomość, że po osiągnięciu pewnego poziomu zdrowia czekają nas nagrody, sprawia, że dążymy do utrzymania zdrowego stylu życia przez wiele lat.

Społeczne wsparcie:

*Klucz do sukcesu*

Wspólny system nagród można wprowadzić także w grupie przyjaciół lub rodziny. To dodatkowy bodziec, który motywuje do działania, gdy widzimy, że inni także osiągają swoje cele.

Zróżnicowane nagrody:

System nagród może uwzględniać różne rodzaje osiągnięć, nie tylko te związane z fizyczną kondycją czy dietą. Mogą to być także cele z obszaru rozwoju osobistego czy pracy.

Warto jednak pamiętać, że nagrody powinny być dobrze przemyślane i dostosowane do naszych osobistych preferencji. Mogą to być drobne przyjemności, które sprawiają nam radość, a także cele długoterminowe, które dają nam perspektywę osiągnięcia czegoś znaczącego w przyszłości. Tworzenie systemu nagród to doskonały sposób na budowanie trwałej motywacji w procesie dbania o zdrowy styl życia.

## 3.4. Współzawodnictwo: Organizowanie rywalizacji z przyjaciółmi lub rodziną w zakresie zdrowego stylu życia, co może być dodatkową motywacją.

Współzawodnictwo jest potężnym narzędziem motywacyjnym, które może pomóc utrzymać zdrowy styl życia. Rywalizując z przyjaciółmi lub rodziną, tworzymy dodatkową warstwę motywacji, która może sprawić, że dbanie o zdrowie stanie się bardziej atrakcyjne. Oto kilka sposobów, w jakie współzawodnictwo może wpłynąć na naszą motywację:

Tworzenie zdrowych wyzwań:

Możemy zorganizować wyzwanie związane z aktywnością fizyczną, np. bieganie, rower, czy też zdrowym odżywianiem. Wyzwania te mogą obejmować konkretne cele, takie jak przebiegnięcie określonego dystansu lub utrzymanie diety przez określony czas.

Tworzenie zespołów:

Możemy podzielić się z przyjaciółmi lub rodziną na drużyny i rywalizować ze sobą. To może wprowadzić zdrową rywalizację, która stymuluje do większego wysiłku.

Nagrody i układy motywacyjne:

Możemy ustalić nagrody dla zwycięzców lub wprowadzić układy motywacyjne, które zachęcą wszystkich do uczestnictwa. Na przykład, osoba, która zdobędzie najwięcej punktów za regularne ćwiczenia, może otrzymać nagrodę.

Publiczne śledzenie postępów:

Udostępnienie postępów i wyników na platformach społecznościowych lub w grupach motywacyjnych może dodatkowo zmotywować do działania. Wartościowy feedback od innych może być inspirujący.

Wsparcie emocjonalne:

Współzawodnictwo może być nie tylko rywalizacją, ale także okazją do wspierania się nawzajem. Razem z przyjaciółmi możemy przezwyciężać trudności i świętować sukcesy.

Ustanawianie terminów:

Określenie konkretnych terminów dla rywalizacji może dodatkowo zmotywować do działania. Wyzwanie z określonym deadlinem może sprawić, że będziemy bardziej systematyczni w dążeniu do celu.

Zdrowa rywalizacja:

Ważne jest, aby rywalizacja była zdrowa i nie prowadziło do nadmiernego stresu czy presji. Celem jest poprawa zdrowia i motywacja, a nie wygrana za wszelką cenę.

Współzawodnictwo może być nie tylko zabawne, ale także skuteczne w utrzymaniu zdrowego stylu życia. Zwiększa ono zaangażowanie i motywację poprzez dodatkowy bodziec, jakim jest rywalizacja z innymi. Jednak kluczem do sukcesu jest utrzymanie balansu między rywalizacją a zachowaniem zdrowego podejścia do zdrowego stylu życia.

*Klucz do sukcesu*

**3.5. Pamiętanie o korzyściach: Regularne przypominanie sobie o korzyściach płynących z utrzymania zdrowego stylu życia, takich jak lepsze samopoczucie, wydolność fizyczna czy większa odporność.**

Pamiętanie o korzyściach płynących z utrzymania zdrowego stylu życia może być kluczowym czynnikiem motywującym do kontynuowania trudnej pracy nad sobą. Wielu z nas doświadcza chwilowego braku motywacji, a wtedy przypomnienie sobie o korzyściach może pomóc nam wrócić na właściwą ścieżkę. Oto, dlaczego to takie ważne i jak można to w praktyce zastosować:

Lepsze samopoczucie:

Jedną z najważniejszych korzyści zdrowego stylu życia jest poprawa ogólnego samopoczucia. Regularna aktywność fizyczna i zdrowa dieta przekładają się na większą energię, pozytywne nastawienie i redukcję stresu. Przypominanie sobie, jak dobrze się czujemy po treningu lub zdrowym posiłku, może być ogromną motywacją.

Wydolność fizyczna:

Osoby utrzymujące zdrowy styl życia są zazwyczaj bardziej wytrzymałe i mają lepszą wydolność fizyczną. To oznacza, że są w stanie cieszyć się aktywnościami, które im wcześniej sprawiały trudności. Zdolność do pokonywania własnych rekordów i osiągania nowych celów może być silnym bodźcem do regularnych treningów.

Większa odporność:

Zdrowy tryb życia wzmacnia układ odpornościowy, co oznacza, że rzadziej chorujemy i szybciej wracamy do zdrowia po chorobie. Przypominanie sobie o tym może być motywujące, zwłaszcza w sezonie przeziębień.

Długość i jakość życia:

Badania wykazały, że zdrowy styl życia może przyczynić się do wydłużenia życia oraz zachowania dobrej jakości życia na starość. Przypominanie sobie, że dbając o zdrowie, inwestujemy w przyszłość, może być inspirujące.

Zwiększenie pewności siebie:

Zdobywanie nowych umiejętności i osiąganie celów związanych ze zdrowym stylem życia może znacząco wpłynąć na naszą pewność siebie i poczucie własnej wartości.

Lepszy wygląd:

Zdrowy styl życia przekłada się również na lepszy wygląd. Przykładanie się do dbania o ciało i skórę może być dodatkowym motywatorem. Warto przypominać sobie, że nasza praca nad sobą przynosi efekty wizualne.

Aby pamiętać o tych korzyściach, warto:

Zapisywać postępy:

Prowadzenie dziennika treningów i zdrowego jedzenia może pomóc w śledzeniu zmian w samopoczuciu i wydolności.

Tworzyć listę korzyści:

Sporządź listę korzyści, jakie odczuwasz dzięki zdrowemu stylowi życia. Możesz ją umieścić na lodówce lub w miejscu, gdzie często przypominasz sobie o celach.

Rozmawiać z innymi:

Dzielenie się swoimi sukcesami i korzyściami z bliskimi lub w grupie wsparcia może pomóc utrzymać motywację.

Ustalać cele:

Cel jest jak punkt na horyzoncie, który przypomina nam, dlaczego podejmujemy wysiłek. Im bardziej konkretny i osiągalny, tym lepiej.

Tworzyć pozytywne nawyki:

Im dłużej utrzymujemy zdrowy styl życia, tym bardziej staje się on nawykiem, a to znaczy, że nie potrzebujemy już tak często przypominać sobie o korzyściach – po prostu czerpiemy z nich codziennie radość.

*Klucz do sukcesu*

Przypominanie sobie o korzyściach zdrowego stylu życia może pomóc nam utrzymać motywację na długą metę, zwłaszcza w chwilach, gdy kusi nas rezygnacja.

## 3.6. Tworzenie planów działania: Określenie kroków do osiągnięcia celów zdrowotnych i tworzenie planów działania.

Tworzenie planów działania jest kluczowym elementem skutecznego motywowania się do zdrowego stylu życia. Odpowiednio sformułowane cele to jedno, ale bez konkretnych kroków, które doprowadzą nas do ich realizacji, pozostają jedynie w sferze marzeń. Oto, dlaczego tworzenie planów działania jest ważne i jakie są najlepsze praktyki:

Dlaczego to ważne?

1. Konkretyzacja celów:

Plan działania pomaga nam przekształcić ogólne cele zdrowotne w konkretne, mierzalne kroki. Dzięki temu wiemy dokładnie, co musimy zrobić, aby osiągnąć sukces.

2. Zwiększenie świadomości:

Tworząc plan, musimy zastanowić się nad tym, jakie działania będą niezbędne. To zwiększa naszą świadomość tego, co konkretnie musimy zrobić, by osiągnąć sukces.

3. Motywacja:

Sam proces tworzenia planu działania może być motywujący. Określanie kroków, jakie podejmiemy, daje nam poczucie kontroli nad własnym życiem i poczucie pewności, że jesteśmy w stanie osiągnąć zamierzone cele.

4. Śledzenie postępów:

Plan działania pozwala nam monitorować nasze postępy. Możemy śledzić, które cele zostały zrealizowane, a które wymagają dodatkowej uwagi.

Jak tworzyć skuteczne plany działania?

*Klucz do sukcesu*

Określ cele krok po kroku:

Podziel swoje główne cele zdrowotne na mniejsze, bardziej osiągalne cele. Na przykład, zamiast postanawiać schudnąć 20 kg, możesz ustawić sobie cel schudzenia 2 kg na początek.

Wybierz konkretne działania:

Zastanów się, jakie dokładnie działania pomogą ci osiągnąć każdy z tych mniejszych celów. Jeśli chodzi o schudnięcie, może to obejmować regularne ćwiczenia, kontrolę kalorii i zdrową dietę.

Ustal terminy:

Każdemu działaniu przydziel konkretne terminy. Określ, kiedy będziesz je wykonywać. To pomoże ci stworzyć harmonogram i zobowiązać się do działania.

Monitoruj postępy:

Wprowadź system śledzenia postępów, aby sprawdzać, jak idzie ci realizacja planu. To może być dziennik treningów, lista spożywanych posiłków czy aplikacja do monitorowania aktywności fizycznej.

Dopasuj plan do swojego życia:

Twój plan działania powinien być realistyczny i dostosowany do twojego stylu życia. Unikaj zbyt rygorystycznych planów, które mogą prowadzić do frustracji.

Bądź elastyczny:

Życie jest pełne niespodzianek, więc gotowość do dostosowania planu działania jest kluczowa. Jeśli napotkasz przeszkody, nie zrażaj się. Zmodyfikuj swój plan, ale nie rezygnuj z celu.

Pamiętaj o nagrodach:

Dodaj element nagród do swojego planu. Nagradzanie siebie za osiągnięte cele może być dodatkową motywacją do działania.

*Klucz do sukcesu*

Tworzenie planów działania to nie tylko narzędzie, ale cały proces, który pomaga nam przekształcić nasze cele zdrowotne w rzeczywistość. To sposób na kontrolowanie naszego postępu i utrzymanie motywacji na stałym poziomie. Warto inwestować czas w planowanie, aby osiągnąć zdrowy styl życia, o jakim marzymy.

## 3.7. Wsparcie społeczne: Szukanie wsparcia wśród przyjaciół, rodziny lub grup wsparcia, aby podtrzymywać motywację.

Wsparcie społeczne odgrywa niezwykle istotną rolę w utrzymaniu motywacji do zdrowego stylu życia. Wspierająca społeczność może stać się nieocenionym źródłem wsparcia, inspiracji i motywacji do osiągania celów zdrowotnych. Oto, dlaczego wsparcie społeczne jest tak ważne i jak można je efektywnie wykorzystać:

Dlaczego wsparcie społeczne jest ważne?

Motywacja i wsparcie emocjonalne:

Wsparcie społeczne dostarcza emocjonalnego wsparcia w trudnych chwilach. Przyjaciele, rodzina lub członkowie grupy wsparcia mogą pomóc nam przezwyciężyć wahania motywacji i utrzymać nas na właściwej ścieżce.

Wzajemna odpowiedzialność:

Kiedy podzielamy swoje cele zdrowotne z innymi, tworzymy rodzaj odpowiedzialności. Wspólna praca nad zdrowym stylem życia sprawia, że jesteśmy bardziej zobowiązani do ich osiągnięcia.

Inspiracja i wymiana doświadczeń:

Wspierająca społeczność może dostarczyć inspiracji i pomysłów na zdrowe nawyki. Możemy uczyć się od innych, dzielić się swoimi doświadczeniami i uczyć się nowych strategii.

Przyjazna rywalizacja:

Rywalizacja z przyjaciółmi lub rodziną w zakresie zdrowego stylu życia może być dodatkowym źródłem motywacji. Zawody lub wyzwania mogą sprawić, że stanie się to zabawą.

*Klucz do sukcesu*

Jak skorzystać z wsparcia społecznego?

Podziel się swoimi celami:

Nie bój się otwarcie rozmawiać o swoich celach zdrowotnych z przyjaciółmi i rodziną. Im więcej osób wie o twoich planach, tym większe masz wsparcie.

Dołącz do grupy wsparcia:

W wielu społecznościach istnieją grupy wsparcia lub kluby związane z zdrowym stylem życia. Dołączenie do takiej grupy może dostarczyć ci motywacji, pomocy i nowych przyjaciół o podobnych celach.

Znajdź aktywnych partnerów:

Jeśli interesuje cię aktywność fizyczna, znajdź przyjaciół lub partnera treningowego. Wspólne ćwiczenia są znacznie bardziej motywujące niż trening w pojedynkę.

Uczestnicz w wyzwaniach:

Wspólne wyzwania, konkursy czy zawody mogą być świetnym sposobem na motywację. Rywalizacja z innymi może sprawić, że będziesz bardziej zaangażowany w swoje cele.

Bądź wsparciem dla innych:

Nie zapominaj, że wsparcie działa w obie strony. Pomaganie innym w osiąganiu ich celów zdrowotnych może dostarczyć ci motywacji i satysfakcji.

Korzystaj z mediów społecznościowych:

Grupy i społeczności internetowe związane z zdrowym stylem życia mogą dostarczyć wsparcia i inspiracji. Możesz dzielić się swoimi postępami i doświadczeniami oraz czerpać z wiedzy innych użytkowników.

Wsparcie społeczne jest nieocenione w procesie utrzymywania motywacji w zdrowym stylu życia. To otoczenie, które pomaga nam pokonywać trudności, celebrować sukcesy i czerpać radość z dążenia do lepszego

*Klucz do sukcesu*

zdrowia i samopoczucia. Nie wahaj się szukać wsparcia w swoim otoczeniu
– to może być kluczowym czynnikiem sukcesu.

## 3.8. Samodyscyplina i zarządzanie stresem: Rozwijanie umiejętności samodyscypliny i radzenia sobie ze stresem, aby unikać zwrotów na drodze do zdrowego stylu życia.

Samodyscyplina i umiejętność radzenia sobie ze stresem są
fundamentalnymi czynnikami utrzymania zdrowego stylu życia. Pomagają
one w dążeniu do celów zdrowotnych, zarządzaniu nawykami
żywieniowymi oraz utrzymaniu regularnej aktywności fizycznej. Oto, jak
rozwijać te umiejętności:

Samodyscyplina:

Określ konkretne cele:

Zdefiniowanie jasnych i konkretnych celów zdrowotnych jest kluczowe.
Wiesz, dlaczego chcesz prowadzić zdrowy styl życia i co chciałbyś osiągnąć.

Twórz plany działania:

Opracowanie planów działania pomaga w podejmowaniu świadomych
decyzji. Sporządź harmonogram treningów, posiłków i relaksu.

Rozwijaj nawyki:

Nawyki są trwałe i ułatwiają utrzymanie zdrowego stylu życia. Pracuj nad
kształtowaniem zdrowych nawyków, takich jak regularne ćwiczenia, zdrowa
dieta i odpowiednia ilość snu.

Bądź konsekwentny:

Samodyscyplina to również konsekwencja w działaniu. Nie rezygnuj w
obliczu trudności ani nie dawaj się pokusom. Dąż do swoich celów
systematycznie.

Pamiętaj o motywacji:

Motywacja i samodyscyplina idą ze sobą w parze. Przypominaj sobie,
dlaczego rozpocząłeś podróż ku zdrowemu stylowi życia, aby podtrzymać

swoją determinację.

Zarządzanie stresem:

Ćwicz techniki relaksacyjne:

Medytacja, głębokie oddychanie i joga to przykłady technik, które pomagają obniżyć poziom stresu.

Planuj odpoczynek:

Odpowiedni sen i relaks są kluczowe dla redukcji stresu. Staraj się wygospodarować czas na odpoczynek w swoim harmonogramie.

Unikaj negatywnych wzorców myślowych:

Rozpoznawaj i zmieniaj negatywne myśli oraz przekonania, które mogą prowadzić do stresu.

Znajdź wsparcie społeczne:

Dzielenie się swoimi uczuciami i doświadczeniami z bliskimi może pomóc w radzeniu sobie ze stresem.

Zadawaj pytania i analizuj:

Czasem stres wynika z braku jasności lub nieefektywnego zarządzania czasem. Zadawaj pytania i analizuj, co można zrobić, aby lepiej zarządzać obowiązkami.

Praktykuj aktywność fizyczną:

Regularna aktywność fizyczna jest doskonałym narzędziem do redukcji stresu. Ćwiczenia uwalniają endorfiny, które poprawiają samopoczucie.

Rozwijanie samodyscypliny i zdolności radzenia sobie ze stresem to proces, który wymaga czasu i praktyki. W miarę jak te umiejętności rosną, utrzymanie zdrowego stylu życia staje się bardziej osiągalne, a trudności stają się bardziej zarządzalne. To klucz do długotrwałego sukcesu w dbaniu o swoje zdrowie i dobre samopoczucie.

**Klucz do sukcesu**

## 3.9. Kształtowanie pozytywnych nawyków: Powtarzanie zdrowych nawyków do momentu, gdy stają się one naturalną częścią codziennego życia.

Kształtowanie pozytywnych nawyków jest niezwykle istotnym elementem utrzymania zdrowego stylu życia. Nawyki stanowią fundament naszych działań i wpływają na nasze codzienne wybory. Oto, jak możesz skutecznie kształtować i utrwalać pozytywne nawyki:

Rozpocznij od małych kroków:

Wprowadzenie zmiany zbyt drastycznie może być trudne do utrzymania. Rozpocznij od małych, realistycznych celów. Na przykład, zamiast postawić sobie za zadanie bieganie codziennie przez godzinę, zacznij od krótkich spacerek lub krótszych treningów.

Systematyczność jest kluczowa:

Regularność w wykonywaniu zdrowych nawyków jest niezwykle ważna. Postaraj się wykonywać je codziennie o stałej porze, aby stworzyć pewien rytm.

Twórz mapy nawyków:

Zrozumienie kontekstu, w jakim podejmujesz określone nawyki, może pomóc w ich utrzymaniu. Zidentyfikuj, co wywołuje konkretne nawyki i stwórz mapy nawyków, aby zrozumieć, dlaczego i kiedy występują.

Wyznacz cele SMART:

Cele SMART to cele konkretnie określone, mierzalne, osiągalne, relevantne i czasowe. Dzięki nim możesz precyzyjnie śledzić postępy i dostosowywać swoje działania.

Zaplanuj nagrody:

Nagradzaj siebie za osiągnięcia związane z utrzymaniem pozytywnych nawyków. To może być mała przyjemność, która motywuje cię do kontynuacji.

Monitoruj postępy:

*Klucz do sukcesu*

Regularne śledzenie swojego postępu może być motywujące. Zapisuj swoje sukcesy, by widzieć, ile już osiągnąłeś i jakie zmiany zachodzą w twoim życiu.

Wprowadzaj zmiany stopniowo:

Nawyk to proces, który wymaga cierpliwości. Staraj się wprowadzać zmiany w jednym obszarze na raz, aby nie przeciążać swojego umysłu i ciała.

Pracuj nad samoświadomością:

Zrozumienie swoich słabości i wyzwań może pomóc w unikaniu sytuacji, które prowadzą do złamania zdrowych nawyków. Pracuj nad swoją samoświadomością i umiejętnością radzenia sobie z trudnościami.

Szukaj wsparcia:

Dziel się swoimi celami i postępami ze znajomymi lub rodziną. To nie tylko dodatkowa motywacja, ale również wsparcie w trudnych chwilach.

Cierpliwie dąż do trwałego nawyku:

Tworzenie trwałych nawyków może zająć trochę czasu. Nie zrażaj się, jeśli raz złamiesz swoje zasady. Ważne jest, aby wrócić na właściwą ścieżkę i kontynuować pracę nad swoim zdrowym stylem życia.

Kształtowanie pozytywnych nawyków to proces, który może trwać, ale z czasem te nawyki stają się częścią twojego życia. Dzięki nim utrzymanie zdrowego stylu życia staje się bardziej naturalne i satysfakcjonujące.

Te techniki motywacyjne pomogą utrzymać zdrowy styl życia i wspierać długotrwałe zaangażowanie w dbanie o zdrowie fizyczne i psychiczne.

*Klucz do sukcesu*

# II. Motywacja w nauce i samorozwoju:

## 1. Jak motywacja wpływa na proces nauki i zdobywanie nowych umiejętności.

**1.1. Zwiększona koncentracja i zaangażowanie: Motywacja sprzyja zwiększonej koncentracji i zaangażowaniu w procesie nauki, co pozwala lepiej przyswajać wiedzę.**

Motywacja odgrywa fundamentalną rolę w procesie nauki i przyswajania wiedzy. Zwiększa koncentrację i zaangażowanie, co ma istotny wpływ na efektywność nauki. Oto, dlaczego motywacja jest tak istotna w tym kontekście:

Cel klarowny jako punkt orientacyjny: Motywacja związana z osiągnięciem konkretnego celu lub wyniku działa jak punkt orientacyjny. Określenie, czego chcemy osiągnąć, pomaga nam skoncentrować się na konkretnym zadaniu lub przedmiocie nauki. To jak prowadzenie statku w jednym kierunku, zamiast dryfowania bez celu.

Wzrost zaangażowania:

Kiedy jesteśmy naprawdę zmotywowani, nasze zaangażowanie w proces nauki jest wyższe. Chcemy przyswajać wiedzę, zdobywać umiejętności i rozwiązywać problemy. Ta zwiększona chęć zaangażowania się w naukę sprawia, że stajemy się bardziej otwarci na nowe informacje i wyzwania.

Nagrody wewnętrzne:

Motywacja może wynikać z wewnętrznych nagród, takich jak satysfakcja z osiągnięcia celu lub poczucie własnej wartości. Gdy jesteśmy zmotywowani, doświadczamy pozytywnych emocji i zadowolenia z naszych osiągnięć, co dodatkowo wzmacnia naszą koncentrację.

Lepsze zarządzanie czasem:

Motywacja pomaga w skuteczniejszym zarządzaniu czasem. Osoby silnie zmotywowane często są bardziej skoncentrowane na celu i bardziej efektywne w wykorzystywaniu dostępnego czasu. Mają tendencję do unikania rozpraszaczy i skupiania się na priorytetowych zadaniach.

Zwiększona zdolność do pokonywania trudności:

Motywacja działa jak wewnętrzne źródło energii, które pomaga nam pokonywać trudności. Kiedy napotykamy na wyzwania lub trudności w nauce, silna motywacja może sprawić, że będziemy bardziej zdeterminowani i gotowi do przekraczania tych przeszkód.

Nauka staje się bardziej satysfakcjonująca:

Motywacja sprawia, że proces nauki staje się bardziej satysfakcjonujący. Uczymy się nie tylko dlatego, że musimy, ale dlatego, że chcemy. To odczucie spełnienia i satysfakcji z osiągnięć może stać się dodatkowym źródłem motywacji.

Kreatywność i innowacyjność:

Silna motywacja może stymulować kreatywność i innowacyjność. Kiedy jesteśmy zmotywowani, jesteśmy bardziej otwarci na nowe pomysły i podejścia. To może prowadzić do rozwoju nowatorskich rozwiązań i podejścia do problemów.

Wniosek jest jasny, motywacja jest kluczowym czynnikiem wpływającym na naszą zdolność do skoncentrowania się na nauce i przyswajania wiedzy. Dlatego warto inwestować czas w rozwijanie swojej motywacji, określanie celów i znajdowanie źródeł inspiracji, które pomogą ci kontynuować proces nauki z pełnym zaangażowaniem.

## 1.2. Szybsze przyswajanie materiału: Osoby motywowane często przyswajają nowe informacje i umiejętności szybciej, ponieważ są bardziej skoncentrowane i zaangażowane.

Motywacja jest kluczowym czynnikiem wpływającym na efektywność przyswajania nowego materiału oraz umiejętności. Osoby silnie zmotywowane często doświadczają szybszego przyswajania wiedzy, a oto dlaczego:

Zwiększona koncentracja:

*Klucz do sukcesu*

Motywacja skupia uwagę na zadaniu. Osoby, które są naprawdę zmotywowane, mają tendencję do wyłączania rozpraszaczy i skupiania się na materiale do nauki. Ta koncentracja pomaga w efektywnym przyswajaniu informacji.

Lepsze wykorzystanie czasu:

Motywowani uczący się lepiej zarządzają swoim czasem. Rozumieją, że czas jest cenny, i starają się jak najlepiej go wykorzystać. Dzięki temu potrafią efektywnie planować sesje nauki i unikają przeciążania się informacjami.

Aktywne zaangażowanie:

Motywowane osoby często angażują się bardziej aktywnie w proces nauki. Zadają pytania, poszukują dodatkowych źródeł informacji, uczestniczą w dyskusjach i rozwiązują problemy. To aktywne podejście pomaga w lepszym zrozumieniu materiału.

Większa odporność na frustrację:

Silna motywacja pomaga w utrzymaniu pozytywnego nastawienia nawet w obliczu trudności. Osoby zmotywowane są bardziej wytrwałe i mniej podatne na zniechęcenie, co pozwala im szybciej przezwyciężać przeszkody w nauce.

Lepsza retencja informacji:

Motywowane jednostki często lepiej zapamiętują przyswajane informacje. To wynika z większej koncentracji, zaangażowania oraz z chęcią zrozumienia i zapamiętania materiału, który jest zgodny z ich celami.

Stosowanie różnych strategii nauki:

Osoby zmotywowane są bardziej elastyczne w stosowaniu różnych strategii nauki. Są otwarte na eksperymentowanie z różnymi metodami nauki, co pozwala im znaleźć te, które są dla nich najskuteczniejsze.

Motywacja jako nagroda:

Samo przyswajanie wiedzy może stać się źródłem motywacji. W miarę jak osoba zdobywa nową wiedzę lub umiejętności, może to dostarczać jej satysfakcji i motywować do dalszej nauki.

Wnioskiem jest, że motywacja pełni istotną rolę w procesie przyswajania wiedzy. Dlatego warto inwestować czas w rozwijanie swojej motywacji, określanie celów naukowych i znajdowanie źródeł inspiracji, które pomogą ci szybciej i efektywniej przyswajać nowe informacje i umiejętności.

## 1.3. Długoletnie zaangażowanie: Motywowane osoby są bardziej skłonne do długotrwałego zaangażowania w proces nauki i rozwijanie nowych umiejętności.

Długotrwałe zaangażowanie w proces nauki i rozwijanie nowych umiejętności jest kluczowe dla osiągnięcia sukcesu w wielu dziedzinach życia. Motywacja odgrywa istotną rolę w kształtowaniu tego długoletniego zaangażowania, a oto, jak to się dzieje:

Utrzymanie pasji:

Motywacja często wynika z pasji do danego tematu lub dziedziny. Osoby, które są pasjonatami w danej dziedzinie, są bardziej skłonne poświęcać czas na naukę i rozwijanie umiejętności, nawet w obliczu trudności.

Wyzwania jako źródło motywacji:

Motywowane osoby nie boją się wyzwań. Wręcz przeciwnie, widzą je jako szanse do rozwoju i rozwijania się. To podejście pomaga im utrzymać zaangażowanie nawet wtedy, gdy nauka staje się trudniejsza.

Cele jako motywator:

Określenie klarownych celów związanych z nauką i rozwojem umiejętności pomaga utrzymać zaangażowanie na dłuższą metę. Osoby zmotywowane do osiągnięcia określonych celów są bardziej skłonne pracować nad nimi przez wiele miesięcy lub lat.

Wsparcie społeczne:

Motywowane osoby często otaczają się ludźmi, którzy dzielą ich zainteresowania i cele. To wsparcie społeczne pomaga utrzymać zaangażowanie, ponieważ można dzielić się swoimi sukcesami i

*Klucz do sukcesu*

trudnościami z osobami o podobnych wartościach i celach.

Radzenie sobie ze zmęczeniem i stagnacją:

Długotrwała nauka i rozwijanie umiejętności mogą prowadzić do
momentów zmęczenia lub stagnacji. Motywacja pomaga w radzeniu sobie z
tymi trudnościami poprzez znajdowanie nowych źródeł inspiracji,
eksperymentowanie z różnymi podejściami lub krótkotrwałe odstępy od
nauki.

Zrozumienie procesu:

Motywowane osoby zazwyczaj rozumieją, że rozwijanie umiejętności i
zdobywanie wiedzy to proces, który może trwać wiele lat. Akceptują ten
fakt i czerpią radość z każdego kroku naprzód, nawet jeśli jest to mały
postęp.

Kreowanie nawyków:

Motywacja pomaga w kreowaniu nawyków związanych z nauką i
rozwijaniem umiejętności. Kiedy nauka staje się częścią codziennego życia,
staje się łatwiejsza do utrzymania na dłuższą metę.

Długotrwałe zaangażowanie jest kluczowe w osiąganiu mistrzostwa w danej
dziedzinie lub osiąganiu sukcesu w karierze. Motywacja działa jak paliwo,
które napędza ten proces i pomaga utrzymać płonący ogień pasji przez
wiele lat. Dlatego warto inwestować w rozwijanie swojej motywacji i
traktować ją jako kluczowy czynnik sukcesu.

## 1.4. Lepsza pamięć: Motywacja może wpływać na poprawę zdolności do zapamiętywania informacji, co ułatwia naukę.

Motywacja ma znaczący wpływ na procesy uczenia się, w tym na poprawę
zdolności do zapamiętywania informacji. Oto, jak motywacja może
prowadzić do lepszej pamięci:

Skupienie uwagi:

Motywowane osoby mają tendencję do skupiania się bardziej na zadaniu, co
pomaga im skoncentrować swoją uwagę na przyswajaniu informacji.
Skupienie jest kluczowym elementem procesu uczenia się, ponieważ

umożliwia selektywne przetwarzanie i zapamiętywanie istotnych danych.

Intensywniejsze zaangażowanie emocjonalne:

Motywacja często wiąże się z emocjami, takimi jak pasja, zainteresowanie lub dążenie do osiągnięcia celów. Te emocje mogą sprawić, że informacje stają się bardziej "kolorowe" i pamiętane bardziej trwale. Ludzie częściej zapamiętują informacje, które wywołują silne emocje.

Zwiększona uwaga na szczegółach:

Osoby motywowane do osiągnięcia konkretnych celów zwykle są bardziej skłonne do dokładnego przetwarzania informacji. To oznacza, że skupiają się na szczegółach i próbują zrozumieć treść bardziej dogłębnie. Ten bardziej szczegółowy sposób przetwarzania informacji może prowadzić do lepszego zapamiętywania.

Cięższa praca i powtarzanie materiału:

Motywowane osoby często są bardziej zdeterminowane, by ciężko pracować nad przyswajaniem informacji i powtarzać materiał, co jest kluczowym elementem procesu zapamiętywania. Regularne powtarzanie treści przyczynia się do utrwalania jej w pamięci.

Stosowanie różnych technik uczenia się:

Osoby zmotywowane do osiągnięcia sukcesu często eksperymentują z różnymi technikami uczenia się. Wypróbowują różne strategie, takie jak tworzenie notatek, schematów czy map myśli, co może pomóc w zapamiętywaniu i zrozumieniu materiału.

Pozytywny wpływ na funkcje poznawcze:

Badania sugerują, że motywacja może wpływać na funkcje poznawcze, takie jak koncentracja, uwaga i pamięć robocza. Poprzez regularne wykorzystywanie tych funkcji podczas nauki, motywowane osoby mogą rozwijać swoje zdolności poznawcze i poprawiać zdolność do zapamiętywania.

Przywiązanie wartości do informacji:

*Klucz do sukcesu*

Motywacja często wiąże się z wartościowaniem określonych informacji. Osoby, które widzą znaczenie w danej wiedzy, są bardziej skłonne do jej zapamiętywania, ponieważ rozumieją, że może to przyczynić się do osiągnięcia ich celów.

Motywacja może działać jak katalizator poprawy zdolności do zapamiętywania informacji. Osoby, które znajdują wewnętrzną motywację do nauki i rozwijania swoich umiejętności, mają większą szansę na osiągnięcie sukcesu w procesie uczenia się i lepszą pamięć, co może być niezwykle cenne w wielu aspektach życia, zarówno zawodowym, jak i osobistym.

## 1.5. Praca nad wyzwaniami: Osoby silnie zmotywowane są bardziej otwarte na podejmowanie trudniejszych zadań i wyzwań związanych z nauką i zdobywaniem umiejętności.

Motywacja odgrywa kluczową rolę w podejmowaniu i pokonywaniu wyzwań związanych z nauką i zdobywaniem nowych umiejętności. Oto, dlaczego osoby silnie zmotywowane są bardziej skłonne do pracy nad trudnościami:

Zdolność do wytrwania:

Osoby zmotywowane do osiągnięcia celu są bardziej skłonne do wytrwania w trudnych momentach. Kiedy napotykają na przeszkody lub trudności w nauce, motywacja działa jak wewnętrzny napęd, który pomaga im kontynuować pracę i nie poddawać się.

Pozytywne podejście do błędów:

Motywowani uczniowie lub osoby rozwijające nowe umiejętności często mają bardziej pozytywne podejście do popełniania błędów. Widzą je jako okazję do nauki i doskonalenia się, a nie jako porażkę. To podejście pomaga im szybciej przekształcać błędy w sukcesy.

Zwiększona odporność psychiczna:

Motywacja wspiera rozwijanie odporności psychicznej. Osoby, które są silnie zmotywowane, mają tendencję do lepiej radzenia sobie ze stresem i presją związaną z nauką lub rozwojem osobistym. Są bardziej elastyczne i potrafią szybciej odzyskać równowagę po trudnych doświadczeniach.

Poszukiwanie wyzwań:

Motywowane osoby aktywnie szukają wyzwań i okazji do rozwijania się. Nie boją się podjąć trudniejszych zadań, ponieważ widzą w nich szansę na rozwijanie swoich umiejętności. Dzięki temu ich nauka jest bardziej dynamiczna i satysfakcjonująca.

Skoncentrowane praktyki:

Motywowani uczniowie często poświęcają więcej czasu na systematyczną praktykę. Wiedzą, że doskonalenie się wymaga wysiłku i powtarzania umiejętności, dlatego są gotowi poświęcić czas i energię na doskonalenie swoich umiejętności.

Przekonanie o własnych możliwościach:

Motywacja wzmacnia przekonanie o własnych możliwościach. Osoby zmotywowane mają tendencję do wiary w siebie i swoją zdolność do osiągnięcia celów. To przekonanie działa jak silna dźwignia, która pomaga im przejść przez trudności.

Zdolność do samoregulacji:

Motywowane osoby są lepiej wyposażone w umiejętności samoregulacji, co oznacza, że potrafią kontrolować swoje emocje, impulsy i zachowanie w trudnych sytuacjach. To umożliwia im utrzymanie spokoju i koncentracji nawet w obliczu wyzwań.

Optymalizacja procesu nauki:

Dla osób zmotywowanych trudności nie są powodem do zaniechania nauki, ale impuls do jej optymalizacji. Szukają oni różnych strategii, eksperymentują z różnymi metodami i dążą do znalezienia najlepszego sposobu na pokonanie trudności.

W rezultacie motywacja działa jak klucz do pokonywania wyzwań związanych z nauką i rozwojem osobistym. Osoby silnie zmotywowane nie tylko osiągają lepsze wyniki, ale także czerpią większą satysfakcję z procesu

*Klucz do sukcesu*

nauki i pokonywania trudności, co może stanowić ogromne źródło osobistej gratyfikacji i sukcesu.

## 1.6. Samodyscyplina: Motywacja wspiera rozwijanie umiejętności samodyscypliny, co jest kluczowe dla systematycznej nauki.

Samodyscyplina jest niezwykle istotnym elementem procesu nauki i osiągania celów. Motywacja odgrywa kluczową rolę w rozwijaniu tej umiejętności. Oto dlaczego:

Celowe wyznaczanie priorytetów:

Osoby silnie zmotywowane do osiągnięcia określonego celu są bardziej skłonne do wyznaczania priorytetów i koncentrowania się na najważniejszych zadaniach. Dzięki temu nie rozpraszają się na nieistotnych sprawach i skupiają na tym, co naprawdę ma znaczenie dla ich rozwoju.

Skuteczne planowanie czasu:

Motywowani studenci lub uczący się osoby mają tendencję do bardziej efektywnego planowania swojego czasu. Rozumieją, że nauka wymaga regularności i systematycznego podejścia, dlatego tworzą realistyczne harmonogramy nauki i trzymają się ich.

Wytrwałość w obliczu trudności:

Motywacja pomaga w rozwijaniu wytrwałości. Osoby silnie zmotywowane nie poddają się łatwo w obliczu trudności. Wręcz przeciwnie, widzą je jako okazję do rozwijania swojej samodyscypliny. Pracują nad sobą, by utrzymać kierunek i kontynuować naukę, nawet gdy napotykają na wyzwania.

Kontrola nad impulsem i pokusami:

Samodyscyplina to również umiejętność kontrolowania impulsów i pokus. Motywowane osoby są bardziej skłonne do odrzucania krótkotrwałych przyjemności na rzecz długoterminowych celów. Rozumieją, że nauka i rozwijanie umiejętności wymagają poświęceń.

Kształtowanie rutyn i nawyków:

Motywacja jest napędzana przez nawyki. Osoby, które są zmotywowane do regularnej nauki, tworzą zdrowe nawyki związanego z nauką. Stają się bardziej systematyczne i konsekwentne w swoim podejściu do zdobywania wiedzy.

Odpowiedzialność za własny rozwój:

Motywacja wpływa na poczucie odpowiedzialności za własny rozwój. Osoby silnie zmotywowane do osiągnięcia celów edukacyjnych lub osobistych, traktują się jako głównego architekta swojego sukcesu. To podejście zwiększa ich samodyscyplinę i zaangażowanie.

Długoterminowa perspektywa:

Motywowani ludzie zazwyczaj patrzą długoterminowo. Rozumieją, że nauka i rozwijanie umiejętności to proces, który wymaga czasu i wysiłku. Dlatego są gotowi poświęcić czas teraźniejszy na korzyść przyszłości.

Motywacja jest jak paliwo, które napędza rozwijanie umiejętności samodyscypliny w nauce. To kluczowy czynnik, który pomaga osobom skoncentrowanym na swoich celach być bardziej efektywnymi, wytrwałymi i odpowiedzialnymi w swoim procesie nauki i rozwoju. Samodyscyplina, w połączeniu z motywacją, staje się potężnym narzędziem do osiągania sukcesu w nauce i życiu.

## 1.7. Kształtowanie nawyków: Długotrwała motywacja pomaga kształtować nawyki związane z uczeniem się i rozwijaniem umiejętności.

Motywacja jest nie tylko katalizatorem rozpoczęcia działania, ale także kluczowym czynnikiem w kształtowaniu nawyków. Nawyki stanowią fundament naszego codziennego funkcjonowania, a długotrwała motywacja może być kluczowym elementem w procesie ich tworzenia. Oto, dlaczego motywacja jest istotna w kształtowaniu nawyków:

Inicjacja nawyków:

W momencie, gdy jesteśmy silnie zmotywowani do nauki lub rozwoju, łatwiej jest nam zainicjować nowy nawyk. Na przykład, jeśli mamy motywację do nauki języka obcego, to właśnie motywacja popycha nas do pierwszego kroku - otwarcia podręcznika lub zapisania się na kurs.

Regularność i konsekwencja:

Nawyki wymagają regularności i konsekwencji. Długotrwała motywacja
pomaga nam utrzymać te nawyki poprzez dostarczanie energii i
determinacji do ich wykonywania każdego dnia. Jest to szczególnie ważne w
procesie nauki, gdzie regularne powtarzanie materiału jest kluczem do
zapamiętania i zrozumienia.

Samodyscyplina i trwałość:

Nawyki często wymagają od nas samodyscypliny i długoterminowego
zaangażowania. Motywacja pomaga nam w budowaniu tej samodyscypliny,
ponieważ silna motywacja jest jak wewnętrzny motor napędowy, który
pomaga nam przekroczyć opór i trudności.

Korelacja z celami:

Nawyki, które tworzymy, często są związane z naszymi celami edukacyjnymi
i rozwojowymi. Motywacja, która napędza te cele, pomaga w ich realizacji
poprzez kształtowanie nawyków, które są z nimi zgodne.

Utrzymywanie nawyków w obliczu przeciwności:

Nawyki często są testowane przez różne przeciwności, takie jak zmęczenie,
stres czy kryzysy czasowe. Silna motywacja działa jak tarcza, która chroni
nasze nawyki przed zakłóceniami i pomaga nam wracać do nich po
trudnych okresach.

Korelacja z osiągnięciami:

Nawyki często prowadzą do osiągnięć. Kiedy widzimy, że nasza regularna
nauka, czy to uczenie się nowych umiejętności lub czytanie, przynosi
pozytywne rezultaty, nasza motywacja do utrzymania tych nawyków
wzrasta.

Nabywanie nawyków związanymi z rozwojem osobistym:

Długotrwała motywacja do nauki i rozwoju może prowadzić do szerokiego
spektrum pozytywnych nawyków. Na przykład nawyk notowania,

planowania dnia czy zdrowego stylu życia mogą być efektem motywacji do osobistego rozwoju.

W rezultacie, silna motywacja pełni kluczową rolę w procesie kształtowania trwałych nawyków związanych z nauką i rozwojem osobistym. To ona jest początkiem i siłą napędową, która popycha nas ku osiągnięciu naszych celów i utrzymaniu nawyków, które są z nimi zgodne. Długotrwała motywacja jest jak iskra, która zapala ogień nawyków, które prowadzą nas do sukcesu.

## 1.8. Lepsze wyniki: Osoby motywowane często osiągają lepsze wyniki w nauce i zdobywaniu umiejętności niż te, które brakuje motywacji.

Motywacja jest nie tylko źródłem energii i determinacji, ale także kluczowym czynnikiem wpływającym na jakość osiąganych wyników w nauce i zdobywaniu umiejętności. Istnieje wiele sposobów, w jakie motywacja przyczynia się do osiągania lepszych wyników:

Zwiększona koncentracja i zaangażowanie:

Motywowane osoby są bardziej skoncentrowane na zadaniu i zaangażowane w proces nauki lub rozwijania umiejętności. Dzięki temu są w stanie bardziej efektywnie przyswajać nową wiedzę i przechodzić przez trudniejsze etapy nauki.

Szybsze przyswajanie materiału:

Motywacja sprawia, że jesteśmy bardziej otwarci na przyswajanie nowego materiału. Nasza gotowość do nauki sprawia, że łatwiej przyswajamy informacje i umiejętności, co może prowadzić do szybszego postępu.

Długoletnie zaangażowanie:

Motywowane osoby są bardziej skłonne do długotrwałego zaangażowania się w proces nauki i rozwijanie nowych umiejętności. Nie rezygnują łatwo w obliczu trudności i są gotowe pracować nad osiągnięciem swoich celów przez dłuższy okres.

Lepsza pamięć:

Motywacja może wpływać na poprawę zdolności do zapamiętywania informacji. Silne zaangażowanie w proces nauki lub zdobywania umiejętności sprawia, że nasza uwaga jest bardziej skoncentrowana, co może prowadzić do lepszej retencji wiedzy.

Praca nad wyzwaniami:

Osoby silnie zmotywowane są bardziej otwarte na podejmowanie trudniejszych zadań i wyzwań związanych z nauką i zdobywaniem umiejętności. Nie boją się wyzwań, a wręcz je akceptują jako okazje do rozwoju.

Samodyscyplina:

Motywacja wspiera rozwijanie umiejętności samodyscypliny, co jest kluczowe dla systematycznej nauki i osiągania lepszych wyników. Osoby motywowane są bardziej zorganizowane i lepiej zarządzają swoim czasem.

Kształtowanie nawyków:

Długotrwała motywacja pomaga kształtować pozytywne nawyki związane z nauką i zdobywaniem umiejętności. Nawyki te mogą obejmować regularne uczenie się, planowanie dnia czy regularne praktykowanie umiejętności.

Korelacja z osiągnięciami:

Motywowane osoby często osiągają swoje cele edukacyjne i rozwojowe, co prowadzi do lepszych wyników. Widząc pozytywne rezultaty swojej pracy, są jeszcze bardziej zmotywowane do kontynuowania.

Zwiększone zaufanie w siebie:

Osoby silnie zmotywowane często wykazują większe zaufanie w siebie, co może wpływać na lepsze wyniki w nauce i zdobywaniu umiejętności. Są przekonane, że są w stanie osiągnąć swoje cele.

Efekt synergii:

Motywacja może działać jak katalizator, który potęguje inne czynniki wpływające na wyniki, takie jak dobra organizacja, efektywne strategie uczenia się czy wsparcie społeczne.

*Klucz do sukcesu*

Motywacja jest kluczowym czynnikiem wpływającym na osiąganie lepszych wyników w nauce i zdobywaniu umiejętności. To ona napędza nas do działania, pozwala pokonywać trudności i utrzymywać długotrwałe zaangażowanie w procesie uczenia się oraz rozwoju osobistego. Osoby silnie zmotywowane mają tendencję do osiągania wyższych poziomów sukcesu w swoich dziedzinach.

## 1.9. Zadowolenie z postępów: Motywowani uczący się często czerpią satysfakcję z każdego postępu i osiągnięcia kolejnych celów.

Motywacja nie tylko napędza nas do działania, ale także stanowi źródło ogromnej satysfakcji z każdego postępu, jakiego dokonujemy w procesie nauki i rozwoju umiejętności. To uczucie zadowolenia i spełnienia jest niezwykle ważne i może mieć głęboki wpływ na naszą dalszą motywację. Oto kilka kluczowych aspektów związanych z zadowoleniem z postępów:

Uznawanie drobnych sukcesów:

Motywowane osoby doskonale zdają sobie sprawę z tego, że sukcesy zazwyczaj nie przychodzą natychmiastowo. Dlatego uznają każdy, nawet najmniejszy postęp. To może być zrozumienie trudnego pojęcia, opanowanie nowej umiejętności czy poprawa wyników w nauce.

Świadomość rozwoju:

Motywowani uczący się starają się być świadomi swojego rozwoju. Regularnie oceniają swoje postępy i porównują je z wyznaczonymi celami. To pozwala im zobaczyć, jak daleko już doszli i co jeszcze mają do osiągnięcia.

Poczucie własnej wartości:

Sukcesy i postępy w nauce i rozwoju umiejętności wzmacniają poczucie własnej wartości. Osoby, które osiągają cele, często czują się pewniej i bardziej wartościowe. To może wpłynąć na ich ogólne samopoczucie i motywację.

Źródło energii:

*Klucz do sukcesu*

Pozytywne doświadczenia związane z osiąganiem celów działają jak źródło dodatkowej energii i entuzjazmu. Zadowolenie z postępów może napędzać nas do kontynuowania wysiłków i dążenia do kolejnych sukcesów.

Przyjemność z nauki:

Motywowane osoby często czerpią przyjemność z samego procesu nauki i zdobywania umiejętności. To właśnie zrozumienie nowych rzeczy, eksploracja wiedzy i rozwijanie się stanowią dla nich źródło radości.

Motywacja do dalszego rozwoju:

Po osiągnięciu jednego celu motywacja nie gaśnie. Wręcz przeciwnie, osiągnięcia stanowią motywację do dalszego rozwoju. Zdając sobie sprawę z własnych możliwości, jesteśmy bardziej skłonni do stawiania przed sobą coraz wyższych wymagań.

Redukcja stresu:

Zadowolenie z postępów może pomagać w redukcji stresu związanego z nauką i zdobywaniem umiejętności. Osoby, które cieszą się każdym sukcesem, są mniej podatne na negatywny wpływ stresu na proces uczenia się.

Motywacja innych:

Nasze zadowolenie z postępów może być źródłem inspiracji dla innych. Widząc, że osiągamy sukcesy, inni również mogą zyskać motywację do działania i dążenia do swoich celów.

Zadowolenie z postępów stanowi istotny element motywacji. To uczucie satysfakcji i spełnienia z każdego kroku w kierunku osiągania celów może znacząco wpłynąć na naszą determinację i gotowość do dalszego rozwoju. Ocenianie własnych postępów pozytywnie wpływa na nasze samopoczucie i postrzeganie własnych możliwości.

## 1.10. Motywacja do dalszego rozwoju: Sukcesy w nauce i zdobywaniu umiejętności często budują motywację do dalszego rozwoju i nauki.

Jednym z kluczowych aspektów motywacji związanej z nauką i rozwojem umiejętności jest fakt, że sukcesy działają jak silny napęd do kontynuowania wysiłków i dążenia do dalszego rozwoju. Kiedy osiągamy cele, stajemy się bardziej zmotywowani, aby podjąć nowe wyzwania i rozwijać się jeszcze bardziej. Oto dlaczego motywacja do dalszego rozwoju jest tak ważna:

Efekt kuli śnieżnej:

Każdy sukces, nawet ten początkowo mały, może stać się punktem wyjścia do osiągnięcia kolejnych celów. To podobne do efektu kuli śnieżnej - im więcej sukcesów osiągniesz, tym większa staje się Twoja motywacja do dalszego działania.

Podtrzymanie entuzjazmu:

Po osiągnięciu jednego celu zazwyczaj odczuwamy wzrost entuzjazmu i poczucia własnej wartości. To uczucie pozytywnej energii i pewności siebie może być użyte do kontynuacji nauki i zdobywania nowych umiejętności.

Uświadomienie własnych możliwości:

Sukcesy pozwalają nam uświadomić sobie, że mamy zdolności i potencjał do osiągania celów. To samoświadomość jest kluczowym elementem motywacji do dalszego rozwoju.

Dążenie do coraz wyższych celów:

Osoby, które osiągają sukcesy, zazwyczaj stawiają przed sobą coraz bardziej ambitne cele. To dążenie do doskonalenia się i zdobywania nowych umiejętności jest jednym z głównych źródeł motywacji.

Rozwijanie umiejętności samodyscypliny:

Motywacja do dalszego rozwoju wymaga często rozwijania umiejętności samodyscypliny. Chcąc kontynuować naukę i rozwijanie się, musimy być zdyscyplinowani i systematyczni.

*Klucz do sukcesu*

Źródło satysfakcji:

Motywacja do dalszego rozwoju jest także źródłem ogromnej satysfakcji. Każdy kolejny sukces jest punktem, z którego możemy czerpać radość i spełnienie.

Przykład dla innych:

Nasza motywacja do dalszego rozwoju może być inspiracją dla innych. Kiedy inni widzą, że osiągamy sukcesy i dążymy do samorozwoju, mogą być skłonni do podjęcia podobnych wysiłków.

Radzenie sobie z porażkami:

Motywacja do dalszego rozwoju pomaga nam radzić sobie z porażkami. Zamiast rezygnować po niepowodzeniach, jesteśmy bardziej skłonni do próbowania ponownie i szukania innych sposobów osiągnięcia celu.

Motywacja do dalszego rozwoju jest kluczowa dla osiągania sukcesów w nauce i zdobywaniu umiejętności. Sukcesy działają jak paliwo napędowe, które utrzymuje naszą determinację i gotowość do kontynuacji nauki oraz podjęcia nowych wyzwań. To proces ciągłego rozwoju, który może przynosić nie tylko osobiste spełnienie, ale także pozytywne efekty w wielu sferach życia.

Te czynniki wskazują na istotną rolę motywacji w procesie nauki i zdobywaniu nowych umiejętności, co może przyspieszyć i ułatwić osiągnięcie celów edukacyjnych.

## 2. Celowe planowanie rozwoju osobistego i nauki.

**2.1. Określenie celów rozwoju: Pierwszym krokiem jest określenie konkretnych celów związanych z rozwojem osobistym i nauką. Cele powinny być mierzalne i dostosowane do własnych wartości i potrzeb.**

Określenie celów rozwoju jest kluczowym etapem w procesie samorozwoju i nauki. To moment, w którym przekształcamy naszą motywację w konkretne cele, które będą kierować naszymi działaniami. Oto dlaczego określenie celów rozwoju jest tak istotne i jak to zrobić efektywnie:

Wytyczanie kierunku:

Cele działają jak mapa, która określa nasz kierunek i punkt docelowy. Pomagają nam unikać chaotycznego działania i skupiają naszą energię na konkretnych zadaniach.

Motywacja i zaangażowanie:

Gdy mamy jasno określone cele, jesteśmy bardziej zmotywowani do pracy nad ich osiągnięciem. Cel stanowi źródło motywacji, które popycha nas do działania.

Mierzalność postępów:

Cele powinny być mierzalne i konkretne, co oznacza, że można je ocenić pod kątem postępów. To pozwala nam śledzić nasze osiągnięcia i dostosować nasze działania, jeśli zajdzie taka potrzeba.

Dostosowanie do potrzeb i wartości:

Cele rozwoju powinny być dostosowane do naszych własnych potrzeb i wartości. To oznacza, że nie ma jednego zestawu celów, który pasuje do wszystkich. Musimy zrozumieć, co jest dla nas istotne, aby cele były autentyczne.

Rozwijanie planu działania:

Cele stanowią punkt wyjścia do opracowania planu działania. Określenie

*Klucz do sukcesu*

celu umożliwia nam myślenie o konkretnych krokach, które musimy podjąć,
aby go osiągnąć.

Konsekwencja i determinacja:

Cele stanowią wyzwanie, które stawiamy przed sobą. Ich osiągnięcie
wymaga od nas konsekwencji i determinacji, co rozwija naszą zdolność do
samodyscypliny.

Cele krótko i długoterminowe:

Możemy określić cele zarówno krótkoterminowe, które osiągamy w
niedalekiej przyszłości, jak i długoterminowe, które definiują naszą
długofalową wizję rozwoju.

Dostosowanie w miarę potrzeb:

Nasze cele nie są statyczne. Jeśli zmieniamy się lub pojawiają się nowe
okoliczności, możemy dostosować cele, aby były zgodne z naszą obecną
sytuacją.

Ocenianie postępów:

Regularne ocenianie postępów w kierunku osiągnięcia celów pozwala nam
zidentyfikować obszary, które wymagają dodatkowej uwagi i wysiłku.

Motywacja do dalszego rozwoju:

Każde osiągnięcie celu stanowi powód do radości i daje nam motywację do
dalszego rozwoju. To proces ciągłego rozwoju, który nigdy się nie kończy.

Określenie celów rozwoju jest kluczowym krokiem w procesie
samorozwoju i nauki. Pomaga nam nadać naszym wysiłkom kierunek,
skupiać naszą motywację i mierzyć nasze postępy. To narzędzie, które może
być wyjątkowo efektywne w dążeniu do osobistego rozwoju i osiągania
sukcesów w różnych dziedzinach życia.

## 2.2. Tworzenie planu działań: Po ustaleniu celów, ważne jest stworzenie planu działań, który pomoże osiągnąć te cele. Plan powinien zawierać konkretne kroki do podjęcia.

Po określeniu konkretnych celów rozwoju, kluczowym krokiem w procesie samorozwoju jest stworzenie planu działań. To właśnie planowanie i strukturyzowanie naszych działań pozwala nam przekształcić marzenia i cele w realne osiągnięcia. Oto dlaczego tworzenie planu działań jest tak istotne i jak to zrobić efektywnie:

Konkretne kroki:

Plan działań powinien zawierać konkretne kroki, które musimy podjąć, aby osiągnąć nasze cele. Im bardziej szczegółowy plan, tym łatwiej będzie nam śledzić nasze postępy.

Terminy i priorytety:

W planie powinny być określone terminy, kiedy zamierzamy wykonać poszczególne kroki. Dzięki temu unikamy odkładania działań na później i utrzymujemy terminowość.

Podział na etapy:

Jeśli cel jest dużym wyzwaniem, warto podzielić go na mniejsze etapy. To pozwoli nam osiągać sukcesy częściej, co działa motywująco.

Realistyczność:

Plan powinien być realistyczny i dostosowany do naszych możliwości. Nie warto sobie zbytnio obciążać, ponieważ to może prowadzić do frustracji.

Priorytetyzacja:

Określenie priorytetów w planie pozwala nam skupić się na najważniejszych zadaniach. To często decyduje o sukcesie.

Zasoby:

Warto zastanowić się, jakie zasoby będziemy potrzebować do realizacji planu, czy to wiedza, umiejętności, wsparcie innych osób czy czas. To

*Klucz do sukcesu*

pomaga uniknąć niespodzianek w trakcie działania.

Monitorowanie postępów:

Plan działań nie jest statyczny. Regularnie powinniśmy go monitorować i dostosowywać w miarę potrzeb. Jeśli napotykamy na trudności, możemy szukać alternatywnych rozwiązań.

Motywacja:

Planowanie działań ma wpływ na naszą motywację. Kiedy widzimy, że podejmujemy konkretne kroki w kierunku celu, nasza motywacja rośnie.

Odporność na stres:

Planowanie działań pomaga nam lepiej radzić sobie ze stresem związanym z realizacją celów. Odpowiednio przygotowani jesteśmy bardziej pewni siebie.

Samoocena i satysfakcja:

Kiedy skutecznie realizujemy nasz plan, buduje to naszą samoocenę i daje poczucie satysfakcji z osiągniętych rezultatów.

Podsumowując, tworzenie planu działań jest kluczowym etapem w procesie osiągania celów rozwoju. To narzędzie, które pomaga nam konkretyzować nasze cele, określić kroki do osiągnięcia ich, a także monitorować nasze postępy. Plan działań działa motywująco i zwiększa nasze szanse na sukces w dążeniu do samorozwoju i osiągania wyznaczonych celów.

## 2.3. Ustalanie priorytetów: Nie zawsze jesteśmy w stanie osiągnąć wszystkie cele jednocześnie. Dlatego ważne jest ustalanie priorytetów i skupienie się na najważniejszych celach.

W procesie samorozwoju, szczególnie gdy mamy wiele celów, niezmiernie ważne jest umiejętne zarządzanie priorytetami. Nie jesteśmy w stanie realizować wszystkich naszych ambicji i dążeń jednocześnie, dlatego konieczne jest określenie, które cele są najważniejsze i wymagają naszej pełnej uwagi. Oto dlaczego ustalanie priorytetów jest nieodzowne i jak to zrobić efektywnie:

Ograniczone zasoby:

Nasze zasoby, takie jak czas, energia i uwaga, są ograniczone. Nie jesteśmy w stanie poświęcić ich na realizację każdego celu. Ustalanie priorytetów pozwala nam skierować te zasoby na najważniejsze cele.

Kryteria priorytetów:

Określanie priorytetów opiera się na kryteriach, które są dla nas istotne. Może to być znaczenie danego celu dla naszego rozwoju osobistego, kariery, relacji czy zdrowia. Ważne jest, aby kryteria te były spójne z naszymi wartościami i długoterminowymi celami.

SMART cele:

Często wartościowe cele można określić za pomocą metody SMART (Specyficzne, Mierzalne, Osiągalne, Realistyczne, Czasowe). SMART cele są łatwiejsze do monitorowania i osiągnięcia.

Skoncentrowana uwaga:

Wybierając priorytetowe cele, możemy skupić na nich naszą uwagę i wysiłek. To pozwala na głębsze zanurzenie się w danym zadaniu i zwiększa szanse na sukces.

Eliminowanie rozproszenia:

Przy nadmiarze celów łatwo popaść w rozproszenie i tracić czas na zadania nieważne. Ustalanie priorytetów pomaga uniknąć tego pułapki.

Elastyczność:

Priorytety mogą się zmieniać wraz z naszym życiem i sytuacją. Dlatego ważne jest, abyśmy byli elastyczni i gotowi dostosować nasze priorytety do nowych okoliczności.

Umiejętność odmawiania:

Czasami musimy nauczyć się odmawiać niektórym celom lub zobowiązaniom, które nie mieszczą się w naszych priorytetach. To trudne, ale niezbędne dla skutecznego zarządzania czasem i energią.

***Klucz do sukcesu***

Samoocena i satysfakcja:

Skupianie się na priorytetowych celach i ich realizacja przynosi satysfakcję i zwiększa naszą samoocenę. To daje nam dodatkową motywację do kontynuowania naszego samorozwoju.

Ustalanie priorytetów jest kluczowym elementem skutecznego samorozwoju. Pomaga nam wybierać cele zgodnie z naszymi wartościami i długoterminowymi planami, co z kolei prowadzi do bardziej efektywnego i satysfakcjonującego osiągania naszych celów rozwojowych.

## 2.4. Systematyczna nauka: Planowanie rozwoju osobistego i nauki wymaga systematycznego podejścia. Regularna nauka i praca nad sobą to klucz do osiągania sukcesów.

Systematyczność jest kluczowym elementem efektywnego rozwoju osobistego i nauki. Niezależnie od tego, czy dążymy do zdobywania nowych umiejętności, pogłębiania wiedzy czy osiągania konkretnych celów, systematyczne podejście jest niezastąpione. Oto, dlaczego warto go wprowadzić w swoje działania:

Ciągły postęp:

Systematyczna nauka pozwala nam osiągać stały postęp w zdobywaniu wiedzy i umiejętności. Regularne wysiłki są bardziej efektywne niż sporadyczne próby.

Kształtowanie nawyków:

Systematyczność pomaga w kształtowaniu pozytywnych nawyków. W miarę upływu czasu regularność staje się naturalną częścią naszego życia, co ułatwia kontynuowanie rozwoju.

Zachowanie wiedzy:

Regularne przypomnienia i praktyka pomagają w utrzymaniu zdobytej wiedzy. To szczególnie ważne w dziedzinach, gdzie obowiązuje zasada "używasz lub tracisz".

Zwiększona motywacja:

Systematyczna nauka może dodatkowo motywować. Widząc postępy i efekty naszej pracy, czujemy się bardziej zaangażowani i zmotywowani.

Efektywniejsze wykorzystanie czasu:

Planowanie i systematyczność pozwalają efektywniej zarządzać czasem. Unikamy straty czasu na nieefektywne działania.

Zdobywanie umiejętności samodyscypliny:

Systematyczność rozwija naszą umiejętność samodyscypliny, która jest niezbędna do osiągania długoterminowych celów.

Kontynuowanie po niepowodzeniach:

Jeśli napotykamy trudności lub doświadczamy niepowodzeń, systematyczność pomaga nam kontynuować działania i przekształcić te doświadczenia w naukę.

Monitoring postępów:

Systematyczność ułatwia monitorowanie naszych postępów. Dzięki temu możemy dostosowywać nasze podejście w miarę potrzeb.

Jak wprowadzić systematyczność do swojego rozwoju osobistego i nauki? Oto kilka kroków:

Tworzenie planów:

Określ konkretne cele, które chcesz osiągnąć, i stwórz plan działań, uwzględniając regularne sesje nauki lub praktyki.

Harmonogram:

Ustal harmonogram, który będzie dostosowany do twojego stylu życia. Regularne sloty czasowe na naukę pomogą utrzymać systematyczność.

Elastyczność:

Bądź elastyczny i gotów dostosować swój plan do zmieniających się okoliczności.

*Klucz do sukcesu*

Monitorowanie i ocena:

Regularnie oceniaj swoje postępy i wprowadzaj korekty, jeśli to konieczne.

Systematyczność jest kluczowym elementem udanego rozwoju osobistego i nauki. Dzięki niej osiągamy stały postęp, rozwijamy pozytywne nawyki i efektywniej wykorzystujemy czas. To podejście pomaga nam osiągać sukcesy i kontynuować naszą drogę rozwoju.

## 2.5. Monitorowanie postępów: Warto regularnie monitorować postępy w realizacji celów. Dzięki temu można dostosowywać plan działań i wprowadzać ewentualne zmiany.

Monitorowanie postępów w realizacji celów odgrywa kluczową rolę w procesie rozwoju osobistego. To nie tylko narzędzie pomagające śledzić nasze osiągnięcia, ale także umożliwia dostosowywanie planu działań i wprowadzanie ewentualnych zmian. Oto dlaczego warto systematycznie monitorować postępy:

Świadomość:

Regularne monitorowanie postępów pozwala nam być bardziej świadomymi naszych działań i osiągnięć. Dzięki temu zyskujemy lepszy ogląd nad tym, co się udaje, a co wymaga poprawy.

Motywacja:

Śledzenie postępów działa motywująco. Kiedy widzimy, że osiągamy cele lub zbliżamy się do nich, nasza motywacja wzrasta. To daje nam dodatkową energię do dalszej pracy.

Kontrola nad planem:

Monitorowanie pozwala nam kontrolować nasz plan działań. Jeśli zauważamy, że coś nie idzie zgodnie z planem, możemy podjąć odpowiednie kroki naprawcze.

Dostosowanie celów:

Czasem po drodze okazuje się, że cele, które sobie wyznaczyliśmy, wymagają dostosowania. Śledzenie postępów pomaga nam ocenić, czy cele te są realistyczne i dostosować je do rzeczywistych możliwości.

Samowiedza:

Monitorowanie postępów pomaga budować naszą samowiedzę. Pozwala zrozumieć, w których obszarach osiągamy sukcesy, a gdzie potrzebujemy więcej pracy.

Uczenie się na błędach:

Śledzenie postępów umożliwia nam analizę ewentualnych niepowodzeń lub błędów. To szansa na naukę na własnych doświadczeniach i unikanie tych samych błędów w przyszłości.

Jak efektywnie monitorować postępy w procesie rozwoju osobistego? Oto kilka praktycznych wskazówek:

Zapisuj notatki:

Prowadź notatki lub dziennik, w którym rejestrujesz swoje osiągnięcia, cele oraz ewentualne trudności.

Ustal miarodajne wskaźniki:

Określ miarodajne wskaźniki lub kryteria oceny postępów. To mogą być konkretne liczby, ilość czasu poświęconego danej dziedzinie, liczba wykonanych ćwiczeń, itp.

Używaj narzędzi online:

Istnieją liczne narzędzia online, które ułatwiają monitorowanie postępów, takie jak aplikacje do śledzenia celów, budżetu czy zdrowia.

Okresowe przeglądy:

Regularnie przeglądaj swoje notatki i postępy. To pomaga utrzymać systematyczność w monitorowaniu.

Bądź szczery:

Bądź szczery w ocenie swojego postępu. Nie zawsze będzie on

*Klucz do sukcesu*

równomierny, ale uczciwość wobec siebie pozwala lepiej zarządzać swoim rozwojem.

Monitorowanie postępów jest nieodzownym elementem efektywnego rozwoju osobistego. Pomaga nam być bardziej świadomymi naszych działań, motywuje do pracy, kontroluje nasz plan działań i pozwala dostosować cele oraz uczyć się na błędach. To narzędzie, które wspiera nas w dążeniu do sukcesu i ciągłego rozwoju.

## 2.6. Motywowanie się do działania: Planowanie rozwoju osobistego i nauki może wymagać dodatkowej motywacji. Wykorzystywanie technik motywacyjnych, takich jak afirmacje czy wizualizacja sukcesu, może pomóc utrzymać zaangażowanie.

Motywowanie się do działania stanowi często kluczowy element osiągnięcia celów związanych z rozwojem osobistym i nauką. Bez odpowiedniej motywacji ciężko jest utrzymać zaangażowanie i kontynuować wysiłek, zwłaszcza w obliczu trudności. Oto kilka skutecznych technik motywacyjnych, które pomagają utrzymać wysoki poziom zaangażowania:

Afirmacje:

Afirmacje to pozytywne zdania lub myśli, które powtarzasz sobie regularnie. Mogą one pomóc w wzmocnieniu wiary w siebie i w swoje możliwości. Przykładem afirmacji może być: "Jestem zdolny do osiągnięcia swoich celów" lub "Mam mocną determinację do nauki i rozwoju".

Wizualizacja sukcesu:

Wyobrażanie sobie siebie osiągającego cele może być silnym narzędziem motywacyjnym. Wizualizacja sukcesu pomaga zbudować pozytywną emocjonalną reakcję na przyszłe osiągnięcia i może zachęcić do ciężkiej pracy.

Cele etapowe:

Warto podzielić długoterminowe cele na mniejsze cele etapowe. Osiąganie tych mniejszych celów daje poczucie postępu i motywuje do dalszej pracy.

Nagrody:

Nagradzanie siebie za osiągnięcia jest skuteczną techniką motywacyjną. Nagrody mogą być zarówno małe, jak i większe, ale ważne jest, aby były adekwatne do osiągnięć. Dla jednej osoby nagrodą może być odrobina luksusu, a dla innej dzień wolny od nauki.

Wsparcie społeczne:

Dziel się swoimi celami i postępami z przyjaciółmi lub rodziną. Czasem samo dzielenie się swoimi planami z innymi ludźmi może zwiększyć naszą motywację, ponieważ czujemy się zobowiązani do ich osiągnięcia.

Spisanie korzyści:

Zapisanie korzyści płynących z osiągnięcia celów może pomóc w utrzymaniu motywacji. Wyraźne uświadomienie sobie, jakie korzyści przyniesie osiągnięcie celu, może być silnym bodźcem do działania.

Zrozumienie "dlaczego":

Przemyślenie, dlaczego dany cel jest dla nas ważny, może pomóc w utrzymaniu motywacji. Im bardziej rozumiesz, dlaczego coś robisz, tym bardziej jesteś skłonny do zaangażowania.

Umiejętność radzenia sobie z niepowodzeniami:

Ważne jest, aby przygotować się na ewentualne trudności i niepowodzenia. Wytrwałość i elastyczność w reagowaniu na niepowodzenia są kluczowe w procesie utrzymania motywacji.

Poszukiwanie inspiracji:

Czasami potrzebujemy zewnętrznej inspiracji. Czytanie o sukcesach innych osób w dziedzinie, która nas interesuje, może budzić entuzjazm i motywację.

Tworzenie harmonogramu:

Planowanie swojego czasu i działań może pomóc w utrzymaniu struktury i regularności. Znając konkretne dni i godziny przeznaczone na naukę lub

*Klucz do sukcesu*

pracę nad rozwojem osobistym, łatwiej jest pozostać na kursie.

Warto eksperymentować z różnymi technikami motywacyjnymi i dostosowywać je do swoich potrzeb. Co działa dla jednej osoby, niekoniecznie musi działać dla innej, więc istotne jest znalezienie własnych źródeł motywacji i wykorzystywanie ich w procesie rozwoju osobistego.

## 2.7. Budowanie umiejętności samodyscypliny: Samodyscyplina jest kluczowa w procesie celowego planowania rozwoju. Warto pracować nad umiejętnością wytrwałego podejścia do działań.

Samodyscyplina jest kluczowym elementem skutecznego planowania rozwoju osobistego i nauki. Bez niej trudno jest utrzymać długotrwałe zaangażowanie i konsekwentnie dążyć do osiągnięcia swoich celów. Oto kilka sposobów, jak budować umiejętności samodyscypliny:

Określenie Priorytetów:

Jednym z pierwszych kroków w budowaniu samodyscypliny jest określenie, które cele i zadania są najważniejsze. Skupienie się na najważniejszych priorytetach pomaga unikać rozpraszających czynników i skupić się na najważniejszych zadaniach.

Tworzenie Planów Działania:

Planowanie jest kluczowe w procesie budowania samodyscypliny. Stworzenie konkretnego planu działania, w którym określasz, co, kiedy i jak będziesz robić, pomaga unikać odkładania zadań na później.

Rutyna i Harmonogram:

Tworzenie rutyny i harmonogramu dnia może pomóc w utrzymaniu dyscypliny. Wiesz, że o konkretnej godzinie każdego dnia masz czas przeznaczony na naukę lub pracę nad rozwojem osobistym.

Unikanie Prokrastynacji:

Prokrastynacja jest jednym z głównych wrogów samodyscypliny. Warto pracować nad technikami zarządzania czasem, takimi jak technika Pomodoro, aby unikać odkładania zadań na później.

Wytrwałość:

Samodyscyplina to również umiejętność utrzymywania się przy zadaniach, nawet jeśli nie są one łatwe. Wytrwałość w dążeniu do celów jest kluczowa.

Cele i Nagrody:

Określenie nagród za osiągnięcie celów może być silnym motywatorem do utrzymania samodyscypliny. Gdy osiągniesz cele, nagrodź się czymś przyjemnym.

Monitorowanie Postępów:

Regularne śledzenie swoich postępów pozwala na świadomość tego, ile już osiągnąłeś i co jeszcze jest do zrobienia. To może pomóc utrzymać motywację.

Radzenie Sobie z Niepowodzeniami:

Nie zawsze wszystko idzie zgodnie z planem. Ważne jest, aby potrafić radzić sobie z niepowodzeniami i nie traktować ich jako przeszkód do rezygnacji.

Wsparcie Społeczne:

Dzielenie się swoimi celami i postępami z innymi osobami może być dodatkowym wsparciem. Czasem inni ludzie mogą pomóc nam utrzymać się na właściwej ścieżce.

Samowiedza:

Poznawanie siebie i swoich słabych stron może pomóc w lepszym zarządzaniu samodyscypliną. Warto rozważyć, jakie czynniki i sytuacje mogą wpływać na brak dyscypliny i jak można je przeciwdziałać.

Budowanie umiejętności samodyscypliny to proces, który może wymagać czasu i wysiłku, ale jest niezwykle wartościowy. Dzięki samodyscyplinie jesteśmy w stanie skutecznie planować swój rozwój osobisty i dążyć do osiągnięcia wyznaczonych celów.

*Klucz do sukcesu*

## 2.8. Kontynuowanie nauki: Proces planowania rozwoju i nauki jest cykliczny. Po osiągnięciu pewnych celów warto kontynuować naukę i dążenie do kolejnych osiągnięć.

Planowanie rozwoju osobistego i nauki to nie tylko jednorazowe działanie. To proces, który powinien być cykliczny i obejmować wiele etapów rozwoju. Kontynuowanie nauki po osiągnięciu pewnych celów jest kluczowym elementem skutecznego rozwoju osobistego. Oto dlaczego to takie ważne i jak to zrobić:

Dlaczego kontynuowanie nauki jest ważne?

Rozwój jest procesem ciągłym:

Osoby, które zatrzymują się po osiągnięciu jednego celu, mogą przegapić wiele innych możliwości rozwoju. Rozwój osobisty jest procesem ciągłym, który nigdy się nie kończy.

Unikanie stagnacji:

Kontynuowanie nauki pomaga uniknąć stagnacji i utrzymanie umysłu w gotowości do nauki nowych rzeczy. To może być kluczowe, zwłaszcza w dzisiejszym dynamicznym świecie.

Doskonalenie umiejętności:

Dalsza nauka pozwala doskonalić istniejące umiejętności i zdobywać nowe. To zwiększa naszą atrakcyjność na rynku pracy i pozwala osiągać wyższe cele zawodowe.

Zwiększenie samoświadomości:

Kontynuowanie nauki może pomóc w dalszym poznawaniu siebie i swoich pasji. To prowadzi do lepszego rozumienia, co naprawdę nas motywuje i inspiruje.

Jak kontynuować naukę:

Określenie nowych celów:

Po osiągnięciu jednego zestawu celów, warto określić nowe cele. Mogą to być cele bardziej zaawansowane lub związane z innymi dziedzinami.

Planowanie:

Tworzenie nowego planu działania jest niezbędne. Określenie kroków, które należy podjąć, aby osiągnąć nowe cele, jest kluczowe.

Monitorowanie postępów:

Kontynuacja nauki wymaga regularnego monitorowania postępów. To pozwala na ocenę, czy jesteś na właściwej drodze i czy musisz dostosować swoje działania.

Wsparcie społeczne:

Warto kontynuować współpracę z osobami, które wspierają twój rozwój. Może to być rodzina, przyjaciele lub mentorzy.

Otwartość na nowe możliwości:

Bądź otwarty na nowe możliwości nauki. Czasem najlepsze okazje pojawiają się niespodziewanie.

Dążenie do doskonałości:

Choć doskonałość może być trudna do osiągnięcia, warto dążyć do jej zbliżenia. Nieustający rozwój może prowadzić do coraz lepszych wyników i większej satysfakcji z osiągnięć.

Kontynuowanie nauki to kluczowy element skutecznego rozwoju osobistego. To proces, który pozwala na osiąganie coraz wyższych szczytów i ciągłe doskonalenie siebie. Dlatego warto utrzymywać go w centrum swojego życia i stale dążyć do rozwoju.

## 2.9. Wsparcie od innych: Czasami warto szukać wsparcia od mentorów, coachów lub innych osób, które mogą pomóc w planowaniu rozwoju osobistego i nauki.

Wsparcie od innych ludzi, zwłaszcza od mentorów, coachów i osób mających doświadczenie w danej dziedzinie, może stanowić istotny czynnik w skutecznym rozwoju osobistym i naukowym. To dlatego warto rozważyć

*Klucz do sukcesu*

poszukiwanie wsparcia od innych i korzystanie z ich wiedzy i doświadczenia. Oto, dlaczego wsparcie od innych jest tak ważne:

Dlaczego warto szukać wsparcia od innych?

Doświadczenie:

Mentorzy i coachowie często mają znaczne doświadczenie w swoich dziedzinach. Mogą dzielić się swoją wiedzą i przewodnictwem, co przyspiesza rozwój.

Perspektywa zewnętrzna:

Osoba z zewnątrz może zobaczyć rzeczy, których sami nie dostrzegamy. Wsparcie od innych może pomóc w identyfikacji obszarów do poprawy i rozwoju.

Motywacja:

Mentorzy i coachowie mogą stanowić dodatkową motywację do działania. Wiedzą, jak mobilizować i utrzymywać zaangażowanie.

Budowanie pewności siebie:

Wsparcie od innych może pomóc w budowaniu pewności siebie. Wartość, jaką widzą w nas nasi mentorzy i coachowie, może podbudować naszą samoocenę.

Siatka kontaktów:

Mentorzy i coachowie często posiadają szeroką sieć kontaktów zawodowych. To może pomóc w nawiązywaniu cennych relacji i otwierać drzwi do nowych możliwości.

Jak szukać wsparcia od innych?

Określenie potrzeb:

Na początek warto określić, w jakim konkretnie obszarze potrzebujemy wsparcia. Czy to rozwijanie umiejętności zawodowych, osiąganie celów osobistych czy nauka nowych dziedzin?

*Klucz do sukcesu*

Szukanie mentorów i coachów:

Szukaj osób, które mają doświadczenie i wiedzę w wybranym obszarze. To mogą być osoby w twojej branży zawodowej lub dziedzinie zainteresowań.

Nawiązywanie relacji:

Zbudowanie relacji z mentorem lub coachem to kluczowa kwestia. Pamiętaj o otwartości na naukę i gotowości do działania.

Kontynuowanie nauki:

Wsparcie od innych to proces ciągły. Regularne spotkania i rozmowy pomagają utrzymać wsparcie na długą metę.

Dzielenie się osiągnięciami:

Nie zapominaj dzielić się swoimi postępami i osiągnięciami ze swoim mentorem lub coachem. To może stanowić dodatkową motywację i dowód na skuteczność współpracy.

Wsparcie od innych osób może znacząco przyspieszyć twój rozwój osobisty i naukowy. To cenne źródło wiedzy, motywacji i perspektywy zewnętrznej, które pomaga osiągać sukcesy i dążyć do realizacji swoich celów.

## 2.10. Ocena i refleksja: Regularna ocena postępów oraz refleksja nad osiągniętymi celami i sposobem ich realizacji pomaga doskonalić proces planowania rozwoju.

Regularna ocena postępów oraz refleksja nad osiągniętymi celami i sposobem ich realizacji stanowią nieodłączny element skutecznego planowania rozwoju osobistego i nauki. To proces, który pozwala doskonalić podejście do osiągania celów oraz dostosowywać strategie działania. Oto, dlaczego ocena i refleksja są kluczowe:

Dlaczego warto dokonywać oceny i refleksji?

Samopoznanie:

Ocena i refleksja pomagają lepiej zrozumieć siebie, swoje mocne strony i obszary do poprawy. Pozwala to dostosować cele i działania do własnych potrzeb.

Identyfikacja błędów:

Analizując osiągnięte wyniki, można zidentyfikować błędy i niedociągnięcia. To pozwala unikać tych samych błędów w przyszłości.

Skupienie na celach:

Ocena pozwala upewnić się, że dążymy do właściwych celów. Często po pewnym czasie cele mogą się zmieniać, a refleksja pomaga to zauważyć.

Motywacja:

Śledzenie postępów może być motywujące. Widząc, ile już osiągnęliśmy, zyskujemy dodatkową energię do działania.

Dostosowywanie strategii:

Jeśli okazuje się, że wybrana strategia nie przynosi oczekiwanych rezultatów, ocena pozwala dostosować ją lub wybrać zupełnie nową ścieżkę.

Jak przeprowadzać ocenę i refleksję:

Określenie celów oceny:

Na początek wyznacz konkretne cele, które chcesz osiągnąć dzięki ocenie i refleksji. To mogą być cele krótko- i długoterminowe.

Regularność:

Planuj regularne okresy oceny i refleksji, np. co tydzień, miesiąc lub kwartał. To pozwoli na śledzenie postępów w sposób ciągły.

Dokumentacja:

Zapisuj swoje obserwacje i wnioski. Możesz prowadzić dziennik postępów lub korzystać z narzędzi do śledzenia celów.

Pytania kluczowe:

Stawiaj sobie pytania, takie jak: "Co udało mi się osiągnąć?", "Co poszło dobrze?", "W czym mogę się jeszcze poprawić?".

Zaplanowanie działań korygujących:

Jeśli wyniki oceny wskazują na potrzebę zmiany strategii, opracuj nowy plan działań i działaj zgodnie z nim.

Wnioski i cele na przyszłość:

Na podstawie oceny dokonaj wniosków i określ cele na przyszłość. Dzięki temu możesz kierować swoje działania w odpowiednim kierunku.

Regularna ocena i refleksja pozwalają doskonalić swoje podejście do rozwoju osobistego i nauki. To proces, który umożliwia ciągłe doskonalenie i osiąganie coraz większych sukcesów w osiąganiu celów.

Celowe planowanie rozwoju osobistego i nauki pozwala skierować swoje wysiłki na osiąganie konkretnych celów i maksymalizować efektywność w dążeniu do nich. To istotny element rozwoju i samorealizacji.

*Klucz do sukcesu*

# 3. Wykorzystywanie motywacji do osiągania sukcesów w nauce i karierze.

## 3.1. Zrozumienie motywacji jako klucza do sukcesu: Warto zrozumieć, jak motywacja wpływa na naszą zdolność do uczenia się i osiągania sukcesów zawodowych.

Motywacja jest kluczowym czynnikiem wpływającym na naszą zdolność do uczenia się i osiągania sukcesów zawodowych. Głębsze zrozumienie roli motywacji może pomóc nam wykorzystać jej potencjał w pełni. Oto dlaczego motywacja jest tak istotna:

Paliwo dla działania:

Motywacja stanowi rodzaj paliwa, które napędza nas do działania. To ona pozwala nam podejmować wyzwania i podejmować wysiłek potrzebny do osiągnięcia celów.

Skupienie i zaangażowanie:

Motywowane jednostki są bardziej skoncentrowane i zaangażowane w to, co robią. Ich uwaga jest skierowana na cel, co pozwala na bardziej efektywną pracę.

Wytrwałość:

Motywacja jest kluczem do wytrwałości. W obliczu trudności czy przeciwności, motywowani ludzie są bardziej skłonni do kontynuowania wysiłków, aby osiągnąć zamierzony cel.

Lepsze wykorzystanie potencjału:

Motywowani jednostki często lepiej wykorzystują swój potencjał. Są bardziej otwarte na nowe wyzwania i szanse, co prowadzi do bardziej dynamicznego rozwoju zawodowego.

Wzrost kreatywności:

Motywacja może również wpływać na naszą kreatywność. Osoby, które są zmotywowane, często szukają innowacyjnych rozwiązań i podejmują ryzyko.

Radzenie sobie ze stresem:

Silna motywacja pomaga w radzeniu sobie ze stresem. Motywowani ludzie są bardziej elastyczni i odporne na presję.

Sukces zawodowy:

Motywacja jest kluczowym czynnikiem sukcesu zawodowego. Osoby, które są zmotywowane, często osiągają wyższe stanowiska, rozwijają się zawodowo i czerpią większą satysfakcję z pracy.

Aby lepiej wykorzystać motywację w kontekście nauki i pracy zawodowej, warto poznać swoje własne źródła motywacji oraz techniki, które pomagają ją podtrzymywać. To może obejmować określenie celów, śledzenie postępów, korzystanie z nagród i wsparcia społecznego oraz rozwijanie umiejętności zarządzania stresem. Zrozumienie motywacji jako klucza do sukcesu może przyczynić się do osiągnięcia satysfakcji zawodowej i rozwoju osobistego.

## 3.2. Stawianie realistycznych celów edukacyjnych i zawodowych: Celowe określenie celów naukowych i zawodowych pomaga nam skupić się na osiągnięciu konkretnych wyników.

Proces stawiania celów w zakresie edukacji i kariery jest kluczowym elementem naszego osobistego i zawodowego rozwoju. Określanie konkretnych celów naukowych i zawodowych pozwala nam skupić nasze wysiłki na osiągnięciu określonych wyników. Oto kilka aspektów, które podkreślają znaczenie stawiania realistycznych celów:

Motywacja do działania:

Stawianie celów stanowi źródło motywacji. Wyznaczenie sobie celów edukacyjnych i zawodowych daje nam powód, dla którego warto wkładać wysiłek w naukę i pracę. Wyraźnie określone cele działają jak magnes, przyciągając naszą uwagę i zaangażowanie.

Kierunek i jasność:

*Klucz do sukcesu*

Cele pomagają nam określić kierunek, w którym chcemy podążać. Wyznaczając sobie konkretne cele, nadajemy naszym wysiłkom jasność i spójność. To pomaga uniknąć rozpraszania uwagi i utrzymać skupienie na istotnych zadaniach.

Mierzalność i monitorowanie postępów:

Realistyczne cele są mierzalne, co oznacza, że możemy ocenić nasze postępy w ich osiąganiu. Regularne monitorowanie postępów umożliwia dostosowanie działań i strategii, co jest kluczowe w procesie rozwoju.

Wzrost pewności siebie:

Osiąganie postawionych celów buduje naszą pewność siebie. Sukcesy na drodze do celów potwierdzają naszą zdolność do działania i wpływają pozytywnie na nasze poczucie własnej wartości.

Skupienie na istotnych zadaniach:

Stawianie celów pomaga nam zidentyfikować najważniejsze zadania i priorytety. To eliminuje konieczność poświęcania czasu na zadania, które nie przynoszą nam wartości.

Unikanie frustracji:

Stawianie realistycznych celów jest kluczowe, aby uniknąć frustracji i poczucia porażki. Cele, które są zbyt ambitne lub nierealne, mogą prowadzić do niezadowolenia i obniżonego poczucia własnej wartości.

Planowanie działań:

Proces ustalania celów wiąże się z tworzeniem planu działań. Ten plan określa konkretne kroki, jakie musimy podjąć, aby osiągnąć zamierzone cele.

Dostosowanie do zmian:

Życie nie jest statyczne, i stawianie celów pozwala nam elastycznie reagować na zmieniające się okoliczności. W razie potrzeby można dostosować cele do nowych warunków.

*Klucz do sukcesu*

Kontynuowanie rozwoju:

Po osiągnięciu celów warto kontynuować proces rozwoju, wyznaczając nowe cele. Proces stawiania celów jest cykliczny, a długoterminowy sukces wiąże się z ciągłym dążeniem do osiągnięcia nowych wyników.

Wspieranie pasji i wartości:

Cele powinny być zgodne z naszymi pasjami, wartościami i długoterminowymi celami życiowymi. Osiąganie celów, które są zgodne z naszymi pragnieniami, jest bardziej satysfakcjonujące i motywujące.

Stawianie realistycznych celów to proces, który wymaga samodyscypliny, planowania i refleksji. Warto inwestować czas i wysiłek w określanie swoich celów edukacyjnych i zawodowych, ponieważ stanowią one kluczowy element naszego sukcesu i osobistego spełnienia.

## 3.3. Kształtowanie motywacji w nauce: Wykorzystywanie motywacji do systematycznego nauki, rozwijania umiejętności i zdobywania wiedzy.

Motywacja odgrywa kluczową rolę w procesie nauki, rozwijania umiejętności i zdobywania wiedzy. Kształtowanie motywacji w nauce jest niezwykle istotne, ponieważ to ona stymuluje nas do systematycznego działania i osiągania celów edukacyjnych. Oto kilka aspektów związanych z kształtowaniem motywacji w nauce:

Zrozumienie swoich celów edukacyjnych:

Motywacja w nauce zaczyna się od zrozumienia, dlaczego uczymy się określonych rzeczy. Warto zastanowić się nad swoimi celami edukacyjnymi i długoterminowymi aspiracjami. Określenie, co chcemy osiągnąć, stanowi fundamentalną podstawę motywacji.

Wytyczenie krótkoterminowych celów:

Aby utrzymać motywację na wysokim poziomie, pomocne jest dzielenie długoterminowych celów na krótsze etapy. Określenie konkretnych celów na daną lekcję, tydzień lub miesiąc pozwala na regularne świętowanie postępów.

*Klucz do sukcesu*

Tworzenie planu działania:

Planowanie jest kluczem do osiągania celów. Tworzenie planu nauki z określonymi godzinami, materiałami do przejrzenia i celami na daną sesję pozwala na skupienie uwagi i usystematyzowanie pracy.

Motywujące nagrody:

Tworzenie systemu nagród za osiągnięcia związane ze zdobywaniem wiedzy może stanowić dodatkową motywację. Nagrody, takie jak drobne prezenty czy przyjemne zajęcia po zakończeniu nauki, dodają element zabawy i nagrody za wysiłek.

Uważne śledzenie postępów:

Monitorowanie postępów w nauce jest kluczowe. Można to robić na różne sposoby, na przykład za pomocą notatek, kalendarza, czy aplikacji do nauki. Regularne sprawdzanie, co zostało osiągnięte, pomaga utrzymać motywację.

Zaangażowanie w materiał:

Ważne jest, aby znaleźć interesujący i angażujący sposób nauki. To może obejmować różne metody, takie jak wykłady, książki, kursy online czy eksperymenty. Im bardziej jesteśmy zainteresowani materiałem, tym większa jest nasza motywacja do nauki.

Wspieranie się nawzajem:

Działanie w grupie lub z partnerem do nauki może stanowić dodatkową motywację. Można dzielić się wiedzą, pomagać sobie nawzajem w rozwiązywaniu trudnych problemów i świętować wspólne sukcesy.

Zrozumienie korzyści:

Ważne jest, aby pamiętać o korzyściach płynących z nauki. Poszerzanie wiedzy, rozwijanie umiejętności, zdobywanie nowych perspektyw i możliwość kariery to tylko niektóre z wielu korzyści związanych z nauką.

Zarządzanie stresem:

Motywacja może być trudna do utrzymania w obliczu stresujących okoliczności. Rozwijanie umiejętności radzenia sobie ze stresem, takie jak techniki relaksacyjne, medytacja czy ćwiczenia fizyczne, pomaga utrzymać motywację w trudnych momentach.

 Praca nad samodyscypliną:

Silna motywacja idzie w parze z samodyscypliną. Rozwijanie umiejętności samokontroli, planowania i wytrwałości pomaga utrzymać stałą motywację w procesie nauki.

Kształtowanie motywacji w nauce to proces, który można doskonalić i dostosowywać do własnych potrzeb. Kluczem jest pozostawanie otwartym na nowe techniki i strategie, które pomagają utrzymać zaangażowanie w procesie nauki, rozwijania umiejętności i zdobywania wiedzy.

## 3.4. Budowanie determinacji: Motywacja pomaga budować determinację, która jest niezbędna do pokonywania trudności i wyzwań w nauce i karierze.

Motywacja jest jak iskra, która zapala płomień determinacji. To właśnie ta determinacja jest niezbędna do pokonywania trudności, wyzwań i przeciwności losu zarówno w nauce, jak i w karierze. Oto kilka kluczowych aspektów związanych z budowaniem determinacji poprzez motywację:

Zrozumienie celów i wartości:

Pierwszym krokiem w budowaniu determinacji jest jasne zrozumienie swoich celów i wartości. Gdy jesteśmy głęboko zmotywowani, łatwiej jest nam zdecydowanie stawiać czoła przeszkodom, ponieważ mamy jasno określony cel, na którym nam zależy.

Skupienie na długoterminowym sukcesie:

Determinacja polega na utrzymaniu wytrwałości, nawet w obliczu trudności. Motywacja pomaga nam patrzeć na długoterminowy sukces, a nie tylko na krótkotrwałe wyniki. To długofalowa wizja osiągnięcia celu pomaga utrzymać determinację.

Opanowywanie umiejętności rozwiązywania problemów:

Osoby silnie zmotywowane często rozwijają zdolność do kreatywnego myślenia i opanowywania umiejętności rozwiązywania problemów. To pozwala im efektywniej przeciwdziałać trudnościom.

Zarządzanie emocjami:

Motywacja pomaga w zarządzaniu emocjami i stresem. Utrzymywanie spokoju w trudnych sytuacjach jest kluczowe do pokonywania przeciwności.

Praca nad wytrwałością:

Wytrwałość to kluczowy element determinacji. To zdolność do kontynuowania działań, nawet w obliczu niepowodzeń. Motywacja daje nam powód, by robić to, co robimy, pomaga nam zrozumieć, dlaczego nie warto się poddawać.

Nauka na błędach:

Motywacja pomaga traktować błędy jako naukę, a nie porażkę. Dzięki niej jesteśmy bardziej skłonni do próbowania różnych podejść i doskonalenia swoich umiejętności.

Wsparcie społeczne:

Motywacja nie zawsze musi być wyłącznie wewnętrzna. Wsparcie od rodziny, przyjaciół lub mentorów może zwiększać naszą determinację. Wspierający ludzie pomagają nam przetrwać trudne momenty.

Cele pośrednie:

Podziel swoje cele na mniejsze cele pośrednie. To pozwoli na regularne świętowanie osiągnięć, co dodatkowo motywuje do działania.

Rozwijanie umiejętności samodyscypliny:

Samodyscyplina jest nieodzowna w procesie budowania determinacji. Regularność w działaniu i kontrola nad sobą to fundamenty determinacji.

Cele jasno określone:

Im bardziej konkretne i jasno określone są cele, tym łatwiej jest utrzymać determinację. Skupienie na małych krokach w kierunku wielkiego celu pomaga zwiększyć pewność siebie i utrzymać motywację.

Budowanie determinacji to proces, który rozwija się wraz z motywacją. Im bardziej jesteśmy zmotywowani, tym bardziej jesteśmy zdeterminowani do osiągania naszych celów, nawet w obliczu przeciwności. To połączenie motywacji i determinacji napędza nas do sukcesów w nauce i karierze.

### 3.5. Znajdowanie źródeł inspiracji: Poszukiwanie inspiracji w literaturze, historiach sukcesu i mentorach może wzmacniać naszą motywację.

Poszukiwanie źródeł inspiracji stanowi ważny element budowania i podtrzymywania motywacji. Inspiracja pochodząca z różnych źródeł może pomóc nam utrzymać zaangażowanie w dążeniu do celów. Oto kilka kluczowych aspektów związanych z odnajdywaniem źródeł inspiracji:

Literatura i książki motywacyjne:

Czytanie literatury motywacyjnej, biografii znanych osobistości lub książek inspirujących może dostarczyć ogromnej dawki motywacji. Te publikacje często zawierają historie sukcesu, wskazówki, jak osiągnąć cele, oraz strategie radzenia sobie z trudnościami.

Historie sukcesu:

Słuchanie historii ludzi, którzy osiągnęli znaczące sukcesy, może budzić w nas wiarę w własne możliwości. Te historie pokazują, że również my możemy osiągnąć swoje cele, jeśli będziemy wystarczająco zdeterminowani i pracowici.

Mentorzy i wzorce do naśladowania:

Poszukiwanie mentorów lub osób, które osiągnęły to, co my chcielibyśmy osiągnąć, może dostarczyć nam cennych wskazówek i wsparcia. Mentorzy mogą podzielić się swoimi doświadczeniami i pomóc nam uniknąć typowych błędów.

Inspirujące filmy i dokumentacje:

*Klucz do sukcesu*

Filmy, dokumentacje lub wykłady online zawierające inspirujące treści również mogą pomóc podtrzymać naszą motywację. Często wizualna forma prezentacji może bardziej wciągnąć i zmotywować.

Sukcesy innych osób w naszym otoczeniu:

Nie tylko odległe historie sukcesu mogą nas inspirować. Sukcesy naszych przyjaciół, rodziny lub kolegów z pracy mogą być równie motywujące. Często widząc, że inni osiągnęli swoje cele, nabieramy pewności, że i nam się uda.

Działania charytatywne i wolontariat:

Angażowanie się w działania charytatywne lub wolontariat może dostarczyć ogromnej satysfakcji i stanowić źródło inspiracji. Wspieranie innych ludzi i widzenie pozytywnego wpływu swoich działań na świat może budować wewnętrzną motywację.

Sztuka i kultura:

Wizyty w muzeach, galeriach sztuki, teatrach czy na koncertach mogą być źródłem artystycznej inspiracji. Sztuka i kultura często potrafią poruszyć nasze emocje i pobudzić kreatywność.

Podziwianie natury:

Czas spędzony na świeżym powietrzu, w otoczeniu przyrody, może stanowić źródło spokoju i inspiracji. Piękno natury może pomóc nam zregenerować siły i znaleźć nowe perspektywy.

Cele społeczne i globalne:

Czynienie dobra dla innych i zaangażowanie w sprawy społeczne lub globalne może być źródłem ogromnej motywacji. Dążenie do zmian na lepsze w społeczeństwie lub na świecie stanowi potężne źródło inspiracji.

Znajdowanie źródeł inspiracji może mieć ogromny wpływ na naszą motywację. Te inspiracje napędzają nas do działania, pomagają utrzymać zaangażowanie w dążeniu do celów i pozostawać kreatywnymi. Dlatego warto świadomie szukać i czerpać z różnych źródeł, które rezonują z naszymi wartościami i marzeniami.

## 3.6. Planowanie kariery: Określenie ścieżki kariery i podejmowanie kroków w kierunku jej realizacji.

Planowanie kariery to proces, który pozwala nam określić nasze cele zawodowe i wyznaczyć strategię osiągania sukcesu zawodowego. Jest to istotny element budowania motywacji, ponieważ jasno zarysowane cele zawodowe stanowią źródło inspiracji i motywacji. Oto kilka kluczowych aspektów związanych z planowaniem kariery:

Określenie celów zawodowych:

Pierwszym krokiem w planowaniu kariery jest określenie naszych celów zawodowych. To, gdzie widzimy się za kilka lat, dziesięć lat lub pod koniec naszej kariery, wpływa na naszą motywację. Cele powinny być konkretne, mierzalne, osiągalne, relewantne i czasowo określone (tzw. SMART).

Analiza umiejętności i zainteresowań:

Należy zrozumieć swoje umiejętności, zdolności i zainteresowania. Zrozumienie swojego potencjału pozwala lepiej dostosować cele zawodowe do naszych predyspozycji.

Rozwój kompetencji:

Planowanie kariery to również proces ciągłego rozwoju kompetencji. Dążenie do stałego poszerzania swojej wiedzy i umiejętności zwiększa pewność siebie i motywację do realizacji zawodowych ambicji.

Tworzenie planu działań:

Plan zawodowy powinien obejmować konkretne kroki, które zamierzamy podjąć, aby osiągnąć nasze cele. To, jakie kursy chcemy ukończyć, jakie projekty przewidujemy lub jakie stanowisko chcemy osiągnąć, powinno być dokładnie sprecyzowane w planie.

Wsparcie i mentorstwo:

Współpraca z mentorami lub osobami doświadczonymi w danej dziedzinie może dostarczyć cennego wsparcia i wskazówek. Mentorzy mogą podzielić

*Klucz do sukcesu*

się swoimi doświadczeniami i pomóc uniknąć błędów.

Monitorowanie postępów:

Regularne monitorowanie postępów w realizacji naszego planu kariery pozwala na dostosowanie działań i zmianę strategii, jeśli zajdzie taka potrzeba.

Wyzwanie siebie:

Planowanie kariery nie powinno ograniczać się jedynie do komfortu. Wyzwanie siebie i dążenie do wyższych celów może stanowić potężne źródło motywacji.

Przygotowanie na niepowodzenia:

Każda kariera niesie ze sobą pewne ryzyko i niepowodzenia. Ważne jest, aby być przygotowanym na takie sytuacje i nie tracić motywacji w obliczu trudności.

Znalezienie sensu i pasji w pracy:

Kariera, która jest zgodna z naszymi pasjami i wartościami, stanowi ogromne źródło motywacji. Praca, która przynosi satysfakcję i spełnienie, jest silnym napędem.

Cykliczna ocena i dostosowanie planu:

Planowanie kariery to proces cykliczny. Co pewien czas warto ocenić postępy, dokonać ewentualnych zmian i dostosować cele do zmieniających się warunków.

Planowanie kariery jest kluczowym elementem budowania i podtrzymywania motywacji w sferze zawodowej. Jasno zarysowane cele i konkretne kroki działania pozwala utrzymać zaangażowanie w osiąganiu sukcesów zawodowych. To proces, który prowadzi nas w kierunku spełnienia zawodowego i satysfakcji z naszej pracy.

## 3.7. Nauka i rozwijanie umiejętności: Wykorzystywanie motywacji do nauki i rozwijania umiejętności potrzebnych do osiągnięcia sukcesu zawodowego.

Motywacja odgrywa kluczową rolę w procesie nauki i rozwijania umiejętności. Działanie z pasją i zaangażowaniem ma ogromny wpływ na zdobywanie wiedzy oraz doskonalenie kompetencji zawodowych. Oto więcej na ten temat:

Pasja jako paliwo do nauki:

Gdy jesteśmy naprawdę zainteresowani jakimś tematem, nauka staje się przyjemnością, a nie obowiązkiem. Motywacja płynąca z pasji sprawia, że jesteśmy gotowi poświęcić więcej czasu na zgłębianie wiedzy i eksplorację.

Kontynuowanie edukacji:

Motywowane jednostki często dążą do stałego doskonalenia swoich umiejętności. To skutkuje uczestnictwem w kursach, warsztatach, konferencjach i szkoleniach, które pomagają utrzymać wiedzę na bieżącym poziomie.

Skupienie na rozwoju kompetencji:

W obszarze zawodowym motywacja do rozwoju kompetencji jest kluczowa. Dążenie do doskonalenia umiejętności, które są istotne w danej dziedzinie, zwiększa atrakcyjność na rynku pracy i otwiera nowe możliwości kariery.

Rozwijanie umiejętności miękkich:

Oprócz umiejętności technicznych, motywowane osoby skupiają się również na rozwoju tzw. umiejętności miękkich, takich jak komunikacja, przywództwo czy zdolność do pracy zespołowej.

Długofalowe cele edukacyjne:

Określenie długoterminowych celów edukacyjnych stymuluje motywację. To mogą być stopnie naukowe, certyfikaty zawodowe czy rozwijanie określonych umiejętności w danym zakresie.

Samokształcenie:

*Klucz do sukcesu*

Dla wielu motywowanych jednostek nauka nie kończy się poza murami
uczelni czy zakładu pracy. Samokształcenie, czyli nauka na własną rękę,
korzystając z różnych źródeł, takich jak książki, kursy online czy platformy
edukacyjne, jest powszechne.

Mierzenie postępów:

Monitorowanie własnych postępów w nauce i rozwoju umiejętności jest
motywujące. Widok własnych osiągnięć zachęca do kontynuowania
wysiłków.

Podejmowanie wyzwań:

Motywowane osoby zwykle nie boją się wyzwań. Chęć zdobywania nowych
umiejętności i eksplorowania nowych obszarów stanowi źródło dodatkowej
motywacji.

Wsparcie edukacyjne:

Współpraca z mentorami, nauczycielami, czy innymi osobami o bardziej
zaawansowanych umiejętnościach może dostarczyć cennej wiedzy i
wskazówek. To rodzaj wsparcia, które wzmacnia motywację do nauki.

Sukcesy jako źródło motywacji:

Każde osiągnięcie, awans w pracy lub zdobycie nowej umiejętności jest
motywujące. To dowód na to, że wysiłek i zaangażowanie prowadzą do
sukcesów.

Rozwijanie umiejętności i nauka są nieodłącznymi elementami sukcesu
zawodowego. Motywacja do nauki i doskonalenia kompetencji stanowi
podstawę, na której buduje się długotrwałą i satysfakcjonującą karierę.
Dlatego istotne jest pielęgnowanie i utrzymywanie tej motywacji na bieżąco.


## 3.8. Wykorzystywanie możliwości awansu: Motywacja może pomóc w wykorzystywaniu okazji awansu i rozwoju w karierze.

Motywacja odgrywa kluczową rolę w wykorzystywaniu możliwości awansu i
rozwoju zawodowego. Nawiasem mówiąc, umiejętność rozpoznawania i

podejmowania tych szans jest często znakiem osoby zmotywowanej. Oto kilka ważnych aspektów związanych z tym tematem:

Świadomość możliwości:

Motywowane osoby są zwykle bardziej skłonne do doceniania i rozpoznawania okazji awansu. Mogą zauważać nie tylko dostępne stanowiska czy projekty, ale także bardziej subtelne możliwości rozwoju w obecnej roli.

Gotowość do nauki i rozwoju:

Widzenie szansy na awans często idzie w parze z gotowością do nauki i rozwoju. Motywowane jednostki są bardziej skłonne do zdobywania nowych umiejętności, które są niezbędne do pełnienia wyższych stanowisk.

Asertywność i skuteczna komunikacja:

Motywacja może pomóc w rozwoju umiejętności asertywności i skutecznej komunikacji. To ważne, gdy starasz się wykorzystać okazję awansu, a także kiedy chcesz przekonać swoich przełożonych o swoim potencjale.

Rozwijanie sieci kontaktów:

Osoby zmotywowane często inwestują w rozwijanie relacji zawodowych. To jest ważne zarówno dla zdobywania informacji o dostępnych możliwościach awansu, jak i dla zdobycia wsparcia w procesie awansu.

Zdecydowane kroki w kierunku awansu:

Motywacja często przekłada się na konkretne działania. Jeśli widzisz szansę na awans, będziesz bardziej skłonny podejmować zdecydowane kroki, takie jak składanie podań, udział w rozmowach kwalifikacyjnych czy aktywne uczestnictwo w projektach rozwojowych.

Utrzymywanie zaangażowania:

Awans to zazwyczaj proces długotrwały. Motywacja pomaga utrzymać zaangażowanie na przestrzeni czasu, co jest niezbędne do osiągnięcia sukcesu w procesie awansu.

*Klucz do sukcesu*

Skoncentrowanie na celu:

Motywowane osoby często są bardziej skoncentrowane na
długoterminowych celach kariery. To oznacza, że nie tylko dążą do awansu,
ale starają się zrozumieć, jakie cele osiągną po osiągnięciu wyższego
stanowiska.

Kierowanie karierą:

Osoby zmotywowane często prezentują podejście do kierowania swoją
karierą. To oznacza, że nie czekają na okazje, ale aktywnie planują, jak chcą
kształtować swoją ścieżkę zawodową.

Otwartość na ryzyko:

Dążenie do awansu wiąże się często z ryzykiem i niepewnością.
Motywowane osoby są często bardziej otwarte na ryzyko i gotowe
podejmować je w imię osiągnięcia swoich celów.

Wykorzystywanie możliwości awansu jest kluczowe w budowaniu
satysfakcjonującej kariery zawodowej. Motywacja stanowi napęd, który
pomaga ci podejmować świadome kroki w kierunku rozwoju i osiągania
wyższych stanowisk oraz większych sukcesów zawodowych.

## 3.9. Radzenie sobie z porażkami: Motywacja pomaga w radzeniu sobie z porażkami i trudnościami, które pojawiają się w nauce i karierze.

Motywacja odgrywa kluczową rolę w radzeniu sobie z porażkami, które
nieuchronnie pojawiają się w procesie nauki i rozwijania kariery zawodowej.
Oto, jak motywacja wpływa na zdolność do przekształcania porażek w
naukę i sukces:

Zachowanie pozytywnego podejścia:

Osoby zmotywowane zazwyczaj zachowują pozytywne podejście, nawet w
obliczu porażek. Widzą w nich szansę do nauki i poprawy, zamiast
traktować je jako katastrofę. To pozwala unikać poczucia niepowodzenia i
zachować motywację.

Analiza przyczyn porażki:

Motywacja skłania do analizy przyczyn porażki. Osoba zmotywowana zastanawia się, co poszło nie tak, co można było zrobić inaczej i jakie wnioski można wyciągnąć. To pozwala unikać powtarzania tych samych błędów w przyszłości.

Stawianie sobie wyzwań:

Zmotywowane jednostki często stawiają sobie wyższe wymagania. Nawet jeśli doświadczają porażki, nadal utrzymują swoje wyzwania na wysokim poziomie. To pomaga unikać zbyt pesymistycznego nastawienia po niepowodzeniach.

Wzmacnianie determinacji:

Porażki często stanowią wyzwanie dla naszej determinacji. Osoby zmotywowane wykorzystują je do wzmocnienia swojego zobowiązania do osiągnięcia celów. Traktują porażki jako chwilowe przeszkody na drodze do sukcesu.

Praca nad umiejętnościami samoregulacji:

Motywacja pomaga w rozwoju umiejętności samoregulacji emocjonalnej. Osoba zmotywowana jest bardziej skłonna do kontrolowania negatywnych emocji i stresu związanego z porażką.

Wsparcie społeczne:

Motywowane osoby często budują silne relacje społeczne, które mogą stanowić wsparcie w trudnych momentach. Przyjaciele, rodzina lub koledzy z pracy mogą dostarczać wsparcia emocjonalnego i rad w momencie porażki.

Kreatywność w poszukiwaniu rozwiązań:

Zmotywowane osoby są często bardziej kreatywne w poszukiwaniu rozwiązań. Zamiast tkwić w stagnacji, skupiają się na znalezieniu alternatywnych ścieżek do osiągnięcia swoich celów.

Przywracanie wiary w siebie:

*Klucz do sukcesu*

Motywacja pomaga przywrócić wiarę w siebie po porażce. Osoba zmotywowana widzi porażkę jako część procesu rozwoju i nie traci wiary w swoje możliwości.

Długofalowa perspektywa:

Motywacja pozwala skupić się na długofalowej perspektywie. Osoby zmotywowane widzą, że jedna porażka nie zaważy na całej ich karierze czy procesie nauki. Skupiają się na swoich celach długoterminowych.

Radzenie sobie z porażkami jest nieodzowną częścią sukcesu zarówno w nauce, jak i w karierze zawodowej. Motywacja pomaga przekształcać porażki w naukę i motywację do dalszego działania, co prowadzi do osiągnięcia coraz większych sukcesów.

## 3.10. Samodyscyplina: Samodyscyplina jest kluczowa w dążeniu do sukcesu w nauce i karierze. Motywacja pomaga w budowaniu tej umiejętności.

Samodyscyplina odgrywa istotną rolę w procesie osiągania sukcesu zarówno w nauce, jak i karierze zawodowej. Motywacja jest jednym z kluczowych czynników, które pomagają w budowaniu tej kluczowej umiejętności. Oto, jak motywacja i samodyscyplina współpracują i dlaczego są tak istotne:

Wewnętrzna motywacja a samodyscyplina:

Wewnętrzna motywacja jest silnie związana z samodyscypliną. Osoby zmotywowane do osiągnięcia celów wiedzą, że potrzebują samodyscypliny, by podjąć konkretne działania i kontynuować je w dłuższej perspektywie czasowej.

Wyznaczanie priorytetów:

Motywacja pomaga określić priorytety. Osoby zmotywowane do zdobywania wiedzy czy rozwijania kariery potrafią wyznaczać priorytety w swoim życiu. To z kolei pomaga w określeniu, które działania wymagają największej samodyscypliny.

Zarządzanie czasem:

Motywacja do osiągnięcia sukcesu zmusza do efektywnego zarządzania czasem. Zmotywowane jednostki potrafią planować swoje zadania i aktywności w sposób, który minimalizuje rozpraszacze i maksymalizuje efektywność.

Kształtowanie nawyków:

Samodyscyplina pomaga w kształtowaniu zdrowych nawyków, które są niezbędne do systematycznego działania. Osoby zmotywowane do nauki czy rozwoju zawodowego wprowadzają nawyki takie jak regularne uczenie się, trening czy systematyczne zadania zawodowe.

Podejmowanie trudnych decyzji:

Samodyscyplina pomaga podejmować trudne decyzje, które mogą być konieczne do osiągnięcia sukcesu. Obejmuje to odrzucanie rozpraszaczy, rezygnację z działań, które nie przynoszą korzyści, i inwestowanie czasu w te zadania, które naprawdę przesuwają w kierunku wyznaczonych celów.

Wzmacnianie wytrwałości:

Zmotywowane osoby są bardziej wytrwałe w dążeniu do swoich celów. Samodyscyplina pomaga utrzymać wytrwałość, nawet w obliczu trudności i wyzwań.

Wartość osobista:

Motywacja i samodyscyplina pomagają w budowaniu poczucia wartości osobistej. Osoby, które osiągają sukcesy w nauce i karierze dzięki swej samodyscyplinie, zazwyczaj czują się bardziej pewnie siebie i zadowolone z siebie.

Kształtowanie pozytywnych nawyków myślowych:

Samodyscyplina obejmuje nie tylko działania, ale także myśli i emocje. Zmotywowane osoby pracują nad kształtowaniem pozytywnych nawyków myślowych, które wzmacniają ich zdolność do działania.

Kontynuacja rozwoju:

Samodyscyplina pomaga w kontynuacji procesu rozwoju osobistego i

*Klucz do sukcesu*

zawodowego. Osoby zmotywowane do stałego doskonalenia swoich umiejętności są gotowe inwestować czas i wysiłek w rozwijanie siebie.

Wnioski są jasne: motywacja i samodyscyplina są nierozerwalnie związane. Motywacja dostarcza powodów i celów, a samodyscyplina pomaga w ich realizacji. Razem tworzą potężne narzędzie do osiągnięcia sukcesu w nauce i karierze zawodowej.

## 3.11. Wsparcie społeczne: Szukanie wsparcia od rodziny, przyjaciół i mentorów może wzmacniać naszą motywację.

Wsparcie społeczne stanowi istotny element w procesie budowania i utrzymywania motywacji w nauce i karierze. Istnieje wiele sposobów, w jakie rodzina, przyjaciele i mentorzy mogą wpłynąć na naszą motywację i wpierać nas w osiąganiu celów edukacyjnych i zawodowych:

Moralne wsparcie:

Bliscy i przyjaciele mogą dostarczać moralnego wsparcia, co jest niezwykle ważne, szczególnie w trudnych momentach. Zrozumienie i wsparcie ze strony innych osób mogą wzmacniać naszą motywację i pomagać w radzeniu sobie z przeszkodami.

Inspiracja i motywacja:

Obserwowanie sukcesów i osiągnięć innych osób w naszym otoczeniu, takich jak rodzina czy przyjaciele, może stanowić źródło inspiracji. To może nas zmotywować do dążenia do podobnych celów.

Wsparcie w planowaniu:

Często rodzina i przyjaciele są gotowi pomóc w planowaniu działań związanym z nauką i karierą. Mogą doradzać, sugerować konkretne kroki, czy pomagać w ustaleniu priorytetów.

Rozmowy i dyskusje:

Rozmowy z bliskimi lub mentorami mogą pomóc w klarownym myśleniu i zrozumieniu własnych celów. Czasem dyskusje z innymi osobami pomagają zidentyfikować, co jest naprawdę ważne w naszym życiu.

Budowanie poczucia przynależności:

Wsparcie społeczne może wpływać na nasze poczucie przynależności do grupy lub społeczności. Czując się wsparci przez innych, zwiększamy poczucie przynależności, co ma pozytywny wpływ na naszą motywację.

Mentorstwo:

Wsparcie od mentorów, którzy są bardziej doświadczeni w danej dziedzinie, jest niezwykle cenne. Mentorzy mogą dzielić się swoją wiedzą, udzielać wskazówek i pomagać w rozwoju zawodowym.

Kooperacja i rywalizacja:

Bliscy i przyjaciele mogą również stanowić partnerów do nauki lub współpracy nad projektami. Wspólna nauka lub rywalizacja w dążeniu do celów może być motywująca.

Podkreślanie sukcesów:

Wsparcie społeczne często skupia się na podkreślaniu naszych sukcesów. Rodzina, przyjaciele i mentorzy pomagają docenić osiągnięcia i cele, które już zrealizowaliśmy.

Wspólne cele:

Wspólne cele z rodziną lub przyjaciółmi mogą stanowić źródło motywacji. Dążenie do tych celów razem z innymi osobami może wzmacniać zaangażowanie.

Warto zaznaczyć, że wsparcie społeczne może mieć różne formy i wyglądać inaczej w zależności od sytuacji i potrzeb. Jednak jedno jest pewne - otoczenie społeczne odgrywa istotną rolę w budowaniu i utrzymywaniu naszej motywacji, zarówno w nauce, jak i karierze zawodowej.

## 3.12. Monitorowanie postępów: Regularne monitorowanie postępów w nauce i karierze pomaga w dostosowywaniu działań i dążeniu do osiągnięcia sukcesu.

Monitorowanie postępów w nauce i karierze to istotny element budowania motywacji oraz osiągania celów. Regularna ocena własnych osiągnięć i

*Klucz do sukcesu*

postępów ma wiele korzyści:

Poznanie rzeczywistego stanu:

Monitorowanie postępów pozwala na rzetelne zrozumienie, gdzie się znajdujemy w kontekście naszych celów. Dzięki temu unikamy samozadowolenia i iluzji postępów, które w rzeczywistości nie miały miejsca.

Kontrola nad kierunkiem:

Śledzenie postępów pozwala na bieżące dostosowywanie działań. Gdy zauważamy, że coś nie idzie zgodnie z planem, możemy podjąć działania korygujące, aby osiągnąć zamierzone cele.

Zwiększona motywacja:

Widoczny postęp może dodatkowo motywować. Gdy widzimy, że nasze starania przynoszą efekty, jesteśmy bardziej zmotywowani do dalszej pracy.

Utrzymywanie na właściwej ścieżce:

Monitorowanie postępów pomaga nam utrzymać naszą pracę i wysiłki na właściwej ścieżce do osiągnięcia celów. Warto regularnie sprawdzać, czy nie zboczyliśmy z kursu.

Budowanie samodyscypliny:

Śledzenie postępów to również forma samodyscypliny. Systematyczność w ocenie i notowaniu postępów rozwija umiejętność monitorowania własnych działań.

Rozwijanie umiejętności analitycznych:

Monitorowanie postępów wymaga analizy własnych osiągnięć i błędów. To rozwija nasze umiejętności analityczne i krytyczne myślenie.

Świadomość sukcesów:

Dzięki monitorowaniu postępów mamy lepszą świadomość naszych sukcesów, co przekłada się na większą pewność siebie.

Doskonalenie planów:

Kiedy monitorujemy postępy, możemy zauważyć, które aspekty naszych działań przynoszą najlepsze wyniki, a które wymagają poprawy. To pozwala na ciągłe doskonalenie naszych planów i strategii.

Warto zaznaczyć, że monitorowanie postępów może przyjmować różne formy. Może to być prowadzenie dziennika, tworzenie grafik, wyznaczanie krótkoterminowych celów, czy nawet korzystanie z aplikacji i narzędzi do monitorowania. Kluczem jest systematyczność i uczciwe spojrzenie na własne postępy. Dzięki temu możemy bardziej efektywnie pracować nad osiągnięciem naszych celów edukacyjnych i zawodowych.

## 3.13. Znaczenie ciągłego rozwoju:

**Motywacja może prowadzić nas do dążenia do ciągłego rozwoju w nauce i karierze, co jest kluczowe w dzisiejszym dynamicznym środowisku zawodowym.**

W dzisiejszym dynamicznym i konkurencyjnym środowisku zawodowym ciągły rozwój stał się kluczowym elementem sukcesu. Motywacja odgrywa istotną rolę w tym procesie, gdyż to ona napędza nas do dążenia do ciągłego rozwoju w nauce i karierze. Poniżej omówione są główne aspekty związane z tym zagadnieniem:

Dostosowanie do zmian:

W miarę jak technologia, rynek pracy i otaczający nas świat ewoluują, konieczne jest ciągłe dostosowywanie się i nauka nowych umiejętności. Motywacja napędza nas do podejmowania nowych wyzwań i uczenia się, co pozwala utrzymać konkurencyjność na rynku pracy.

Rozwój kariery:

Osoby silnie zmotywowane do ciągłego rozwoju często osiągają sukcesy w swojej karierze. Pracodawcy doceniają pracowników, którzy nie tylko posiadają obecne umiejętności, ale również dążą do ciągłego doskonalenia się.

*Klucz do sukcesu*

Satysfakcja zawodowa:

Ciągły rozwój może przyczynić się do większej satysfakcji zawodowej. Osiąganie nowych umiejętności i wyznaczanie nowych celów pozwala na uczucie spełnienia i daje sens naszej pracy.

Rozszerzanie horyzontów:

Dążenie do ciągłego rozwoju otwiera przed nami nowe możliwości i pozwala na eksplorację różnych dziedzin. To nie tylko korzystne z perspektywy kariery, ale również rozszerza naszą wiedzę i horyzonty.

Motywacja przez cele:

Określenie konkretnych celów związanych z rozwojem zawodowym może silnie nas zmotywować. Dążenie do tych celów napędza nas do ciągłego doskonalenia się.

Budowanie kompetencji:

Rozwój umiejętności i kompetencji jest kluczowy w osiąganiu sukcesu zawodowego. Motywacja sprawia, że jesteśmy gotowi poświęcić czas i wysiłek na zdobywanie nowych kompetencji.

Znajdowanie inspiracji:

Poszukiwanie inspiracji wśród mentorów, literatury oraz historii sukcesu może dodać nam motywacji do dążenia do ciągłego rozwoju.

Świadomość trendów:

Dla osób dążących do ciągłego rozwoju, śledzenie trendów w swojej dziedzinie staje się codzienną praktyką. To pozwala na dostosowanie działań do zmieniających się warunków.

Kreatywność i innowacyjność:

Ciągły rozwój sprzyja kreatywności i innowacyjności. Osoby stale doskonalące swoje umiejętności często wprowadzają nowe pomysły i rozwiązania.

*Klucz do sukcesu*

Samorealizacja:

Rozwój osobisty i zawodowy jest jednym z kluczowych elementów samorealizacji. Dążenie do bycia lepszym, bardziej kompetentnym oraz osiągania kolejnych sukcesów jest źródłem satysfakcji i spełnienia.

Dlatego też motywacja pełni kluczową rolę w procesie ciągłego rozwoju. To ona napędza nas do zdobywania wiedzy, doskonalenia umiejętności oraz osiągania sukcesów w nauce i karierze. Osoby, które potrafią utrzymać silną motywację do ciągłego rozwoju, często osiągają wyjątkowe wyniki i czerpią z tego wiele satysfakcji.

Wykorzystywanie motywacji do osiągania sukcesów w nauce i karierze to kluczowy element osobistego i zawodowego rozwoju. Motywacja może pomóc nam wyznaczyć cele, podjąć kroki w kierunku ich osiągnięcia i radzić sobie z trudnościami, które napotykamy w drodze do sukcesu.

# III. Motywacja w relacjach międzyludzkich:

## 1. Rola motywacji w budowaniu zdrowych relacji i komunikacji.

### 1.1. Zrozumienie roli motywacji w relacjach: Wyjaśnienie, dlaczego motywacja jest istotna dla udanych relacji i komunikacji interpersonalnej.

Motywacja jest kluczowym elementem wpływającym na nasze zachowanie, zwłaszcza w kontekście relacji i komunikacji interpersonalnej. Zrozumienie, dlaczego motywacja odgrywa istotną rolę w tym obszarze, jest kluczowe dla budowania zdrowych i udanych relacji. Oto bardziej szczegółowe spojrzenie na rolę motywacji w relacjach:

Kształtowanie intencji i celów:

Motywacja wpływa na nasze intencje i cele w relacjach. Jeśli jesteśmy zmotywowani do budowania zdrowych relacji, nasze intencje są bardziej pozytywne, a cele bardziej konkretne. Motywacja może skierować nasze wysiłki na dążenie do lepszych relacji.

Rola w komunikacji:

Motywacja wpływa na nasz sposób komunikowania się. Osoby silnie zmotywowane do budowania relacji często są bardziej otwarte, komunikatywne i skłonne do słuchania innych. Motywacja może pomóc w zrozumieniu potrzeb drugiej osoby i dostosowywaniu naszej komunikacji do tych potrzeb.

Zrozumienie potrzeb:

Motywacja pomaga zrozumieć nasze własne potrzeby i potrzeby innych. Dzięki temu możemy lepiej reagować na te potrzeby i starać się spełnić je w relacjach. Zrozumienie, co motywuje naszych bliskich, jest kluczowe dla budowania trwałych relacji.

Motywacja do rozwiązywania konfliktów:

Konflikty są nieodłączną częścią życia interpersonalnego. Motywacja może pomóc w podejściu do konfliktów w konstruktywny sposób, zamiast unikać ich lub prowadzić do eskalacji. Zmotywowane osoby szukają rozwiązań i kompromisów, aby utrzymać zdrowe relacje.

Budowanie zaufania:

Zaufanie jest kluczowym elementem udanych relacji. Motywacja do budowania zaufania jest istotna, ponieważ pokazuje, że jesteśmy gotowi inwestować czas i wysiłek w relację. Osoby, które są zmotywowane do budowania zaufania, często są bardziej wiarygodne i uczciwe.

Zachęcanie do rozwoju:

Motywacja może zachęcać nas do wspierania rozwoju naszych bliskich. Jeśli jesteśmy zmotywowani do ich sukcesu, będziemy bardziej gotowi wspierać ich cele i rozwijanie się.

Wzmacnianie pozytywnych nawyków:

Motywacja pomaga w tworzeniu pozytywnych nawyków w relacjach, takich jak wyrażanie wdzięczności, docenianie drugiej osoby i okazywanie miłości. To wzmocni więź i tworzy pozytywny cykl w relacjach.

Zmniejszanie konfliktów:

Silna motywacja do utrzymania harmonii w relacjach może pomóc zmniejszyć liczbę konfliktów. Dążenie do rozwiązywania problemów zamiast tworzenia konfliktów jest efektem silnej motywacji.

Rola w przyjaźni i miłości:

Motywacja odgrywa kluczową rolę w przyjaźniach i miłości. To, co nas motywuje do nawiązywania i utrzymywania tych relacji, wpływa na ich jakość i trwałość.

Długotrwałe zaangażowanie:

Silna motywacja pomaga w utrzymywaniu długotrwałego zaangażowania w

*Klucz do sukcesu*

relacjach. To motywacja, która pozwala nam pracować nad relacją, nawet gdy pojawiają się trudności.

W związku z tym, zrozumienie roli motywacji w relacjach i komunikacji interpersonalnej pomaga nam budować bardziej satysfakcjonujące, trwałe i zdrowe relacje z innymi ludźmi. Motywacja jest siłą napędową, która pozwala nam kształtować pozytywne interakcje i bardziej satysfakcjonujące życie społeczne.

## 1.2. Motywacja do budowania relacji: Jak motywacja może napędzać nas do nawiązywania nowych relacji i utrzymywania istniejących.

Motywacja jest kluczowym czynnikiem napędzającym nas do nawiązywania nowych relacji i utrzymywania istniejących. To, co nas motywuje w kontekście budowania relacji, ma ogromne znaczenie dla naszego życia społecznego i emocjonalnego. Oto, jak motywacja wpływa na nasze działania w tym obszarze:

Motywacja jako silnik społeczności:

Motywacja może prowadzić nas do aktywnego uczestnictwa w społecznościach i grupach. Jeśli jesteśmy zmotywowani do nawiązywania relacji, częściej będziemy angażować się w różnego rodzaju społeczne wydarzenia i aktywności.

Nowe przyjaźnie i kontakty:

Motywacja jest często motorem napędowym, który skłania nas do poznawania nowych ludzi i nawiązywania nowych przyjaźni. Szukamy okazji do spotkań i tworzenia nowych relacji, ponieważ motywacja do budowania relacji naprowadza nas na tę ścieżkę.

Podtrzymywanie relacji:

Jeśli jesteśmy zmotywowani do utrzymania istniejących relacji, inwestujemy czas i wysiłek w komunikację i spotkania z bliskimi. Motywacja pomaga nam dbać o te relacje, nawet wtedy, gdy życie stawia przed nami różnego rodzaju wyzwania.

Poszukiwanie partnera życiowego:

Motywacja do znalezienia partnera życiowego napędza nas w kierunku randek i poszukiwań miłości. To nasza motywacja, która skłania nas do podejmowania kroków w celu znalezienia kogoś, kto spełnia nasze oczekiwania i potrzeby.

Wsparcie emocjonalne:

Motywacja odgrywa kluczową rolę w okazywaniu wsparcia i troski w relacjach. Osoby zmotywowane do budowania zdrowych relacji są bardziej gotowe służyć wsparciem emocjonalnym i fizycznym swoim bliskim.

Tworzenie więzi rodzinnych:

Rodzinne więzi są ważnym aspektem życia. Motywacja do budowania tych więzi skłania nas do inwestowania czasu w relacje z rodziną i krewnymi. Pracujemy nad budowaniem trwałych więzi rodzinnych, co jest ważne dla naszego wsparcia społecznego i poczucia przynależności.

Aktywność społeczna:

Motywacja do aktywności społecznej i uczestnictwa w wydarzeniach społecznych pomaga w nawiązywaniu kontaktów i budowaniu relacji. Dla wielu ludzi, udział w wydarzeniach kulturalnych, sportowych czy charytatywnych stanowi doskonałą okazję do poznania nowych ludzi.

Praca nad konfliktami:

Motywacja może pomóc w rozwiązywaniu konfliktów w relacjach. Jeśli jesteśmy zmotywowani do zachowania pokoju i harmonii, podejmiemy wysiłki, aby naprawić spory i naprawić relacje.

Wspieranie innych:

Często motywacja do budowania relacji wiąże się z naszą gotowością do wspierania innych. Jest to widoczne w relacjach przyjacielskich, partnerskich czy rodzinnych, gdzie nasza motywacja pomaga w okazywaniu troski i opieki.

Tworzenie wspólnych doświadczeń:

**_Klucz do sukcesu_**

Motywacja prowadzi nas do tworzenia wspólnych doświadczeń i wspomnień z innymi ludźmi. Podążamy za swoją motywacją, aby tworzyć wartościowe wspomnienia i budować więzi.

W skrócie, motywacja odgrywa zasadniczą rolę w procesie nawiązywania i utrzymywania relacji. To, co nas motywuje w dziedzinie relacji, wpływa na nasze działania i decyzje, kształtując nasze życie społeczne i emocjonalne.

## 1.3. Zrozumienie potrzeb i wartości: Motywacja pomaga zrozumieć własne potrzeby i wartości oraz potrzeby i wartości innych osób w relacji.

Motywacja odgrywa kluczową rolę w pomaganiu nam zrozumieć zarówno własne, jak i potrzeby i wartości innych osób w kontekście relacji. W miarę jak rozwijamy tę świadomość, stajemy się bardziej skutecznymi i zrozumiałymi partnerami w interakcjach międzyludzkich. Oto, dlaczego zrozumienie potrzeb i wartości jest tak ważne.

Poznanie Własnych Potrzeb i Wartości.

Rozwijanie samoświadomości:

Motywacja pomaga nam zbadać, czego naprawdę pragniemy w relacjach. To często jest kluczem do naszych głęboko zakorzenionych wartości, takich jak szacunek, akceptacja czy miłość.

Określenie priorytetów:

Rozumienie własnych potrzeb i wartości pozwala nam określić, co jest dla nas priorytetem w relacjach. To pomaga w budowaniu zdrowych i satysfakcjonujących więzi.

Wspieranie Partnera:

Empatia:

Motywacja do zrozumienia potrzeb i wartości partnera pozwala na rozwijanie empatii, co jest kluczem do zrozumienia drugiej osoby i wsparcia jej potrzeb.

Wspólna przestrzeń:

*Klucz do sukcesu*

W relacjach z innymi ludźmi, szczególnie w miłości czy przyjaźni, ważne jest dostosowywanie się do wspólnych wartości i potrzeb, a motywacja pomaga w znalezieniu kompromisów.

Tworzenie Zdrowych Granic:

Ochrona własnych potrzeb:

Zrozumienie, co jest dla nas ważne, pozwala na ustanowienie granic w relacjach. Motywacja jest tym, co pomaga w braniu odpowiedzialności za swoje potrzeby.

Unikanie nadmiernego poświęcania:

Dzięki motywacji jesteśmy bardziej świadomi, aby nie poświęcać siebie i swoich wartości w relacjach, co zapobiega frustracji i niezadowoleniu.

Skuteczne Rozwiązywanie Konfliktów:

Zrozumienie podłoża konfliktów:

W relacjach konflikty często wynikają z niezrozumienia potrzeb i wartości drugiej osoby. Motywacja do ich zrozumienia pomaga rozwiązywać spory w sposób bardziej skonstruowany.

Budowanie mostów:

Zrozumienie potrzeb i wartości partnera pomaga w budowaniu mostów i znalezieniu wspólnego języka w przypadku różnic czy nieporozumień.

Tworzenie Satysfakcjonujących Relacji:

Współistnienie:

Motywacja do zrozumienia potrzeb i wartości w relacji pomaga w tworzeniu harmonijnych i satysfakcjonujących więzi. To klucz do udanych związków, przyjaźni i interakcji zawodowych.

Rozwój Osobisty:

Motywacja do zrozumienia własnych potrzeb i wartości prowadzi do

*Klucz do sukcesu*

ciągłego rozwoju osobistego i umożliwia doskonalenie naszych umiejętności komunikacyjnych i interpersonalnych.

W związku z powyższym, motywacja stanowi kluczowy czynnik w rozwijaniu naszego zrozumienia potrzeb i wartości w kontekście relacji. Dzięki temu stajemy się bardziej świadomymi partnerami, bardziej elastycznymi w budowaniu zdrowych więzi oraz bardziej gotowymi do osiągania satysfakcji i spełnienia w naszych relacjach z innymi ludźmi.

## 1.4. Budowanie zaufania i empatii: Jak motywacja może wspomagać proces budowania zaufania i empatii w relacjach.

Motywacja jest niezastąpionym narzędziem w procesie budowania zaufania i empatii w relacjach międzyludzkich. Oto, jak to działa:

Budowanie Zaufania:

Kontynuacja Wysiłku:

Motywowane jednostki często wykazują stałe zaangażowanie w relację. To oznacza, że są gotowe pracować nad nią, mimo trudności i wyzwań, co buduje zaufanie drugiej strony.

Transparentność:

Motywacja prowadzi do większej transparentności w relacjach. Osoba zmotywowana jest bardziej skłonna do dzielenia się swoimi uczuciami, myślami i potrzebami, co tworzy otwartość i zaufanie.

Zgodność z Działaniami:

Osoby motywowane zazwyczaj kierują się swoimi deklaracjami i działają zgodnie z nimi, co buduje zaufanie partnera.

Konsekwencja:

Motywacja sprzyja konsekwencji w zachowaniach i działaniach. To kluczowy element w budowaniu zaufania, ponieważ partnerzy wiedzą, czego się spodziewać.

Zrozumienie Potrzeb Drugiej Strony:

*Klucz do sukcesu*

Motywowane osoby starają się zrozumieć potrzeby swojego partnera, co jest kluczowe w procesie budowania zaufania. Rozumiejąc, czego druga strona potrzebuje, można dostosować swoje zachowanie w sposób, który jest dla niej korzystny.

Wspieranie Empatii:

Chęć do Zrozumienia:

Osoby zmotywowane do utrzymania relacji często wykazują gotowość do zrozumienia sytuacji, z jaką boryka się druga strona. To stanowi fundament empatii.

Wsparcie w Trudnych Chwilach:

Motywacja pomaga nam być bardziej obecnymi i dostępnymi dla partnera, zwłaszcza w trudnych chwilach. To kształtuje empatyczną postawę.

Wspólna Praca nad Rozwiązaniami:

Osoby zmotywowane do utrzymania relacji są bardziej otwarte na wspólną pracę nad rozwiązaniami problemów, co jest kluczowym elementem empatii.

Szukanie Zrozumienia w Innej Perspektywie:

Motywacja sprzyja otwartości na różne perspektywy i zrozumienie, że każda strona ma swoje racje. To buduje empatię i pomaga w rozwiązywaniu konfliktów.

Odbieranie i Dostarczanie Wsparcia:

Osoby zmotywowane do utrzymania relacji są bardziej skłonne do odbierania i dostarczania wsparcia emocjonalnego, co jest kluczowe w budowaniu empatii.

Motywacja odgrywa istotną rolę w procesie budowania zaufania i empatii w relacjach. Dzięki motywacji osoby są bardziej skłonne do kontynuowania pracy nad relacją, być transparentnymi, być konsekwentnymi w swoich działaniach i rozumieć potrzeby partnera. Wspiera to również rozwijanie empatii poprzez chęć zrozumienia drugiej strony, wspólną pracę nad

*Klucz do sukcesu*

rozwiązaniami i gotowość do wsparcia emocjonalnego. To wszystko składa się na zdrową i satysfakcjonującą relację.

## 1.5. Rozwiązywanie konfliktów: Motywacja może pomagać w podejmowaniu trudnych rozmów i rozwiązywaniu konfliktów w sposób konstruktywny.

Motywacja odgrywa kluczową rolę w procesie rozwiązywania konfliktów w sposób konstruktywny i satysfakcjonujący dla wszystkich stron zaangażowanych w sytuację konfliktową. Oto, jak motywacja wpływa na ten proces:

Zachowanie otwartego ucha:

Osoby zmotywowane do utrzymania zdrowych relacji są bardziej skłonne do słuchania drugiej strony i próbują zrozumieć jej punkt widzenia. Motywacja pomaga w kontroli impulsywnych reakcji i daje czas na refleksję nad sytuacją.

Szukanie rozwiązań:

Motywacja napędza chęć znalezienia rozwiązań, które będą korzystne dla obu stron konfliktu. Osoby zmotywowane do utrzymania zdrowych relacji dążą do kompromisów i win-win rozwiązań.

Otwartość na własne błędy:

Motywacja skłania do zastanowienia się nad własnym zachowaniem i ewentualnymi błędami. Osoba zmotywowana jest bardziej otwarta na akceptację odpowiedzialności za swoje działania, co ułatwia rozwiązanie konfliktu.

Skupienie na długofalowych celach:

Motywowane jednostki skupiają się na długofalowych celach, czyli na utrzymaniu trwałej i satysfakcjonującej relacji. Dzięki temu są bardziej skłonne do podejmowania działań zmierzających do rozwiązania konfliktu.

Wspieranie rozmów konstruktywnych:

Motywacja zachęca do prowadzenia konstruktywnych rozmów, które pozwalają na wyrażenie uczuć i potrzeb oraz na wypracowanie wspólnych rozwiązań.

Unikanie eskalacji:

Osoby zmotywowane do rozwiązywania konfliktów starają się unikać eskalacji sytuacji, co może prowadzić do bardziej poważnych problemów. Dzięki motywacji są bardziej opanowane i spokojne.

Zachowanie szacunku:

Motywacja wspiera zachowanie szacunku w trakcie konfliktu. Osoba zmotywowana do utrzymania zdrowej relacji stara się unikać obraźliwych lub destrukcyjnych zachowań.

Wprowadzanie zmian:

Osoba zmotywowana do rozwiązania konfliktu jest bardziej elastyczna i gotowa do wprowadzenia zmian w relacji, jeśli jest to konieczne.

Motywacja jest kluczowa w procesie rozwiązywania konfliktów w sposób konstruktywny. Osoby zmotywowane są bardziej otwarte na słuchanie, szukanie rozwiązań, unikanie eskalacji konfliktu i utrzymanie długofalowego celu, jakim jest zachowanie zdrowej relacji. Dzięki motywacji można rozwiązywać konflikty w sposób satysfakcjonujący dla obu stron i przyczyniać się do budowy silniejszych więzi międzyludzkich.

## 1.6. Wspólny rozwój: Motywacja do wspólnego rozwoju i osiągania celów w relacjach.

Motywacja odgrywa kluczową rolę w tworzeniu zdrowych relacji opartych na wspólnym rozwoju i osiąganiu celów zarówno na poziomie indywidualnym, jak i partnerskim. Oto, jak motywacja wpływa na proces wspólnego rozwoju:

Wspólne cele i wizje:

Motywowane pary lub partnerzy w relacjach często pracują nad wspólnymi celami i wizjami. Motywacja pomaga określić te cele i dostarcza energii potrzebnej do ich osiągnięcia.

Wsparcie i motywacja:

Wspólna motywacja w relacjach oznacza, że partnerzy wzajemnie wspierają się i inspirują do działania. W trudnych chwilach motivują się nawzajem do kontynuowania dążeń.

Działania na rzecz rozwoju:

Osoby zmotywowane do wspólnego rozwoju podejmują aktywne kroki, aby osiągnąć swoje cele. Mogą to być zarówno cele związane z karierą, nauką, jak i rozwojem osobistym.

Kontynuacja edukacji i rozwoju:

Motywacja prowadzi do kontynuacji edukacji i rozwoju umiejętności. Partnerzy w relacjach zachęcają się nawzajem do nauki i podnoszenia kwalifikacji.

Wspólne sukcesy i działania:

Wspólna motywacja do rozwoju przekłada się na wspólne sukcesy. Partnerzy cieszą się razem z osiągnięć i doceniają trud włożony w ich osiągnięcie.

Budowanie nowych umiejętności:

Motywowane pary lub partnerzy często podejmują się nauki nowych umiejętności razem. Mogą to być kursy, warsztaty czy treningi, które pomagają w rozwoju.

Motywowanie do wyjścia poza strefę komfortu:

Motywacja wspiera partnerów w próbach wychodzenia poza strefę komfortu. To właśnie tam zachodzą największe zmiany i postępy.

Budowanie relacji na fundamencie wspólnego rozwoju:

Partnerzy, którzy razem rozwijają się i osiągają cele, budują swoje relacje na solidnym fundamencie wzajemnego szacunku i wsparcia.

Rozwiązywanie problemów razem:

Osoby zmotywowane do wspólnego rozwoju są bardziej skłonne do wspólnego rozwiązywania problemów. To buduje poczucie wspólnoty i zrozumienia.

Kreowanie wspólnej historii:

Wspólne osiągnięcia i sukcesy tworzą wspólną historię, która wzmacnia więzi partnerskie.

Motywacja do wspólnego rozwoju jest niezwykle wartościowa w relacjach, ponieważ pozwala partnerom łączyć swoje cele i wysiłki, dając im możliwość budowania satysfakcjonującego i udanego życia razem. Dzięki wspólnej motywacji relacje stają się bardziej głębokie i trwałe.

## 1.7. Wspieranie motywacji partnera: Jak możemy wspierać i motywować naszego partnera w dążeniu do jego celów.

Wspieranie i motywowanie partnera w dążeniu do realizacji jego celów to fundament zdrowych i trwałych relacji. Oto, jak możemy skutecznie wspierać motywację naszego partnera:

Zrozumienie celów:

Rozpocznij od zrozumienia celów swojego partnera. Dlaczego dana sprawa jest dla niego ważna? Jakie cele chce osiągnąć? To zrozumienie jest kluczowe, ponieważ pozwala na lepsze dostosowanie wsparcia.

Emocjonalne wsparcie:

Wspieraj emocjonalnie swojego partnera. Daj mu do zrozumienia, że jesteś gotów wspierać go w trudnych chwilach. Okazuj zainteresowanie jego postępami i doświadczanymi emocjami.

Pomoc w tworzeniu planu działania:

Pomóż partnerowi stworzyć plan działania. Często towarzyszenie w ustalaniu konkretnych kroków do osiągnięcia celu jest niezwykle pomocne.

Motywujące słowa:

Często wystarczy kilka motywujących słów, aby podtrzymać ducha partnera.

*Klucz do sukcesu*

Wyraź swoją wiarę w jego zdolności do osiągnięcia celu.

Wspólne cele:

Jeśli to możliwe, próbujcie łączyć swoje cele. Wspólne dążenie do czegoś może budować więź i wzajemną motywację.

Działania praktyczne:

Oferuj konkretne wsparcie w realizacji celów. To może oznaczać opiekę nad dziećmi, pomoc w organizacji czasu czy udział w projektach.

Podtrzymywanie pozytywnego myślenia:

Pomagaj partnerowi utrzymywać pozytywne myślenie. Odpieraj wątpliwości i lęki, przypominaj o dotychczasowych sukcesach.

Cierpliwość:

Pamiętaj, że nie zawsze wszystko idzie zgodnie z planem. Cierpliwość jest kluczowa, a twoje zrozumienie w trudnych chwilach może być bezcenne.

Wyzwanie do rozwoju:

Zachęcaj partnera do wyjścia poza strefę komfortu i podejmowania trudniejszych zadań. Pomaganie mu pokonać obawy i opór przed wyzwaniami jest znaczące.

Wspólne sukcesy:

Celebrujcie razem osiągnięcia. Dzielcie radość z każdego postępu, nawet tych małych. To wzmacnia motywację i więzi partnerskie.

Zapytaj o potrzeby:

Regularnie pytaj partnera o to, czego potrzebuje od ciebie w kwestii wsparcia i motywacji. Każda osoba jest inna, a komunikacja jest kluczem do sukcesu.

Wspieraj samodyscyplinę:

Pomagaj w utrzymywaniu samodyscypliny, przypominaj o celach i obowiązkach.

Aktywność i rekreacja:

Razem spędzajcie czas aktywnie, podejmując się aktywności fizycznych, które mogą być motywujące.

Długofalowe wsparcie:

Pamiętaj, że motywacja może falować. Bądź gotów wspierać partnera na przestrzeni dłuższego okresu.

Wspieranie motywacji partnera to proces dynamiczny, który wymaga empatii, zrozumienia i gotowości do działania. Kiedy partnerzy wzajemnie wspierają się w dążeniu do swoich celów, tworzą zdrowe, trwałe relacje, które są pełne wzajemnego szacunku i miłości.

## 1.8. Zarządzanie motywacją w relacjach: Jak dbać o utrzymanie motywacji w dłuższych związkach i przyjacielskich relacjach.

Motywacja w dłuższych związkach i relacjach przyjacielskich odgrywa kluczową rolę w utrzymaniu harmonii i satysfakcji. Oto, jak zarządzać motywacją w trwałych relacjach:

Rozmowy o celach i wizjach:

Regularne rozmowy na temat celów i wizji na przyszłość pomagają utrzymać motywację. Wspólna wizja przyszłości pozwala utrzymać wspólne cele.

Rozwijanie wspólnych pasji:

Starajcie się rozwijać wspólne zainteresowania i pasje. Dzięki nim macie szansę na wspólne cele i źródło motywacji.

Wspieranie indywidualnych marzeń:

Uczcie się, jak wspierać marzenia i cele indywidualne partnera czy przyjaciela. Okazanie wsparcia w dążeniu do osobistych celów jest znaczące.

*Klucz do sukcesu*

Rozwiązywanie konfliktów konstruktywnie:

Znajdowanie konstruktywnych rozwiązań konfliktów pomaga w utrzymaniu motywacji w relacji. Unikajcie konfliktów, które mogą zaszkodzić waszej motywacji.

Aktywność i spontaniczność:

Starajcie się wciąż być aktywni i spontaniczni. Razem odkrywajcie nowe miejsca, eksplorujcie nowe rzeczy i rozwijajcie się razem.

Planowanie razem:

Wspólne planowanie przyszłości, w tym podróży, projektów i wyzwań, może stymulować motywację. To daje wam wspólny cel do dążenia.

Wsparcie w trudnych chwilach:

Warto okazywać wsparcie i zrozumienie w trudnych momentach. Partner lub przyjaciel powinien wiedzieć, że może na ciebie liczyć.

Cele w rozwoju osobistym:

Pomagajcie sobie w rozwoju osobistym. Podczas gdy partner rozwija swoje umiejętności lub dąży do kariery, wspieraj go, jak tylko możesz.

Niespodzianki:

Niespodzianki, takie jak drobne prezenty czy aktywności, które sprawiają radość, mogą utrzymać motywację w relacji.

Równowaga prywatności i współzależności:

Znalezienie równowagi między czasem dla siebie, a wspólnym czasem jest ważne. Każdy potrzebuje chwili dla siebie.

Nagrody za wspólne sukcesy:

Celebrujcie wspólne sukcesy. Nagradzajcie siebie nawzajem za osiągnięcia i postępy.

Zaplanowane wspólne działania:

*Klucz do sukcesu*

Regularne działania, takie jak wspólna podróż, wspólne hobby czy trening, pomagają utrzymać motywację.

Rozmowa i komunikacja:

Nie przestawajcie rozmawiać. Otwarta i szczera komunikacja jest kluczem do rozwiązywania problemów i utrzymania motywacji.

Wspólne marzenia:

Marzenia dotyczące przyszłości i realizacji wspólnych projektów wzmacniają motywację. Razem pracujcie nad ich spełnieniem.

Zdolność do wybaczania:

Nie jesteśmy doskonali, więc zdolność do wybaczania i przechodzenia przez trudne momenty jest ważna.

Zarządzanie motywacją w dłuższych związkach i przyjacielskich relacjach to proces, który wymaga zaangażowania, zrozumienia i gotowości do rozwijania się razem. Kiedy partnerzy lub przyjaciele wzajemnie wspierają się w dążeniu do swoich celów i rozwoju, to tworzy trwałe więzi oparte na wzajemnym szacunku, miłości i motywacji.

## 1.9. Tworzenie pozytywnej atmosfery: Jak motywacja może pomóc w tworzeniu pozytywnej i inspirującej atmosfery w relacjach.

Motywacja a atmosfera w relacjach to związek wzajemnie wpływający. W tworzeniu pozytywnej atmosfery w relacjach kluczowe są następujące elementy:

Otwartość i szczerość:

Szczerość w komunikacji i otwarte rozmowy sprzyjają budowaniu zaufania. Kiedy obie strony czują, że mogą wyrazić swoje uczucia i myśli bez obawy przed oceną, motywacja rośnie.

Wspólne cele i wizje:

Działania oparte na wspólnych celach i wizjach tworzą inspirujący cel. To

*Klucz do sukcesu*

daje relacji sens i długofalowy kierunek.

Podziękowania i docenienie:

Wyrażanie wdzięczności za wsparcie i wysiłek partnera czy przyjaciela jest ważne. Podziękowania wzmacniają poczucie wartości i zrozumienia.

Motywujące słowa:

Skupianie się na motywujących słowach i aktywnym wsparciu słownym. Inspirujące rozmowy i komunikaty mogą wzmacniać motywację.

Podróż wspólnego rozwoju:

Wzajemne rozwijanie się i dążenie do celów daje relacji dynamizmu. Każdy etap rozwoju staje się częścią inspirującej podróży.

Otwarcie na zmiany:

Zrozumienie, że zmiany są naturalną częścią rozwoju, może tworzyć pozytywną atmosferę. To daje motywację do eksperymentowania i zdobywania nowych doświadczeń.

Kreatywność w rozwiązywaniu problemów:

Wspólne rozwiązywanie problemów i przezwyciężanie trudności jest inspirujące. To okazja do zdobycia nowych umiejętności i wzmocnienia więzi.

Rozwijanie empatii:

Wspólne rozwijanie empatii pozwala lepiej rozumieć potrzeby i uczucia partnera czy przyjaciela. To buduje silne więzi i motywuje do wzajemnego wsparcia.

Wspólne działania:

Wspólne projekty, działania i doświadczenia mogą tworzyć pozytywną atmosferę. Razem osiągnięte cele wzmacniają motywację.

Zrozumienie motywacji partnera:

Ważne jest, aby zrozumieć, co motywuje partnera lub przyjaciela. To pozwala lepiej dostosować wsparcie i działania.

Odpowiedzialność i zobowiązanie:

Wspólne przejmowanie odpowiedzialności za cele i działania buduje poczucie wspólnego zaangażowania.

Dawanie przestrzeni:

Przestrzeń do indywidualnego rozwoju jest równie ważna. Partnerzy lub przyjaciele mogą rozwijać się we własnym tempie.

Akceptacja i szacunek:

Akceptacja partnera lub przyjaciela, bez względu na różnice i niepowodzenia, tworzy pozytywną atmosferę.

Rozwój kompetencji w motywowaniu:

Nauka, jak skutecznie motywować siebie i innych, jest kluczowa w tworzeniu inspirującej atmosfery.

Celebracja małych zwycięstw:

Celebrowanie nawet małych sukcesów i postępów dodaje radości i motywacji w relacji.

Tworzenie pozytywnej atmosfery w relacjach jest procesem, który wymaga zaangażowania i pracy obu stron. Kiedy obie strony wspólnie pracują nad budowaniem inspirującego klimatu, motywacja do osiągania wspólnych celów i rozwoju osobistego staje się bardziej zintegrowana z relacją.

## 1.10. Wsparcie emocjonalne: Jak możemy być wsparciem dla innych, aby pomóc im utrzymać wysoką motywację w trudnych momentach.

Wsparcie emocjonalne jest kluczowym aspektem utrzymywania wysokiej motywacji w trudnych momentach. Oto kilka sposobów, jak możemy wspierać innych w zachowaniu motywacji:

*Klucz do sukcesu*

Słuchanie:

Zrozumienie i empatyczne wysłuchanie drugiej osoby to pierwszy krok. Pozwól jej wyrazić swoje uczucia i myśli bez przerwania.

Pytania wspierające:

Zadawaj pytania, które pomogą zrozumieć źródło problemu i ewentualne rozwiązania. Czasem samo wyrażenie swoich obaw może pomóc znaleźć odpowiedzi.

Zrozumienie celów:

Połącz się z celami i marzeniami osoby, którą chcesz wesprzeć. To pozwoli ci dostosować wsparcie do jej potrzeb.

Pomoc w planowaniu:

Pomóż stworzyć konkretny plan działania w celu pokonania trudności. Czasem wydzielanie kroków działa cuda.

Podkreślanie sukcesów:

Przypomnij osobie o jej wcześniejszych osiągnięciach i sukcesach, aby zwiększyć jej poczucie własnej wartości i motywację.

Dzielenie doświadczeniem:

Jeśli masz podobne doświadczenia, podziel się nimi. Pokaż, że rozumiesz, co ona przechodzi.

Wspólne działania:

Jeśli to możliwe, dołącz do wspólnych działań. Wspólna praca nad rozwiązaniem problemu może zwiększyć motywację.

Udzielanie pochwał:

Doceniaj wysiłek i pracę osoby. Pochwały i uznanie są potężnym narzędziem motywującym.

Budowanie wiary w siebie:

*Klucz do sukcesu*

Pomóż wzmocnić poczucie wiary w siebie. Przekonanie, że się da radę, jest istotne.

Długoterminowe wsparcie:

Pamiętaj, że wsparcie emocjonalne powinno być kontynuowane. Trudności mogą się pojawić ponownie, i obecność wsparcia jest cenna.

Akceptacja niepowodzeń:

Pokaż, że niepowodzenia są częścią procesu. To ważne, aby osoba nie traciła motywacji po nieudanych próbach.

Odbieranie znaczenia trudnościom:

Pomóż osobie patrzeć na trudności jako na wyzwanie, a nie problem bez rozwiązania. To zmienia sposób myślenia.

Zrozumienie emocji:

Emocje są naturalne i ważne. Pomóż osobie zrozumieć swoje emocje i radzić sobie z nimi.

Wspólna celebracja sukcesów:

Gdy osiągnięcie sukces, wspólnie świętujcie. To wzmacnia więzi i motywuje do dalszej pracy.

Wsparcie w trudnych decyzjach:

Czasem trzeba podjąć trudne decyzje. Pomóż w analizie sytuacji i możliwych konsekwencjach.

Wsparcie emocjonalne to cenny dar, który możemy ofiarować naszym bliskim i przyjaciołom. Pomaga im przejść przez trudności, utrzymać motywację i wiara w siebie, oraz kontynuować dążenie do swoich celów.

## 1.11. Rola komunikacji: Jak efektywna komunikacja wpływa na motywację i jakość relacji.

Komunikacja odgrywa kluczową rolę zarówno w utrzymaniu motywacji, jak i w jakości relacji interpersonalnych. Oto, jak efektywna komunikacja wpływa na te aspekty:

Zrozumienie potrzeb i oczekiwań:

Poprzez otwartą i uczciwą komunikację możemy zrozumieć potrzeby i oczekiwania innych osób. To pozwala na dostosowanie naszych działań i wsparcie do tego, co jest dla nich istotne.

Motywujące słowa i uznanie:

Komunikowanie pozytywnych i motywujących słów jest kluczem do podtrzymania motywacji. Warto wyrażać uznanie za osiągnięcia i wysiłek innych.

Pozbywanie się niedomówień:

Jasne komunikowanie pomaga uniknąć błędnych interpretacji i konfliktów wynikających z nieporozumień. Klarowna komunikacja pomaga w budowaniu zaufania.

Rozwiązywanie Konfliktów:

Efektywna komunikacja jest niezastąpiona w rozwiązywaniu konfliktów. Pozwala na otwarte wyrażanie swoich potrzeb i słuchanie potrzeb innych.

Negocjacje:

Komunikacja jest nieodłącznym elementem negocjacji. Skuteczna negocjacja może prowadzić do osiągnięcia wspólnych rozwiązań i kompromisów.

Wspólne Cele:

Poprzez rozmowy i uzgodnienia możemy wypracować wspólne cele i plany, co wzmacnia zrozumienie i współpracę.

Empatia:

Wyrażanie empatii w komunikacji pomaga zrozumieć emocje i punkt widzenia innych osób. To buduje silne relacje.

Budowanie wiary w siebie:

Słowa wsparcia i zachęty w komunikacji mogą pomóc innym w budowaniu pewności siebie.

Akceptacja różnic:

Poprzez otwartą komunikację możemy akceptować różnice między nami a innymi. To pozwala na harmonijną współpracę i relacje.

Kreowanie pozytywnej atmosfery:

Pozytywna komunikacja może tworzyć atmosferę pełną inspiracji i motywacji. Możemy wzmacniać zaufanie i poczucie bezpieczeństwa.

Współtworzenie rozwiązań:

Przez komunikację możemy wspólnie tworzyć rozwiązania i plany działania. To wpływa na poczucie odpowiedzialności i zaangażowania.

Monitorowanie postępów:

Komunikacja pozwala na monitorowanie postępów w realizacji celów. Możemy dzielić się informacjami o osiągnięciach i trudnościach.

Wspólna celebracja sukcesów:

Razem świętowanie osiągnięć wzmacnia więzi i motywację. To również nagroda za trud włożony w osiągnięcia.

Długofalowe planowanie:

Planowanie przyszłości i rozwoju relacji również jest wynikiem efektywnej komunikacji. Możemy wspólnie określić cele na przyszłość.

Wspieranie wyzwań:

Komunikacja pozwala na wyrażanie swoich wyzwań i próśb o wsparcie. To buduje zaufanie i gotowość do pomocy.

Wnioski są jasne: efektywna komunikacja jest kluczowa zarówno dla utrzymania motywacji, jak i budowania zdrowych i satysfakcjonujących

*Klucz do sukcesu*

relacji z innymi ludźmi. Poprzez otwartość, empatię i rozumienie, możemy wzmacniać zarówno siebie, jak i innych w dążeniu do wspólnych celów.

## 1.12. Znaczenie zrozumienia i akceptacji: Jak motywacja może pomóc nam w zrozumieniu i akceptacji innych ludzi, nawet jeśli mają odmienne cele i wartości.

Motywacja odgrywa istotną rolę w procesie zrozumienia i akceptacji innych ludzi, nawet jeśli mają odmienne cele, wartości czy potrzeby. Oto dlaczego to jest tak istotne:

Rozumienie kontekstu:

Motywacja pomaga nam zrozumieć kontekst, w jakim inni działają. Rozważając, jakie cele i wartości nimi kierują, możemy lepiej zrozumieć, dlaczego podejmują konkretne działania.

Empatia:

Motywacja jest często silnie powiązana z empatią. Staranie się zrozumieć, co inni przeżywają i dlaczego, jest kluczowe dla budowania silnych relacji.

Akceptacja różnic:

Motywacja może prowadzić do akceptacji różnic. W miarę jak rozumiemy, że każdy ma swoje unikalne cele i wartości, jesteśmy bardziej skłonni akceptować odmienność innych ludzi.

Rozwiązywanie konfliktów:

Motywacja pomaga w podejmowaniu trudnych rozmów i rozwiązywaniu konfliktów w sposób konstruktywny. Zrozumienie punktu widzenia innych jest kluczowe w tych procesach.

Wspólny rozwój:

Rozumienie i akceptacja różnic nie oznacza rezygnacji z własnych celów i wartości, ale może prowadzić do wspólnego rozwoju. Możemy uczyć się od innych i wzmacniać siebie nawzajem.

Wsparcie:

Motywacja pomaga nam w udzielaniu wsparcia innym, nawet jeśli ich cele są różne od naszych. To tworzy przyjazne i budujące relacje.

Kreatywność i innowacje:

Zrozumienie i akceptacja różnic w podejściach i celach innych ludzi może prowadzić do kreatywnych rozwiązań i innowacji.

Tworzenie harmonii:

Akceptacja różnic i zrozumienie innych ludzi pomaga w tworzeniu harmonijnych relacji zarówno w sferze osobistej, jak i zawodowej.

Rola wspólnoty:

W wielu przypadkach, szczególnie w grupach, zrozumienie i akceptacja różnych celów i wartości innych członków grupy jest kluczowe dla utrzymania spójności i harmonii w relacjach.

Rozwój osobisty:

Staranie się zrozumieć i akceptować innych ludzi jest także ważne dla naszego rozwoju osobistego. To uczy nas tolerancji, cierpliwości i empatii.

Podsumowując, motywacja może działać jako siła napędzająca zrozumienie i akceptację innych ludzi, nawet jeśli ich cele i wartości są odmienne od naszych. To prowadzi do budowy bardziej otwartych, empatycznych i harmonijnych relacji, zarówno w życiu osobistym, jak i zawodowym.

## 1.13. Rola wzajemnych celów i planów: Jak wspólne cele i plany mogą budować więź i motywować do wspólnego działania.

Wzajemne cele i plany stanowią ważny element budowania więzi i motywacji do wspólnego działania w relacjach. Oto dlaczego są one istotne:

Kreowanie wspólnego celu:

Określanie wspólnych celów pomaga stworzyć wspólny cel, który łączy ludzi. To tworzy poczucie wspólnoty i zaangażowania.

Motywacja do działania:

*Klucz do sukcesu*

Wspólne cele i plany są źródłem motywacji do wspólnego działania. Kiedy ludzie widzą, że osiągnięcie tych celów przyniesie korzyści zarówno im, jak i innym, są bardziej zmotywowani do pracy.

Tworzenie planów działania:

Określenie wspólnych planów działania ułatwia podejmowanie kroków w kierunku osiągnięcia wspólnych celów. To pomaga uniknąć chaosu i zamieszania.

Zwiększenie skuteczności:

Wspólne cele i plany pozwalają na lepszą organizację działań i wykorzystanie zasobów. To z kolei zwiększa skuteczność działań.

Współpraca i komunikacja:

Określenie wspólnych celów i planów wymaga współpracy i komunikacji. To rozwija te umiejętności, co jest korzystne dla relacji.

Podtrzymanie motywacji:

W miarę jak osiągamy mniejsze cele na drodze do realizacji większych celów, zyskujemy potwierdzenie naszych osiągnięć, co podtrzymuje naszą motywację.

Wzmacnianie związków:

Wspólne cele i plany budują więź między ludźmi. Kiedy pracują nad czymś razem, rozwijają większe zaufanie i poczucie wspólnoty.

Rola wzajemnej odpowiedzialności:

Wspólne cele wymagają wzajemnej odpowiedzialności. To oznacza, że każdy ma swój wkład do osiągnięcia celu, co wzmacnia poczucie zaangażowania.

Wspieranie rozwoju osobistego:

Praca nad wspólnymi celami i planami może być źródłem rozwoju osobistego. Uczymy się elastyczności, komunikacji, rozwiązywania problemów i współpracy.

Radość z osiągnięć:

Razem osiągnięte cele przynoszą większą radość i satysfakcję. Wspólne świętowanie sukcesów buduje pozytywne emocje.

Wspólne cele i plany stanowią siłę napędową do wspólnego działania, budowania więzi i utrzymania motywacji w relacjach. Pomagają ludziom pracować razem, osiągać wspólne cele i czerpać radość z osiągnięć.

Rola motywacji w budowaniu zdrowych relacji i komunikacji jest niezwykle istotna. Motywacja pomaga zrozumieć siebie i innych, wspiera proces budowania zaufania i empatii oraz pozwala na osiąganie wspólnych celów i rozwiązywanie konfliktów w sposób konstruktywny.

## 2. Motywacja do rozwoju umiejętności interpersonalnych.

### 2.1. Znaczenie umiejętności interpersonalnych: Wyjaśnienie, dlaczego umiejętności interpersonalne są ważne w życiu prywatnym i zawodowym.

Umiejętności interpersonalne są kluczowym elementem zarówno w życiu prywatnym, jak i zawodowym. Stanowią one fundament udanych relacji, zarządzania zespołem oraz komunikacji interpersonalnej. Oto dlaczego są tak istotne:l.

Budowanie relacji:

Umiejętności interpersonalne pozwalają na nawiązywanie i budowanie zdrowych, trwałych relacji z innymi ludźmi. Dzięki nim można łatwiej nawiązywać kontakty, zawierać przyjaźnie i partnerstwa.

Komunikacja skuteczna:

Umiejętności interpersonalne obejmują skuteczną komunikację, co jest kluczowe w życiu codziennym i w pracy. Skuteczna komunikacja umożliwia wyrażanie swoich myśli, potrzeb i uczuć oraz zrozumienie innych.

Rozwiązywanie konfliktów:

Dobre umiejętności interpersonalne pozwalają na konstruktywne rozwiązywanie konfliktów. W sytuacjach konfliktowych potrafią pomóc w znalezieniu wspólnego rozwiązania, unikając eskalacji sporu.

Współpraca w zespołach:

W pracy w zespołach i projektach umiejętności interpersonalne są niezbędne. Pozwalają na skuteczną współpracę z innymi członkami zespołu, wyważanie opinii i pomysłów oraz osiąganie wspólnych celów.

Empatia:

Umiejętności interpersonalne obejmują empatię, czyli zdolność zrozumienia i odczuwania uczuć innych ludzi. Empatia jest kluczowym elementem budowania zaufania w relacjach.

Zarządzanie konwersacjami:

Umiejętności interpersonalne pomagają w zarządzaniu konwersacjami i spotkaniami. Pozwalają na skuteczne rozpoczęcie, prowadzenie i zakończenie rozmowy.

Wpływ na ludzi:

Dobre umiejętności interpersonalne pozwalają na wpływanie na innych. Można motywować, inspirować i przekonywać innych do swoich pomysłów i działań.

Zrozumienie kultury i różnorodności:

W dzisiejszym globalnym społeczeństwie umiejętności interpersonalne umożliwiają zrozumienie różnorodności kulturowej i akceptację innych kultur i wartości.

Rola lidera:

Liderzy z doskonałymi umiejętnościami interpersonalnymi są często bardziej skuteczni w zarządzaniu zespołami. Potrafią budować zaufanie, wspierać innych i inspirować do osiągania celów.

Wrażliwość na potrzeby innych:

Dobre umiejętności interpersonalne pozwalają rozpoznać potrzeby innych ludzi i dostosować swoje zachowanie i komunikację w sposób, który uwzględnia te potrzeby.

Umiejętności interpersonalne są kluczowym narzędziem do budowania zdrowych relacji, zarządzania zespołem i skutecznej komunikacji. Są istotne zarówno w życiu osobistym, jak i zawodowym, i stanowią fundament sukcesu w wielu dziedzinach życia.

## 2.2. Świadomość własnych umiejętności: Motywacja do rozpoznawania swoich mocnych i słabych stron w relacjach interpersonalnych.

Świadomość własnych umiejętności w relacjach interpersonalnych to kluczowy element rozwoju osobistego i budowania udanych interakcji z innymi ludźmi. Obejmuje to rozpoznawanie swoich mocnych i słabych stron w kontekście relacji z innymi. Oto dlaczego jest to ważne i jak motywacja może pomóc w rozwijaniu tej świadomości:

Zrozumienie siebie:

Świadomość własnych umiejętności oznacza zrozumienie swoich cech osobowości, reakcji emocjonalnych i zachowań w relacjach. Pozwala to na bardziej autentyczną komunikację i zrozumienie, dlaczego reagujemy w określony sposób.

Budowanie samoświadomości:

Motywacja do poznawania siebie w kontekście relacji pomaga budować samoświadomość. Osoby, które są świadome swoich mocnych i słabych stron, często są bardziej pewne siebie i skłonne do samorozwoju.

Rozpoznawanie mocnych stron:

Dzięki świadomości własnych umiejętności możemy identyfikować swoje mocne strony, takie jak zdolność do empatii, zdolności organizacyjne czy komunikacyjne. Możemy te umiejętności wykorzystywać do budowania lepszych relacji.

Zarządzanie słabościami:

Motywacja do rozpoznawania swoich słabych stron pozwala na bardziej efektywne zarządzanie nimi. Jeśli wiemy, że mamy trudności w określonych obszarach, możemy pracować nad ich poprawą i unikać sytuacji, które mogą prowadzić do konfliktów.

Dostosowanie do innych:

Świadomość własnych umiejętności umożliwia dostosowywanie swojego zachowania do potrzeb innych ludzi. Jeśli rozumiemy, że nasz partner czy współpracownik potrzebuje wsparcia lub zrozumienia, jesteśmy bardziej skłonni dostosować się do tych potrzeb.

Zdolność do rozwoju:

Osoby, które rozpoznają swoje umiejętności, są bardziej otwarte na rozwijanie się. Motywacja do stawiania czoła swoim słabościom i pracowania nad nimi prowadzi do ciągłego rozwoju.

Wpływ na relacje:

Świadomość własnych umiejętności wpływa na jakość naszych relacji. Umiejętność wykorzystywania swoich mocnych stron do wspierania innych i zarządzania swoimi słabościami w celu unikania konfliktów ma korzystny wpływ na interakcje z ludźmi.

Rola wspierająca:

Wspieranie partnera czy współpracownika w rozpoznawaniu własnych umiejętności i rozwoju może wzmacniać relacje i budować zaufanie.

Zrozumienie reakcji emocjonalnych:

Motywacja do rozpoznawania swoich reakcji emocjonalnych w relacjach pozwala na lepsze kontrolowanie emocji i unikanie impulsywnego zachowania.

*Klucz do sukcesu*

Świadomość własnych umiejętności w relacjach interpersonalnych jest niezwykle ważna, gdyż pozwala na budowanie bardziej autentycznych, satysfakcjonujących i harmonijnych relacji z innymi ludźmi. Motywacja do rozwoju tej świadomości jest kluczowa w procesie doskonalenia swoich umiejętności interpersonalnych.

## 2.3. Rozwijanie empatii: Jak motywacja może pomóc w rozwijaniu umiejętności empatii i zrozumienia uczuć innych.

Empatia jest kluczowym elementem udanych relacji interpersonalnych. To zdolność do zrozumienia uczuć i potrzeb innych ludzi oraz do współodczuwania ich emocji. Motywacja do rozwijania umiejętności empatii jest istotna z wielu powodów:

Budowanie silniejszych relacji:

Empatia pozwala na bardziej głębokie i autentyczne relacje z innymi ludźmi. Zrozumienie uczuć partnera, przyjaciela czy współpracownika buduje więź opartą na zaufaniu.

Lepsza komunikacja:

Osoby empatyczne są zazwyczaj lepszymi słuchaczami i bardziej skutecznymi komunikatorami. Motywacja do zrozumienia, co druga osoba czuje, pomaga w odpowiednim reagowaniu.

Rozwiązywanie konfliktów:

Empatia jest kluczowym narzędziem w rozwiązywaniu konfliktów. Zrozumienie, dlaczego ktoś jest zły lub sfrustrowany, pozwala na bardziej efektywne rozwiązywanie problemów.

Wsparcie i motywacja:

Empatyczne podejście może być wsparciem dla innych. Zrozumienie i współodczuwanie uczuć innych może pomóc im w trudnych chwilach i zmotywować do działania.

Kreowanie pozytywnej atmosfery:

Osoby empatyczne często tworzą pozytywną atmosferę wokół siebie. To z

*Klucz do sukcesu*

kolei przyczynia się do tworzenia harmonijnych relacji.

Rozwój osobisty:

Motywacja do rozwijania empatii jest również kluczowym elementem
rozwoju osobistego. To umiejętność, którą można doskonalić w miarę
upływu czasu, a motywacja do nieustannego doskonalenia siebie jest
kluczowa.

Budowanie zrozumienia kulturowego:

Empatia pomaga w zrozumieniu odmiennych kulturowo punktów widzenia
i zwyczajów. To z kolei ma znaczenie w kontekście globalnych relacji i
współpracy.

Kreowanie wspierającego środowiska:

Motywacja do rozwijania empatii może wpływać na tworzenie
wspierającego i inspirującego środowiska, w którym inni ludzie czują się
akceptowani i docenieni.

Przeciwdziałanie konfliktom:

Rozwijanie empatii może pomóc uniknąć wielu konfliktów, ponieważ
zrozumienie stanowiska i uczuć drugiej osoby pozwala na unikanie
nieporozumień.

Wspieranie współpracy:

W sytuacjach zawodowych, empatia jest kluczowym elementem budowania
dobrej współpracy i efektywnego zespołowego działania.

Motywacja do rozwijania empatii może prowadzić do bardziej
satysfakcjonujących, harmonijnych relacji i stanowi ważny element rozwoju
osobistego. Dlatego warto stawiać sobie za cel rozwijanie tej umiejętności.

## 2.4. Aktywne słuchanie: Motywacja do aktywnego słuchania innych ludzi i budowania lepszej komunikacji.

Aktywne słuchanie to ważna umiejętność, która może znacząco poprawić
jakość naszych relacji interpersonalnych. Motywacja do aktywnego

słuchania ma wiele korzyści.

Lepsza komunikacja:

Aktywne słuchanie pomaga w zrozumieniu intencji i potrzeb rozmówcy. To klucz do skuteczniejszej komunikacji, ponieważ pokazuje, że naprawdę dbamy o to, co druga osoba mówi.

Rozwiązywanie konfliktów:

Dzięki aktywnemu słuchaniu możemy szybciej identyfikować źródła konfliktów i próbować je rozwiązywać. Rozumienie stanowiska drugiej strony pomaga znaleźć kompromisy.

Budowanie zaufania:

Skuteczne słuchanie buduje zaufanie w relacjach. Osoba, która jest naprawdę słuchana, czuje się doceniona i zrozumiana.

Motywowanie innych:

Aktywne słuchanie może być źródłem motywacji dla innych ludzi. Gdy ktoś widzi, że naprawdę się go słucha, jest bardziej skłonny do otwartego rozmawiania i wyrażania swoich potrzeb i celów.

Unikanie niedomówień:

Dzięki skupieniu na słuchaniu, unikamy błędów wynikających z nieporozumień. To może oszczędzić czas i energię potrzebną na poprawienie sytuacji.

Rozwój umiejętności rozumienia:

Aktywne słuchanie to nie tylko aktywność skierowana na innych, ale również rozwijanie naszych własnych umiejętności zrozumienia i empatii.

Kreowanie pozytywnej atmosfery:

Skoncentrowanie się na rozmówcy i pokazywanie mu, że jest dla nas ważny, tworzy pozytywną atmosferę w relacjach.

*Klucz do sukcesu*

Efektywna praca w zespole:

Aktywne słuchanie jest kluczowe w sytuacjach zespołowych. Pozwala na lepsze zrozumienie potrzeb i punktów widzenia innych członków zespołu.

Zrozumienie wartości:

Dzięki słuchaniu możemy lepiej zrozumieć wartości i cele drugiej osoby, co jest istotne w relacjach partnerskich i zawodowych.

Podtrzymywanie relacji:

Aktywne słuchanie pomaga podtrzymywać długotrwałe relacje, ponieważ pokazuje, że nie tracimy zainteresowania drugą osobą.

Motywacja do aktywnego słuchania jest inwestycją w udane relacje zarówno w życiu osobistym, jak i zawodowym. To umiejętność, którą można rozwijać i doskonalić, co przynosi liczne korzyści w codziennym życiu.

## 2.5. Radzenie sobie z konfliktami: Motywacja do nauki skutecznego rozwiązywania konfliktów i negocjacji w relacjach.

Konflikty są nieodłącznym elementem życia, zarówno w sferze prywatnej, jak i zawodowej. Motywacja do nauki skutecznego rozwiązywania konfliktów i negocjacji ma ogromne znaczenie, ponieważ pomaga w:

Lepszym rozumieniu konfliktów:

Motywacja do zgłębiania zagadnień związanych z konfliktami pozwala lepiej rozumieć ich źródła i mechanizmy. To pierwszy krok do ich rozwiązania.

Unikaniu eskalacji:

Osoby zmotywowane do rozwiązywania konfliktów skupiają się na poszukiwaniu konstruktywnych rozwiązań, co pomaga uniknąć eskalacji sporów.

Skuteczniejszym negocjacjom:

Nauka technik negocjacyjnych jest istotna w zarówno życiu osobistym, jak i zawodowym. Dzięki motywacji do doskonalenia tych umiejętności, możemy osiągać bardziej satysfakcjonujące porozumienia.

Rozwoju umiejętności komunikacyjnych:

Rozwiązywanie konfliktów wymaga skutecznej komunikacji. Motywacja do doskonalenia umiejętności wyrażania swoich potrzeb i słuchania innych pomaga w rozwiązywaniu sporów.

Budowaniu zaufania:

Skuteczne rozwiązywanie konfliktów przyczynia się do budowania zaufania w relacjach. Osoby, które widzą, że konflikty są rozwiązywane w sposób sprawiedliwy, czują się bardziej pewnie.

Podejmowaniu trudnych rozmów:

Motywacja do radzenia sobie z konfliktami daje odwagę do podejmowania trudnych rozmów. Pozwala to na wyjaśnienie nieporozumień i niewygodnych tematów.

Rozwiązywaniu problemów w związkach:

W relacjach partnerskich konflikty są nieuniknione. Motywacja do ich rozwiązywania pomaga w utrzymaniu zdrowego związku.

Efektywnej pracy w zespole:

W kontekście zawodowym umiejętność rozwiązywania konfliktów jest kluczowa w pracy zespołowej. Motywacja do doskonalenia tej zdolności przyczynia się do efektywnego działania grupy.

Dłuższym i zdrowszym relacjom:

Radzenie sobie z konfliktami pomaga unikać zaległych problemów, które mogą narastać i wpływać negatywnie na relacje. Dzięki temu, motywacja do rozwiązywania konfliktów jest inwestycją w długotrwałe, zdrowe relacje.

Redukcji stresu:

*Klucz do sukcesu*

Rozwiązane konflikty nie generują negatywnego stresu. Motywacja do ich
rozwiązywania przekłada się na ogólny poziom zadowolenia i komfortu w
życiu.

Nauka umiejętności radzenia sobie z konfliktami i negocjacji nie tylko
rozwiązuje obecne problemy, ale też przygotowuje do bardziej efektywnego
i harmonijnego funkcjonowania w społeczeństwie. To proces, który warto
kontynuować i doskonalić przez całe życie.

## 2.6. Asertywność: Motywacja do wyrażania swoich myśli, uczuć i potrzeb w sposób asertywny, bez naruszania innych.

Asertywność to umiejętność wyrażania swoich myśli, uczuć i potrzeb w
sposób stanowczy, ale jednocześnie szanujący innych. Motywacja do
rozwijania asertywności ma kluczowe znaczenie w kontekście budowania
zdrowych relacji oraz osiągania sukcesu zarówno w życiu osobistym, jak i
zawodowym.

Równowaga w relacjach:

Asertywność pomaga utrzymać równowagę w relacjach, gdzie nie jesteśmy
ani zbyt ulegli, ani zbyt agresywni. Motywacja do asertywności pozwala nam
wyrażać swoje potrzeby bez poczucia winy lub obawy przed konfliktem.

Szczerze wyrażanie siebie:

Asertywność zachęca do wyrażania swoich myśli i uczuć w sposób jasny i
otwarty. Dzięki temu unikamy nagromadzenia frustracji i nieporozumień.

Zarządzanie konfliktami:

Asertywność jest kluczowym narzędziem w rozwiązywaniu konfliktów.
Motywacja do bycia asertywnym pozwala na konstruktywne wyrażanie
niezadowolenia i poszukiwanie rozwiązań.

Budowanie zaufania:

Osoby asertywne są zazwyczaj bardziej zaufane przez innych, ponieważ
jasne i bezpośrednie komunikaty budują przejrzystość w relacjach.

Redukcja stresu:

*Klucz do sukcesu*

Asertywność redukuje stres związanym z tłumieniem swoich uczuć lub zbyt agresywnym wyrażaniem siebie. Motywacja do bycia asertywnym przekłada się na ogólny poziom zadowolenia i spokoju.

Zwiększone samoakceptowanie:

Rozwijanie asertywności pomaga budować większą samoakceptację. Wyrażając siebie w sposób asertywny, jesteśmy bardziej zgodni z samym sobą.

Lepsze relacje zawodowe:

W kontekście zawodowym asertywność pomaga w komunikacji, negocjacjach i rozwiązywaniu konfliktów. To umiejętność ceniona zarówno przez pracodawców, jak i współpracowników.

Działanie w zgodzie z wartościami:

Motywacja do asertywności pomaga działać zgodnie z własnymi wartościami, co jest kluczowe dla poczucia spełnienia.

Efektywne negocjacje:

Asertywność jest ważna w negocjacjach, gdzie wyrażanie swoich interesów w sposób stanowczy jest kluczem do osiągnięcia korzystnych rezultatów.

Budowanie pozytywnej atmosfery:

Osoby asertywne przyczyniają się do tworzenia pozytywnej i otwartej atmosfery w relacjach, co sprzyja lepszemu zrozumieniu i zaufaniu.

Motywacja do bycia asertywnym to proces ciągłego doskonalenia, który pozwala na lepsze zrozumienie siebie i innych oraz budowanie bardziej satysfakcjonujących relacji. To umiejętność, którą warto kultywować przez całe życie.

## 2.7. Tworzenie zdrowych granic: Jak motywacja pomaga w określaniu granic w relacjach i ich skutecznym egzekwowaniu.

Tworzenie zdrowych granic w relacjach jest niezwykle istotne dla zachowania równowagi, poczucia własnej wartości i budowania trwałych i satysfakcjonujących więzi. Motywacja jest kluczowym czynnikiem, który pomaga nam określać granice oraz skutecznie je egzekwować. Oto, jak motywacja wpływa na ten proces.

Zrozumienie wartości osobistych:

Motywacja pomaga nam zrozumieć, jakie mamy wartości i potrzeby. To pierwszy krok do określenia granic w relacjach. Gdy jesteśmy jasno zmotywowani, co jest dla nas ważne, łatwiej określamy, co akceptujemy, a co przekracza granice.

Budowanie samoświadomości:

Motywacja do tworzenia zdrowych granic sprzyja budowaniu samoświadomości. Pozwala nam na lepsze zrozumienie własnych uczuć, potrzeb i ograniczeń, co jest kluczowe przy określaniu granic.

Dążenie do zdrowych relacji:

Motywacja do utrzymywania zdrowych relacji skłania nas do określania granic. Chcemy, aby nasze relacje były satysfakcjonujące i pełne szacunku, dlatego motywacja popycha nas do tworzenia granic, które sprzyjają temu celowi.

Rozwiązywanie konfliktów:

Określanie granic w relacjach jest często związane z rozwiązywaniem konfliktów. Motywacja do zachowania pokoju i dobra w relacjach sprzyja konstruktywnemu rozwiązywaniu sporów, co jest często niezbędne przy egzekwowaniu granic.

Rozwijanie umiejętności asertywności:

Asertywność to kluczowa umiejętność przy określaniu granic. Motywacja do bycia asertywnym pomaga wyrażać swoje potrzeby i oczekiwania w sposób jasny i stanowczy, co jest kluczowe przy egzekwowaniu granic.

Ochrona zdrowia psychicznego i emocjonalnego:

Motywacja do tworzenia zdrowych granic chroni nasze zdrowie psychiczne i emocjonalne. Pozwala unikać nadmiernego stresu i wypalenia, które mogą pojawić się w relacjach, gdzie granice nie są jasno określone.

Budowanie samoakceptacji:

Tworzenie granic pomaga budować poczucie własnej wartości i samoakceptacji. Motywacja do zachowania granic wynika z głębokiego przekonania, że zasługujemy na szacunek i uczciwe traktowanie.

Zachowanie zrównoważonych relacji:

Motywacja pomaga w zachowaniu zrównoważonych relacji, w których zarówno nasze potrzeby, jak i potrzeby innych są uwzględniane. Tworzenie zdrowych granic to klucz do długotrwałych relacji.

Kształtowanie pozytywnego wpływu:

Tworzenie zdrowych granic pozwala nam kształtować pozytywny wpływ na innych. To działanie oparte na motywacji do budowania lepszych relacji z szacunkiem i empatią.

Egzekwowanie granic w praktyce:

Motywacja jest kluczowa przy egzekwowaniu granic. Pomaga nam pozostać stanowczymi w obronie naszych potrzeb i wartości.

W rezultacie motywacja jest źródłem siły w procesie tworzenia i egzekwowania granic w relacjach. Działa jak silny motywator, który napędza nas do dążenia do zdrowych i satysfakcjonujących więzi z innymi ludźmi.

## 2.8. Zarządzanie emocjami: Motywacja do rozwijania umiejętności radzenia sobie z własnymi emocjami i emocjami innych.

Zarządzanie emocjami jest kluczowym aspektem udanych relacji i życia osobistego. Motywacja jest siłą napędową, która pomaga nam rozwijać umiejętności radzenia sobie z własnymi emocjami oraz zrozumienia i wsparcia innych w ich emocjonalnych doświadczeniach. Oto, jak motywacja wpływa na proces zarządzania emocjami.

Świadomość emocji:

*Klucz do sukcesu*

Motywacja do zarządzania emocjami zaczyna się od świadomości. Chęć zrozumienia swoich emocji i identyfikacji, co je wywołuje, napędza nas do lepszego poznania siebie.

Wspieranie innych:

Motywacja do zarządzania emocjami w relacjach oznacza także gotowość do zrozumienia i wsparcia innych w ich emocjach. Chcemy pomagać, wspierać i być zrozumiane przez innych, co jest motywujące.

Rozwijanie umiejętności empatii:

Motywacja pomaga w rozwijaniu empatii, czyli umiejętności zrozumienia uczuć innych. Chcemy być w stanie współodczuwać emocje innych i reagować na nie w odpowiedni sposób.

Radzenie sobie w trudnych chwilach:

Motywacja do radzenia sobie z emocjami pomaga nam w trudnych chwilach. W procesie zarządzania emocjami chcemy być bardziej elastyczni i skuteczni w radzeniu sobie z negatywnymi uczuciami.

Zapobieganie konfliktom:

Motywacja do zarządzania emocjami pozwala unikać zbędnych konfliktów. Chcemy reagować na sytuacje emocjonalne w sposób kontrolowany i rozważny.

Kształtowanie pozytywnego wpływu:

Chcemy być źródłem pozytywnego wpływu na innych poprzez nasze umiejętności zarządzania emocjami. Motywacja do tego, by być wsparciem i inspiracją dla innych, jest silnym motywatorem.

Zarządzanie stresem:

Zarządzanie emocjami jest kluczowe w radzeniu sobie ze stresem. Motywacja do zachowania spokoju i klarownego myślenia w trudnych sytuacjach jest fundamentalna.

Tworzenie spokoju wewnętrznego:

Motywacja do zarządzania emocjami pomaga w tworzeniu spokoju wewnętrznego. Chcemy żyć w harmonii z samym sobą i być bardziej odporni na życiowe trudności.

Wsparcie dla innych:

Motywacja skłania nas do bycia wsparciem dla innych w ich procesie zarządzania emocjami. Pomagamy bliskim ludziom radzić sobie z emocjami i dostarczamy wsparcie emocjonalne.

Budowanie trwałych relacji:

W dłuższej perspektywie, motywacja do zarządzania emocjami jest kluczowa do budowania trwałych i satysfakcjonujących relacji. Chcemy, aby nasze emocje były źródłem wzajemnego zrozumienia i wsparcia.

W rezultacie motywacja do zarządzania emocjami jest istotna zarówno dla naszego własnego samopoczucia, jak i dla jakości relacji z innymi ludźmi. Działając zmotywowani, rozwijamy umiejętności, które pozwalają nam radzić sobie z emocjami w sposób bardziej konstruktywny, co wpływa korzystnie na nasze życie osobiste i zawodowe.

## 2.9. Motywacja do rozwoju interpersonalnego: Jak motywacja może napędzać nas do ciągłego doskonalenia umiejętności interpersonalnych.

Motywacja jest kluczowym czynnikiem, który napędza nas do ciągłego doskonalenia umiejętności interpersonalnych. Rozwój tych umiejętności jest nie tylko korzystny dla naszych relacji, ale także wpływa na sukcesy w życiu osobistym i zawodowym. Oto, jak motywacja wpływa na nasze dążenie do rozwoju interpersonalnego.

Świadomość wartości umiejętności interpersonalnych:

Motywacja do rozwoju interpersonalnego zaczyna się od zrozumienia, jak ważne są te umiejętności w życiu osobistym i zawodowym. Chcemy być bardziej skuteczni w komunikacji, budowaniu relacji i rozwiązywaniu konfliktów.

Zrozumienie korzyści:

*Klucz do sukcesu*

Chęć doskonalenia umiejętności interpersonalnych wiąże się z
zrozumieniem korzyści, jakie niesie ze sobą lepsza komunikacja i zdolność
do budowania pozytywnych relacji. Motywuje nas pragnienie czerpania z
tych korzyści.

Rozpoznanie słabości:

Motywacja do rozwoju interpersonalnego napędza nas do rozpoznawania
naszych słabości w dziedzinie komunikacji i relacji. Chcemy działać na tych
obszarach, w których mamy trudności.

Rozwijanie empatii:

Chęć zrozumienia uczuć i potrzeb innych ludzi motywuje nas do rozwijania
empatii. Dążymy do bycia bardziej wyczuleni na emocje innych i lepszego
zrozumienia ich punktu widzenia.

Aktywne słuchanie:

Motywacja skłania nas do aktywnego słuchania innych. Rozwijamy
umiejętność słuchania z pełnym skupieniem, co wzmacnia nasze relacje.

Skuteczne rozwiązywanie konfliktów:

Chcemy być bardziej efektywni w rozwiązywaniu konfliktów i negocjacjach.
Motywacja do rozwoju umiejętności negocjacyjnych pozwala unikać
niepotrzebnych sporów.

Asertywność:

Dążenie do wyrażania swoich myśli, uczuć i potrzeb w sposób asertywny
jest motywatorem w procesie rozwoju interpersonalnego. Chcemy wyrażać
siebie bez naruszania innych.

Tworzenie zdrowych granic:

Motywacja do określania granic w relacjach i ich skutecznego
egzekwowania wiąże się z potrzebą bycia bardziej zdecydowanym w kwestii
tego, co akceptujemy i czego nie.

Rozwijanie wzajemnego szacunku:

Chcemy tworzyć relacje oparte na wzajemnym szacunku i zrozumieniu. Motywacja do rozwoju interpersonalnego pomaga w kształtowaniu takich relacji.

Kształtowanie pozytywnego wpływu:

Motywacja do rozwoju interpersonalnego pozwala na bycie źródłem pozytywnego wpływu na innych ludzi. Chcemy inspirować i wspierać innych w ich rozwoju.

Wsparcie dla innych:

Motywacja do rozwoju interpersonalnego skłania nas do bycia wsparciem dla innych w ich procesie rozwoju. Pomagamy bliskim ludziom rozwijać swoje umiejętności interpersonalne.

Budowanie trwałych relacji:

W dłuższej perspektywie, motywacja do rozwoju interpersonalnego jest kluczowa do budowania trwałych i satysfakcjonujących relacji. Chcemy, aby nasze umiejętności były źródłem wzajemnego zrozumienia i wsparcia.

W rezultacie, motywacja do rozwoju interpersonalnego pozwala na tworzenie bardziej satysfakcjonujących relacji i skuteczniejszej komunikacji, co wpływa na nasze życie osobiste, zawodowe i społeczne. Ciągłe dążenie do doskonalenia tych umiejętności jest kluczowym elementem naszego rozwoju jako ludzi.

## 2.10. Rola samoświadomości: Jak samoświadomość wpływa na motywację do rozwoju umiejętności interpersonalnych.

Samoświadomość odgrywa kluczową rolę w motywacji do rozwoju umiejętności interpersonalnych. Jest to zdolność do rozumienia siebie, swoich emocji, reakcji i sposobów komunikacji z innymi ludźmi. Oto, jak samoświadomość wpływa na motywację w kontekście rozwoju umiejętności interpersonalnych.

Rozpoznanie mocnych i słabych stron:

Samoświadomość pomaga w identyfikacji naszych mocnych i słabych stron w zakresie umiejętności interpersonalnych. Jeśli jesteśmy świadomi, w których obszarach potrzebujemy poprawy, jesteśmy bardziej skłonni do działania, aby się rozwijać.

Świadomość emocji:

Rozumienie swoich emocji i reakcji emocjonalnych jest kluczowe w budowaniu zdrowych relacji. Motywacja do rozwoju umiejętności interpersonalnych wynika często z chęci radzenia sobie ze swoimi emocjami i zrozumienia, jak wpływają one na nasze zachowanie w kontaktach z innymi.

Samoocena:

Samoświadomość umożliwia ocenę swojego zachowania w relacjach. Jeśli jesteśmy w stanie ocenić, że pewne zachowania lub nawyki są nieskuteczne lub szkodliwe dla relacji, stajemy się bardziej zmotywowani do ich zmiany.

Zrozumienie wartości:

Samoświadomość pomaga nam zrozumieć nasze wartości i przekonania. Jeśli nasze zachowanie w relacjach jest niezgodne z naszymi wartościami, jesteśmy bardziej zmotywowani do dostosowania go do tych wartości.

Rozumienie źródeł konfliktów:

Samoświadomość pozwala zidentyfikować źródła konfliktów i nieporozumień w relacjach. Dzięki temu możemy skupić się na rozwiązywaniu problemów i poprawie komunikacji.

Wzmacnianie umiejętności asertywności:

Samoświadomość jest istotna w rozwoju asertywności, czyli zdolności wyrażania swoich potrzeb w sposób bezkonfliktowy. Motywacja do bycia bardziej asertywnym w relacjach może wynikać z rozpoznania swojej tendencji do unikania konfrontacji lub zbyt dominującego zachowania.

Kontrola reakcji:

Samoświadomość umożliwia kontrolę naszych reakcji w trudnych sytuacjach. Jeśli jesteśmy świadomi swojego emocjonalnego stanu, możemy unikać impulsywnych i negatywnych reakcji, co sprzyja lepszej komunikacji i rozwiązywaniu konfliktów.

Dążenie do rozwoju:

Kiedy jesteśmy świadomi swoich potrzeb rozwojowych w dziedzinie umiejętności interpersonalnych, jesteśmy bardziej skłonni do dążenia do rozwoju. Samoświadomość pobudza naszą motywację do pracy nad sobą.

Kształtowanie pozytywnego wpływu:

Rozumienie, jakie wrażenie robi się na innych ludziach, jest elementem samoświadomości. Motywuje nas do bycia lepszymi partnerami, przyjaciółmi lub liderami.

Wsparcie dla innych:

Samoświadomość może pomóc nam lepiej rozumieć potrzeby i emocje innych ludzi. To z kolei przekłada się na naszą zdolność do bycia wsparciem dla nich i pomocy w ich rozwoju interpersonalnym.

W rezultacie, samoświadomość pełni istotną rolę w motywacji do rozwoju umiejętności interpersonalnych, ponieważ pozwala nam zrozumieć siebie i innych ludzi oraz identyfikować obszary, które wymagają poprawy. To kluczowy krok w budowaniu zdrowych i satysfakcjonujących relacji oraz osiąganiu sukcesów w życiu osobistym i zawodowym.

## 2.11. Rozwijanie zdolności do negocjacji: Motywacja do nauki skutecznych technik negocjacyjnych i osiągania kompromisów.

Motywacja do rozwoju zdolności negocjacyjnych jest kluczowa w dzisiejszym świecie, gdzie często musimy osiągać kompromisy i rozwiązywać konflikty. Oto, dlaczego rozwijanie tych umiejętności jest ważne i jak motywacja do tego procesu może przynieść korzyści:

Skuteczność rozwiązywania konfliktów:

Negocjacje stanowią podstawę efektywnego rozwiązywania konfliktów. Osoby z rozwiniętymi umiejętnościami negocjacyjnymi są bardziej skuteczne w wypracowywaniu rozwiązań konfliktów, które są satysfakcjonujące dla obu stron.

*Klucz do sukcesu*

Osiąganie celów:

Negocjacje są narzędziem do osiągania celów, zarówno w życiu zawodowym, jak i osobistym. Motywacja do nauki skutecznych technik negocjacyjnych pomaga w realizacji swoich aspiracji i celów.

Budowanie relacji:

Umiejętności negocjacyjne pozwalają na budowanie pozytywnych i trwałych relacji. Negocjacje opierają się na wzajemnym szacunku, zrozumieniu i kompromisach, co wpływa na jakość naszych interakcji z innymi.

Rozwój samoświadomości:

Proces negocjacji wymaga rozumienia swoich potrzeb i celów oraz umiejętności wyrażania ich w sposób asertywny. To stymuluje rozwój samoświadomości i samooceny.

Wyzwanie i rozwój osobisty:

Negocjacje są często wymagające i pełne wyzwań. Motywacja do stawienia czoła tym wyzwaniom i rozwijania swoich umiejętności negocjacyjnych pozwala na osobisty rozwój i zdobywanie nowych doświadczeń.

Bardziej skuteczna komunikacja:

Negocjacje opierają się na komunikacji i wysłuchiwaniu drugiej strony. Rozwijając zdolności negocjacyjne, automatycznie stajemy się lepszymi komunikatorami, co korzystnie wpływa na wszystkie aspekty naszego życia.

Zarządzanie stresem:

Negocjacje często generują stres związanym z obawami przed konfliktem lub obawą przed niepowodzeniem. Osoby, które pracują nad swoją motywacją w zakresie negocjacji, rozwijają też zdolność do skutecznego zarządzania stresem.

Kształtowanie umiejętności perswazji:

Perswazja jest ważnym elementem negocjacji. Rozwijając zdolności negocjacyjne, uczymy się, jak przekonywać innych do swojego punktu widzenia.

Zrozumienie innych kultur i perspektyw:

W globalnym świecie negocjacje często obejmują osoby o różnych kulturach i perspektywach. Rozwinięcie umiejętności negocjacyjnych może pomóc w zrozumieniu i szacunku dla różnorodności kulturowej.

Praca zespołowa:

W wielu przypadkach negocjacje wymagają pracy z innymi ludźmi. Rozwinięcie zdolności do negocjacji wpływa korzystnie na pracę w zespołach, zdolność do rozwiązywania konfliktów i osiągania wspólnych celów.

Motywacja do rozwijania umiejętności negocjacyjnych nie tylko wpływa na naszą skuteczność w negocjacjach, ale ma także szerokie zastosowanie w naszym życiu. Rozwijanie tych umiejętności może poprawić jakość naszych relacji, pomóc w osiąganiu celów i stanowić element osobistego rozwoju.

## 2.12. Umiejętność budowania relacji: Motywacja do tworzenia i utrzymywania zdrowych i satysfakcjonujących relacji z innymi ludźmi.

Motywacja do tworzenia i utrzymywania zdrowych i satysfakcjonujących relacji jest kluczowym aspektem naszego życia zarówno w sferze osobistej, jak i zawodowej. Oto dlaczego rozwijanie umiejętności budowania relacji przy wsparciu motywacji jest istotne:

Zrozumienie i empatia:

Motywacja do budowania relacji często rozpoczyna się od zrozumienia innych ludzi i empatii. Chęć zrozumienia ich potrzeb, uczuć i perspektyw pomaga w budowaniu silniejszych i bardziej satysfakcjonujących relacji.

Budowanie zaufania:

Umiejętność budowania relacji opiera się na budowaniu zaufania. Motywacja do tego procesu pomaga nam być uczciwymi, lojalnymi i niezawodnymi w kontaktach z innymi.

*Klucz do sukcesu*

Kształtowanie pozytywnej komunikacji:

Komunikacja jest kluczowym elementem zdrowych relacji. Dążenie do rozwijania zdolności słuchania i wyrażania siebie w sposób jasny i asertywny, motywuje do skutecznego komunikowania się z innymi.

Rozwiązywanie konfliktów:

Motywacja do budowania relacji pomaga również w rozwiązywaniu konfliktów w sposób konstruktywny. Dążenie do rozwiązania sporów z szacunkiem dla uczuć i potrzeb innych jest kluczowe w tworzeniu trwałych relacji.

Wspólny rozwój:

Zdrowe relacje często wspierają nasz osobisty rozwój. Motywacja do dążenia do wspólnego rozwoju, osiągania celów razem z innymi i inspirowania się nawzajem jest ważna w bliskich relacjach.

Zarządzanie konfliktami:

W relacjach czasami pojawiają się trudności i konflikty. Motywacja pomaga w zarządzaniu tymi konfliktami w sposób konstruktywny i dążeniu do znalezienia kompromisów.

Wsparcie emocjonalne:

Motywacja do budowania relacji oznacza też gotowość do oferowania wsparcia emocjonalnego w trudnych sytuacjach. To tworzy więź między ludźmi i wzmacnia relacje.

Kreowanie pozytywnej atmosfery:

Dążenie do tworzenia pozytywnej atmosfery w relacjach pomaga w budowaniu przyjaznych, inspirujących i motywujących środowisk. Takie atmosfery sprzyjają rozwojowi i satysfakcji z relacji.

Wspieranie innych:

Motywacja do budowania relacji obejmuje też gotowość do wspierania innych w ich dążeniach i celach. To może wpływać na naszą rolę jako przyjaciela, partnera lub kolegi w znaczący sposób.

Zrozumienie różnorodności:

Relacje często obejmują osoby o różnych wartościach, przekonaniach i perspektywach. Motywacja do budowania relacji pomaga w zrozumieniu i szacunku dla tej różnorodności.

Długoterminowe związki:

W dłuższych związkach i przyjacielskich relacjach, motywacja do utrzymania relacji przez wiele lat jest istotna. Dążenie do tego, by nasze związki były trwałe i satysfakcjonujące, jest celem dla wielu z nas.

Wpływ na jakość życia:

Silne i satysfakcjonujące relacje wpływają na jakość naszego życia. Motywacja do tworzenia takich relacji może przynieść długotrwałe korzyści.

Motywacja do budowania relacji jest kluczem do tworzenia i utrzymania zdrowych, satysfakcjonujących i inspirujących relacji w naszym życiu. To proces, który wymaga ciągłego rozwoju i zaangażowania, ale przynosi wiele nagród w postaci bogatszego, bardziej satysfakcjonującego życia.

Rozwój umiejętności interpersonalnych jest kluczowy dla budowania zdrowych i satysfakcjonujących relacji w życiu prywatnym. Motywacja do rozwoju tych umiejętności może znacząco poprawić jakość naszych relacji z innymi ludźmi i wpłynąć pozytywnie na wiele aspektów naszego życia.

## 3. Jak motywacja może pomagać w radzeniu sobie z konfliktami i trudnościami w relacjach.

### 3.1. Świadomość roli konfliktów: Zrozumienie, że konflikty są naturalną częścią każdej relacji i mogą prowadzić do

Zrozumienie, że konflikty są naturalną częścią każdej relacji i mogą prowadzić do pozytywnych zmian, jest kluczowe w budowaniu zdrowych i trwałych związków. Oto więcej na ten temat.

*Klucz do sukcesu*

Naturalność konfliktów:

Konflikty to nieodłączny element każdej relacji. Nawet w najbliższych i kochających związkach czasami pojawiają się różnice, niezgody i trudności. Ważne jest zrozumienie, że nie oznaczają one niepowodzenia czy zagrożenia dla związku.

Zrozumienie siebie i drugiej strony:

Konflikty pozwalają zrozumieć siebie i drugą osobę lepiej. Często to, co wydaje się być problemem, kryje w sobie głębsze uczucia, potrzeby i wartości. Konflikty są okazją do głębszej refleksji nad sobą i partnerem.

Rozwój umiejętności rozwiązywania konfliktów:

Świadomość, że konflikty są normalne, motywuje do nauki umiejętności skutecznego rozwiązywania sporów. Możemy uczyć się jak wyrażać swoje potrzeby, słuchać partnera i szukać konstruktywnych rozwiązań.

Pozyskiwanie perspektyw:

Konflikty pozwalają na pozyskanie różnych perspektyw i punktów widzenia. To może być inspirujące i prowadzić do bardziej kreatywnego myślenia i rozwiązań problemów.

Budowanie zaufania:

Skuteczne rozwiązywanie konfliktów może budować większe zaufanie w związku. Kiedy wiemy, że możemy poruszać trudne tematy i razem szukać rozwiązań, nasza więź staje się silniejsza.

Rozwój relacji:

Konflikty mogą prowadzić do głębszego zrozumienia i lepszej komunikacji w związku. To z kolei może prowadzić do rozwoju relacji na dłuższą metę.

Pozytywne zmiany:

W wielu przypadkach, konflikty prowadzą do pozytywnych zmian i adaptacji w związku. Mogą pomóc w eliminacji szkodliwych wzorców zachowań czy poprawie pewnych aspektów relacji.

*Klucz do sukcesu*

Motywacja do rozwoju:

Świadomość roli konfliktów motywuje do ciągłego rozwoju jako partnera i osoby. Dążenie do budowania lepszej relacji zachęca do rozważania swoich postaw i działań.

Równowaga w związku:

Akceptacja konfliktów jako naturalnej części związku pomaga w zachowaniu równowagi i elastyczności. Wszystko nie zawsze musi być idealne, a konflikty czasem są potrzebne do naprawy pewnych aspektów związku.

Warto podkreślić, że nie chodzi o to, aby celowo tworzyć konflikty, ale o zrozumienie, że pojawienie się trudności w relacji jest często nieuniknione. Kluczem jest skuteczne rozwiązywanie konfliktów, korzystanie z nich jako okazji do rozwoju i budowania zdrowej, trwałej więzi z partnerem.

## 3.2. Motywacja do aktywnego rozwiązywania konfliktów: Skupienie się na tym, jak motywacja może napędzać nas do podejmowania działań mających na celu rozwiązanie konfliktów w sposób konstruktywny.

Motywacja odgrywa kluczową rolę w podejmowaniu działań mających na celu rozwiązanie konfliktów w sposób konstruktywny i efektywny. Oto, jak motywacja wpływa na aktywne rozwiązywanie sporów.

Ustalenie Celu:

Motywacja pomaga w określeniu celu rozwiązania konfliktu. Chęć przywrócenia harmonii w relacji lub znalezienia satysfakcjonującego rozwiązania staje się motorem działania.

Skoncentrowanie na rozwiązaniach:

Motywowane osoby skupiają się na znalezieniu rozwiązań, a nie na utrzymywaniu konfliktu. Pragną osiągnąć porozumienie i unikają konfliktowych działań.

Poszukiwanie wspólnego rozwiązania:

*Klucz do sukcesu*

Motywacja do kompromisu i współpracy jest kluczowa. Osoby silnie zmotywowane do rozwiązywania konfliktów dążą do znalezienia rozwiązań, które zaspokoją obie strony.

Rozwinięte umiejętności rozwiązywania konfliktów:

Motywacja napędza rozwijanie umiejętności potrzebnych do skutecznego rozwiązywania konfliktów, takich jak aktywne słuchanie, empatia i umiejętność wyrażania swoich potrzeb.

Zrozumienie konsekwencji bezczynności:

Osoby motywowane do aktywnego rozwiązywania konfliktów rozumieją, że bezczynność lub ignorowanie problemów może prowadzić do pogorszenia relacji. Ta świadomość działa jako bodziec do działania.

Radzenie sobie ze stresem:

Motywacja może pomagać w radzeniu sobie ze stresem związanym z konfliktem. Chęć rozwiązania problemu działa jak mechanizm radzenia sobie z emocjami i napięciami.

Zachęta do komunikacji:

Motywacja sprzyja otwartej i konstruktywnej komunikacji. Osoby zmotywowane do rozwiązywania konfliktów starają się jasno wyrazić swoje uczucia i potrzeby oraz słuchać drugiej strony.

Wzmacnianie relacji:

Dążenie do aktywnego rozwiązywania konfliktów pomaga we wzmacnianiu relacji. Rozwiązanie konfliktu może prowadzić do większego zrozumienia, zaufania i bliskości.

Długofalowe cele:

Osoby motywowane do rozwiązywania konfliktów widzą długofalowe korzyści. Nie chodzi tylko o rozwiązanie bieżącego sporu, ale także o budowanie zdrowych wzorców komunikacji i rozwiązywania problemów.

Aktywność w nauce:

Motywacja napędza proces uczenia się. Chęć stałego doskonalenia umiejętności rozwiązywania konfliktów sprawia, że osoby te często poszukują literatury, szkoleń czy wsparcia, aby stawać się coraz lepszymi mediatorami.

Warto zaznaczyć, że motywacja do aktywnego rozwiązywania konfliktów nie oznacza, że zawsze osiągniemy idealne rezultaty. Istotne jest jednak to, że dążenie do rozwiązywania konfliktów w sposób konstruktywny wpływa na jakość relacji i pozwala unikać narastania problemów.

## 3.3. Komunikacja w trudnych sytuacjach: Motywacja do nauki skutecznych technik komunikacji podczas trudnych rozmów i konfrontacji.

Motywacja do nauki skutecznych technik komunikacji w trudnych sytuacjach jest kluczowa dla zachowania harmonii w relacjach i rozwiązywania problemów. Oto jak motywacja wpływa na poprawę komunikacji w trudnych sytuacjach.

Ustalenie celu:

Osoby silnie zmotywowane do skutecznej komunikacji w trudnych sytuacjach zdają sobie sprawę z celu rozmowy. Chcą osiągnąć jasne rezultaty, zrozumienie lub rozwiązanie problemu.

Samokontrola:

Motywacja pomaga w zachowaniu samokontroli podczas trudnych rozmów. Dzięki niej osoba może lepiej panować nad emocjami i reagować w sposób zrównoważony.

Aktywne słuchanie:

Chęć polepszenia komunikacji motywuje do aktywnego słuchania. Osoby zmotywowane starają się zrozumieć punkt widzenia drugiej strony, a nie tylko wygłaszać własne argumenty.

Empatia:

Motywacja do lepszej komunikacji w trudnych sytuacjach sprzyja rozwijaniu

*Klucz do sukcesu*

empatii. Rozumienie uczuć i perspektyw innych osób jest kluczowe w budowaniu porozumienia.

Techniki rozwiązywania konfliktów:

Dążenie do unikania eskalacji konfliktu motywuje do nauki technik rozwiązywania sporów, takich jak sztuka negocjacji czy mediacja.

Unikanie osądzania:

Osoby zmotywowane do lepszej komunikacji w trudnych sytuacjach unikają oceniania i osądzania innych. Zamiast tego stawiają na wspólny wysiłek w rozwiązaniu problemu.

Trening komunikacyjny:

Motywacja do nauki technik komunikacji w trudnych sytuacjach skłania do udziału w szkoleniach, czytania literatury i praktykowania umiejętności.

Współpraca i rozwiązywanie problemów:

Dążenie do osiągnięcia wspólnego celu w trudnych sytuacjach motywuje do współpracy i poszukiwania rozwiązań, które będą satysfakcjonujące dla obu stron.

Budowanie zaufania:

Poprawa komunikacji w trudnych sytuacjach pozwala na budowanie zaufania i pogłębianie relacji. Dzięki motywacji osoby te skupiają się na tworzeniu pozytywnej atmosfery.

Rozwiązywanie problemów skomplikowanych:

Osoby zmotywowane do doskonalenia komunikacji w trudnych sytuacjach często podejmują się bardziej skomplikowanych problemów, co pomaga w rozwoju umiejętności rozwiązywania skomplikowanych sytuacji.

Aktywne działanie:

Motywacja do poprawy komunikacji skłania do aktywnego działania. W zamiarze znalezienia rozwiązania, nie zaniedbuje się trudnych rozmów, a wręcz je poszukuje.

 Budowanie pozytywnej relacji:

Dążenie do efektywnej komunikacji w trudnych sytuacjach wpływa na budowanie bardziej pozytywnej relacji, nawet jeśli wymaga to pokonania przeszkód.

Warto podkreślić, że motywacja do doskonalenia komunikacji w trudnych sytuacjach jest procesem ciągłym i może przynosić pozytywne rezultaty zarówno w życiu prywatnym, jak i zawodowym.

## 3.4. Empatia w konfliktach: Jak motywacja do zrozumienia punktu widzenia drugiej strony może pomóc w rozwiązywaniu konfliktów.

Motywacja do empatii w konfliktach jest kluczowym aspektem rozwiązywania sporów i budowania lepszych relacji. Oto jak motywacja do zrozumienia punktu widzenia drugiej strony może pomóc w rozwiązywaniu konfliktów.

Zrozumienie perspektywy drugiej strony:

Motywacja do empatii sprawia, że zależy nam na zrozumieniu, dlaczego druga strona ma swoje stanowisko. Chcemy wniknąć w jej perspektywę, uczucia i motywacje.

Redukcja konfliktów z powodu braku zrozumienia:

Konflikty często wynikają z braku zrozumienia drugiej strony. Motywacja do empatii pomaga unikać takich konfliktów, ponieważ dążymy do zrozumienia.

Tworzenie pozytywnej atmosfery:

Dążenie do zrozumienia drugiej strony wpływa na atmosferę konfliktu. Jeśli druga strona widzi, że starasz się ją zrozumieć, jest bardziej skłonna do współpracy.

*Klucz do sukcesu*

Unikanie uprzedzeń:

Motywacja do empatii pomaga unikać uprzedzeń i stereotypów wobec drugiej strony. Zamiast oceniać, starasz się zrozumieć.

Skuteczniejsza komunikacja:

Zrozumienie perspektywy drugiej strony pozwala na bardziej skuteczną komunikację. Możesz lepiej dostosować swoje przekazy, aby trafiły do drugiej strony.

Rozwiązywanie konfliktów na korzyść obu stron:

Emocjonalna motywacja do empatii napędza do poszukiwania rozwiązań, które są korzystne zarówno dla ciebie, jak i dla drugiej strony.

Zmniejszenie agresji i konfrontacji:

Motywacja do zrozumienia punktu widzenia drugiej strony zmniejsza agresję i konfrontację w konflikcie. Bardziej konstruktywnie podejściesz do rozwiązania problemu.

Rozwijanie umiejętności słuchania:

Motywacja do empatii zachęca do bardziej aktywnego słuchania. Słuchasz nie tylko słów, ale także emocji i potrzeb drugiej strony.

Budowanie zaufania:

Kiedy druga strona widzi, że starasz się ją zrozumieć, buduje to większe zaufanie. To ważny krok w budowaniu trwałych relacji.

Długofalowe korzyści:

Dążenie do empatii w konfliktach przynosi długofalowe korzyści, ponieważ buduje lepsze relacje i pozwala unikać konfliktów w przyszłości.

Budowanie porozumienia:

Zrozumienie perspektywy drugiej strony jest kluczowe w budowaniu porozumienia. Dzięki empatii jesteś bardziej skłonny do kompromisu i znalezienia wspólnego rozwiązania.

Rozwijanie relacji:

Motywacja do empatii pomaga w rozwoju istniejących relacji i w nawiązywaniu nowych. Ludzie bardziej chętnie nawiązują kontakt z osobami, które okazują zrozumienie.

Podsumowując, motywacja do empatii w konfliktach jest kluczowa dla rozwiązywania sporów w sposób konstruktywny. To umożliwia zrozumienie perspektywy drugiej strony, co prowadzi do lepszej komunikacji, skuteczniejszego rozwiązywania problemów i budowania trwałych relacji.

## 3.5. Tworzenie warunków do rozmów: Motywacja do stworzenia bezpiecznej przestrzeni do rozmów o trudnych sprawach.

Motywacja do stworzenia bezpiecznej przestrzeni do rozmów o trudnych sprawach jest kluczowa w budowaniu zdrowych relacji. Oto jak ta motywacja wpływa na nasze życie.

Wzmacnianie zaufania:

Chęć do tworzenia bezpiecznej przestrzeni do rozmów buduje zaufanie między stronami. To kluczowy element trwałych i satysfakcjonujących relacji.

Ułatwienie ekspresji emocji:

Bezpieczna przestrzeń umożliwia ludziom wyrażanie swoich emocji bez obawy przed osądem. To ważne zwłaszcza w trudnych momentach.

Lepsza komunikacja:

Bezpieczna przestrzeń pozwala na bardziej otwartą i szczerą komunikację. Ludzie czują się swobodniej dzielić swoimi myślami i uczuciami.

Rozwiązywanie konfliktów:

*Klucz do sukcesu*

W sytuacjach konfliktowych stworzenie bezpiecznej przestrzeni jest kluczowe. Ludzie czują się mniej zranieni i bardziej skłonni do rozważenia różnych punktów widzenia.

Zrozumienie i empatia:

W bezpiecznej przestrzeni jest łatwiej zrozumieć perspektywę drugiej strony i poczuć empatię. To przyczynia się do budowania porozumienia.

Unikanie konfrontacji:

Bezpieczna przestrzeń pomaga uniknąć konfrontacji i agresji w trudnych rozmowach. Ludzie mogą wyrażać swoje potrzeby w sposób bardziej asertywny.

Rozwijanie zalet osobistych:

Motywacja do stworzenia takiej przestrzeni sprzyja rozwojowi umiejętności takich jak cierpliwość, cierpliwość, empatia, i zrozumienie.

Rozwiązywanie problemów:

Rozmowy w bezpiecznej przestrzeni ułatwiają rozwiązywanie problemów i dążenie do kompromisów. Ludzie są bardziej skłonni współpracować.

Budowanie więzi:

Bezpieczna przestrzeń pomaga budować głębsze i bardziej satysfakcjonujące więzi. Ludzie czują się bardziej zrozumiani i akceptowani.

Długoterminowe korzyści:

Tworzenie bezpiecznej przestrzeni to inwestycja w przyszłość relacji. To przyczynia się do budowania trwałych i harmonijnych kontaktów.

Wspólny rozwój:

Ludzie, którzy czują, że mają bezpieczną przestrzeń do rozmów, są bardziej skłonni do wspólnego rozwoju i dążenia do wspólnych celów.

Podniesienie jakości życia:

Bezpieczna przestrzeń poprawia jakość życia, ponieważ ludzie czują się mniej obciążeni emocjonalnie i bardziej wsparci.

Podsumowując, motywacja do tworzenia bezpiecznej przestrzeni do rozmów o trudnych sprawach ma ogromny wpływ na jakość naszych relacji i życia. To umożliwia ludziom wyrażanie swoich myśli i uczuć w sposób zdrowszy, co przyczynia się do budowania lepszych i bardziej trwałych więzi.

## 3.6. Aktywne słuchanie: Jak motywacja do aktywnego słuchania i zrozumienia drugiej strony może rozładować napięcie w konflikcie.

Motywacja do aktywnego słuchania jest kluczowa w rozwiązywaniu konfliktów i tworzeniu zdrowych relacji. Oto jak ta motywacja wpływa na nasze życie.

Rozumienie perspektyw:

Aktywne słuchanie pomaga w zrozumieniu perspektywy drugiej strony. Kiedy jesteśmy naprawdę obecni podczas rozmowy, jesteśmy w stanie zauważyć subtelności i odczytać emocje.

Zmniejszenie napięcia:

Kiedy jesteśmy gotowi słuchać i zrozumieć drugą stronę, napięcie w konflikcie zwykle maleje. To prowadzi do bardziej konstruktywnych rozmów.

Poprawa komunikacji:

Aktywne słuchanie jest kluczowe dla poprawy ogólnej jakości komunikacji. Osoby, które czują, że są słuchane, są bardziej skłonne otwarcie wyrażać swoje myśli i uczucia.

Rozwiązywanie problemów:

Słuchanie pomaga w identyfikacji problemów i wyzwań. Dzięki temu można skupić się na konkretnych kwestiach i dążyć do ich rozwiązania.

Tworzenie empatii:

*Klucz do sukcesu*

Aktywne słuchanie jest kluczowe dla rozwoju empatii. To sprawia, że jesteśmy bardziej w stanie poczuć się w sytuacji drugiej osoby i zrozumieć jej uczucia.

Zarządzanie konfliktami:

W konfliktach słuchanie jest często pierwszym krokiem do znalezienia wspólnego rozwiązania. Dzięki zrozumieniu perspektyw innych osób można uniknąć eskalacji sporu.

Podnoszenie jakości Rrlacji:

Osoby, które czują się słuchane, zazwyczaj budują lepsze i bardziej trwałe relacje. To sprawia, że komunikacja jest bardziej satysfakcjonująca.

Zrozumienie źródeł konfliktu:

Aktywne słuchanie pozwala na zrozumienie, skąd wzięły się problemy i konflikty. To ułatwia znalezienie rozwiązań.

Unikanie błędów komunikacyjnych:

Ludzie często popełniają błędy w komunikacji, gdy nie słuchają uważnie. Motywacja do aktywnego słuchania pomaga uniknąć tych błędów.

Skupienie na rozwiązaniach:

Aktywne słuchanie pozwala skupić się na poszukiwaniu rozwiązań, a nie na winien/winnym myśleniu. To jest kluczowe w konstruktywnym rozwiązywaniu konfliktów.

Zdrowe wspieranie:

Ludzie potrzebują, by ich myśli i uczucia były słuchane. To jest formą wsparcia, którą możemy oferować sobie nawzajem.

Budowanie zdolności do negocjacji:

Aktywne słuchanie jest podstawą skutecznych negocjacji. Rozumienie potrzeb i perspektyw drugiej strony pozwala na osiągnięcie kompromisu.

Motywacja do aktywnego słuchania jest fundamentalna w budowaniu zdrowych relacji i rozwiązywaniu konfliktów. To umożliwia zrozumienie drugiej strony i tworzenie atmosfery komunikacji, która przyczynia się do harmonii i satysfakcji w relacjach.

## 3.7. Znaczenie wyrażania uczuć: Motywacja do otwartego wyrażania swoich uczuć i potrzeb w kontekście konfliktu.

Motywacja do otwartego wyrażania uczuć i potrzeb odgrywa kluczową rolę w zarządzaniu konfliktami i budowaniu zdrowych relacji. Oto, dlaczego jest to tak ważne.

Skuteczna komunikacja:

Wyrażanie uczuć jest kluczowym elementem skutecznej komunikacji. Gdy jesteśmy gotowi wyrazić swoje emocje, informujemy drugą stronę o tym, jak się czujemy w danej sytuacji.

Unikanie przypisywania intencji:

W konfliktach często przypisujemy drugiej osobie intencje, które niekoniecznie są prawdziwe. Wyrażanie uczuć pomaga uniknąć błędnych przypisów i skupić się na faktycznych uczuciach.

Budowanie zrozumienia:

Wyrażanie uczuć jest kluczowe dla budowania zrozumienia między stronami konfliktu. Gdy mówimy, jak się czujemy, druga strona ma szansę lepiej zrozumieć naszą perspektywę.

Unikanie nagromadzenia napięcia:

Jeśli nie wyrażamy swoich uczuć, napięcie w konflikcie może się gromadzić. Wyrażanie emocji pozwala na uwalnianie tego napięcia i zapobieganie eskalacji sporu.

Otwarcie drogi do rozwiązania:

Wyrażanie uczuć może otwierać drogę do znalezienia rozwiązania. Kiedy obie strony są gotowe mówić o swoich potrzebach i oczekiwaniach, łatwiej jest znaleźć kompromis.

*Klucz do sukcesu*

Podnoszenie jakości relacji:

Osoby, które potrafią otwarcie wyrażać swoje uczucia, budują zazwyczaj lepsze i bardziej satysfakcjonujące relacje. To sprawia, że komunikacja staje się bardziej autentyczna.

Wspieranie zrozumienia siebie:

Wyrażanie uczuć może pomóc w zrozumieniu własnych potrzeb i emocji. To prowadzi do większej samoświadomości.

Tworzenie klimatu bezpieczeństwa:

Kiedy jesteśmy gotowi wyrazić swoje uczucia, tworzymy klimat bezpieczeństwa w relacji. Druga strona wie, że jesteśmy gotowi być szczere i otwarte.

Radzenie sobie z trudnymi emocjami:

Wyrażanie uczuć jest formą radzenia sobie z negatywnymi emocjami. Pozwala na rozładowanie emocjonalnego ciężaru.

Budowanie samodyscypliny:

Wyrażanie uczuć wymaga pewnej dawki samodyscypliny. To umiejętność, którą można rozwijać i doskonalić.

Znalezienie wspólnego rozwiązania:

Kiedy obie strony konfliktu są gotowe wyrazić swoje uczucia i słuchać siebie nawzajem, łatwiej jest znaleźć wspólne rozwiązanie.

Zarządzanie konfliktem:

Wyrażanie uczuć jest często pierwszym krokiem do skutecznego zarządzania konfliktem. To umożliwia określenie, co naprawdę się dzieje i jakie są oczekiwania stron.

Motywacja do wyrażania uczuć odgrywa kluczową rolę w budowaniu zdrowych relacji, zarządzaniu konfliktami i skutecznej komunikacji. To umiejętność, którą warto rozwijać, aby tworzyć bardziej satysfakcjonujące

*Klucz do sukcesu*

relacje zarówno w życiu osobistym, jak i zawodowym.

## 3.8. Rozwiązywanie konfliktów zgodnie z wartościami: Jak motywacja do zachowania zgodności działań z własnymi wartościami może pomóc w rozwiązywaniu konfliktów.

Motywacja do rozwiązywania konfliktów zgodnie z własnymi wartościami stanowi istotny element efektywnego zarządzania relacjami. Konflikty są nieuniknione w życiu, zarówno w sferze osobistej, jak i zawodowej. Jednak rozwiązywanie ich w zgodzie z własnymi wartościami przynosi wiele korzyści.

Autentyczność:

Rozwiązywanie konfliktów zgodnie z własnymi wartościami pozwala na zachowanie autentyczności. W sytuacjach konfliktowych możemy być sobą, nie tracąc swojej integralności.

Kierunek działań:

Wartości działają jak kompas w trudnych sytuacjach. Pomagają nam określić, jaki kierunek jest dla nas najważniejszy i na co jesteśmy gotowi pójść w danym konflikcie.

Spójność w działaniach:

Działanie zgodnie z własnymi wartościami sprawia, że nasze działania są spójne z naszym systemem przekonań. To buduje zaufanie w relacjach.

Wzmacnianie intencji:

Gdy dążymy do rozwiązania konfliktu zgodnie z naszymi wartościami, wzmacniamy swoje intencje i dążenia do uczciwego i etycznego postępowania.

Odpowiedzialność:

Działanie zgodnie z wartościami sprawia, że jesteśmy bardziej świadomi swoich działań. Ponosimy odpowiedzialność za to, co robimy, i jesteśmy gotowi ponieść konsekwencje swoich działań.

*Klucz do sukcesu*

Sposób na przekształcanie konfliktów:

Rozwiązywanie konfliktów zgodnie z wartościami może przekształcać konflikt w okazję do nauki i wzrostu. To podejście kładzie nacisk na rozwijanie zrozumienia i szukanie kompromisów.

Zwiększenie poczucia spełnienia:

Działanie w zgodzie z wartościami daje poczucie spełnienia i satysfakcji. To sprawia, że konflikty nie są postrzegane jako straty, ale jako okazje do rozwoju.

Budowanie zaufania:

Rozwiązywanie konfliktów zgodnie z wartościami buduje zaufanie w relacjach. Inni ludzie widzą nas jako osoby, które trzymają się swoich zasad.

Wspieranie relacji:

To podejście przyczynia się do budowania trwałych i satysfakcjonujących relacji. Partnerzy i współpracownicy widzą, że jesteśmy gotowi pracować nad rozwiązaniami, które są dla obu stron satysfakcjonujące.

Samopoczucie:

Rozwiązywanie konfliktów zgodnie z wartościami przekłada się na lepsze samopoczucie. Nie mamy wyrzutów sumienia ani wewnętrznych konfliktów.

Zgodność z celami życiowymi:

Działanie zgodnie z wartościami wspiera osiąganie długoterminowych celów życiowych. To stanowi integralną część dążenia do sukcesu.

Motywacja do rozwiązywania konfliktów zgodnie z własnymi wartościami wpływa korzystnie na jakość relacji, budowanie zaufania i własne poczucie spełnienia. To podejście nie tylko pomaga rozwiązywać konflikty, ale także przyczynia się do rozwoju osobistego i budowania trwałych relacji z innymi ludźmi.

## 3.9. Radzenie sobie z agresją i manipulacją: Motywacja do nauki strategii radzenia sobie z agresywnym lub manipulacyjnym zachowaniem w konflikcie.

Radzenie sobie z agresją i manipulacją w konflikcie jest kluczowym aspektem skutecznego zarządzania relacjami. Motywacja do nauki strategii radzenia sobie w sytuacjach, gdzie druga strona stosuje agresywne lub manipulacyjne taktyki, jest istotna zarówno dla rozwoju osobistego, jak i zachowania zdrowych relacji. Oto dlaczego jest to ważne.

Zachowanie spokoju:

Motywacja do radzenia sobie z agresją i manipulacją pomaga utrzymać spokój w konflikcie. To umożliwia logiczne i racjonalne podejście do rozwiązania problemu.

Zrozumienie mechanizmów:

Ucząc się, jak działa agresja i manipulacja, zyskujemy zrozumienie, dlaczego druga strona zachowuje się w określony sposób. To pozwala na lepsze przewidywanie reakcji i stosowanie odpowiednich strategii.

Ochrona własnych granic:

Radzenie sobie z agresją i manipulacją pomaga w skutecznym egzekwowaniu własnych granic. Możemy wyrazić, że takie zachowanie nie jest akceptowalne i wyznaczyć jasne granice.

Budowanie asertywności:

Wsparcie motywacji do radzenia sobie z agresją i manipulacją wspomaga rozwijanie umiejętności asertywności. Możemy skutecznie wyrażać swoje potrzeby i oczekiwania w sposób pewny siebie.

Zachowanie równowagi emocjonalnej:

Umiejętność radzenia sobie z agresją i manipulacją pozwala zachować równowagę emocjonalną w trudnych sytuacjach. To unika eskalacji konfliktu.

Ochrona przed wykorzystaniem:

*Klucz do sukcesu*

Poznanie taktyk manipulacyjnych pomaga unikać wykorzystywania w relacjach. Możemy rozpoznać sytuacje, w których ktoś próbuje manipulować naszymi emocjami czy decyzjami.

Negocjacje i rozwiązania konfliktu:

Radzenie sobie z agresją i manipulacją jest kluczowe w negocjacjach i dążeniu do rozwiązania konfliktu w sposób sprawiedliwy i satysfakcjonujący dla obu stron.

Budowanie zaufania:

Pokazywanie, że potrafimy radzić sobie z trudnymi zachowaniami, buduje zaufanie innych ludzi do naszej umiejętności radzenia sobie z konfliktami.

Rozwój osobisty:

Nauka radzenia sobie z agresją i manipulacją jest częścią naszego rozwoju osobistego. To kształtuje naszą postawę i umiejętności.

Wsparcie innych:

Posiadanie umiejętności radzenia sobie z agresją i manipulacją pozwala nam także wesprzeć innych, którzy mogą znajdować się w podobnych sytuacjach.

Zrozumienie i rozwijanie motywacji do radzenia sobie z agresją i manipulacją w konflikcie ma zasadnicze znaczenie dla budowania zdrowych relacji, zarówno w sferze osobistej, jak i zawodowej. Pomaga to utrzymać równowagę w trudnych sytuacjach i przekształcić konflikty w okazje do rozwoju i zbliżenia się do satysfakcjonujących rozwiązań.

## 3.10. Skupienie na rozwiązaniach: Jak motywacja do koncentrowania się na rozwiązaniach, a nie na przeszłości, może pomóc w rozwiązywaniu konfliktów.

Skupienie na rozwiązaniach jest kluczowym aspektem efektywnego rozwiązywania konfliktów. Motywacja do koncentrowania się na przyszłości i poszukiwaniu konstruktywnych rozwiązań zamiast utrzymywania się w przeszłości może przynieść wiele korzyści w zarządzaniu konfliktami. Oto dlaczego jest to istotne.

Pozbycie się uprzedzeń:

Motywacja do skupienia się na rozwiązaniach pomaga pozbyć się uprzedzeń i przywiązań do przeszłości. To pozwala na obiektywne ocenienie sytuacji.

Zwiększenie kreatywności:

Skoncentrowanie się na rozwiązaniach sprzyja kreatywnemu myśleniu. Możemy poszukiwać nietypowych i innowacyjnych sposobów rozwiązania konfliktu.

Rozwijanie kompromisów:

Poszukiwanie rozwiązań zamiast utrzymywania się przy stanowiskach pozwala na lepsze negocjacje i osiągnięcie kompromisów, które satysfakcjonują obie strony.

Orientacja na cele:

Motywacja do koncentrowania się na rozwiązaniach pomaga utrzymać klarowność co do celów. Konflikt może być widziany jako okazja do osiągnięcia celów, a nie przeszkoda.

Zarządzanie emocjami:

Skupienie na rozwiązaniach pomaga w zarządzaniu emocjami w trakcie konfliktu. Pozwala unikać eskalacji emocji i skoncentrować się na praktycznym działaniu.

Dążenie do win-win:

Motywacja do koncentrowania się na rozwiązaniach pozwala dążyć do rozwiązań, które przynoszą korzyści wszystkim zaangażowanym stronom (tzw. "win-win"). To sprzyja długotrwałym i satysfakcjonującym relacjom.

Osiąganie postępów:

Koncentrowanie się na rozwiązaniach pozwala na osiąganie postępów w rozwiązywaniu konfliktów. To sprawia, że konflikty nie utykają w martwym

*Klucz do sukcesu*

punkcie.

Budowanie pozytywnej atmosfery:

Poszukiwanie rozwiązań i podejście konstruktywne tworzą pozytywną atmosferę w trakcie rozwiązywania konfliktów, co ułatwia komunikację.

Rozwój umiejętności:

Motywacja do koncentrowania się na rozwiązaniach sprzyja rozwojowi umiejętności negocjacyjnych i rozwiązywania problemów, które są przydatne w innych obszarach życia.

Zachowanie równowagi:

Dzięki skupieniu na rozwiązaniach można zachować równowagę emocjonalną w trakcie konfliktu, unikając załamania nerwowego.

Zrozumienie i rozwijanie motywacji do koncentrowania się na rozwiązaniach to kluczowa umiejętność w zarządzaniu konfliktami. Dzięki temu konflikty stają się okazjami do rozwoju i wzmacniania relacji, a nie jedynie źródłem frustracji i napięcia.

## 3.11. Zastosowanie technik negocjacyjnych: Motywacja do nauki i wykorzystywania technik negocjacyjnych w rozwiązywaniu konfliktów.

Motywacja do nauki i wykorzystywania technik negocjacyjnych jest kluczowa w skutecznym rozwiązywaniu konfliktów. Oto, dlaczego warto poświęcić uwagę temu aspektowi:

Skuteczność w negocjacjach:

Motywacja do nauki technik negocjacyjnych pozwala na bardziej efektywne prowadzenie negocjacji. Negocjacje są procesem, który może prowadzić do znalezienia rozwiązań satysfakcjonujących obie strony.

Równowaga między stronami:

Techniki negocjacyjne pomagają zachować równowagę w procesie rozwiązywania konfliktu. Dzięki nim obie strony mogą wyrazić swoje potrzeby i interesy.

Rozwiązywanie problemów:

Negocjacje skupiają się na rozwiązywaniu problemów i poszukiwaniu kompromisów. Motywacja do nauki tych technik pomaga w traktowaniu konfliktu jako szansy do znalezienia praktycznych rozwiązań.

Komunikacja:

Negocjacje wymagają skutecznej komunikacji. Motywacja do nauki technik negocjacyjnych pomaga w poprawie umiejętności komunikacyjnych i zrozumieniu lepiej punktu widzenia drugiej strony.

Osiągnięcie win-win:

Negocjacje opierają się na dążeniu do rozwiązań, które przynoszą korzyści obu stronom (tzw. "win-win"). Motywacja do stosowania technik negocjacyjnych sprzyja osiąganiu takich rozwiązań.

Zrozumienie interesów:

Techniki negocjacyjne pomagają w zrozumieniu interesów i potrzeb drugiej strony, co jest istotne w konstruktywnym rozwiązywaniu konfliktów.

Zarządzanie emocjami:

Motywacja do nauki technik negocjacyjnych pomaga w zarządzaniu emocjami w trakcie negocjacji. Dzięki temu można unikać eskalacji konfliktu.

Umiejętność tworzenia porozumienia:

Techniki negocjacyjne pozwalają na tworzenie konkretnych porozumień, które określają warunki rozwiązania konfliktu.

Skupienie na celach:

Negocjacje pomagają skupić się na osiągnięciu konkretnych celów w procesie rozwiązywania konfliktu.

*Klucz do sukcesu*

Rozwój umiejętności:

Motywacja do nauki technik negocjacyjnych to także rozwijanie cennych umiejętności, które można wykorzystać w innych aspektach życia, w tym w pracy i życiu osobistym.

Wniosek jest taki, że motywacja do nauki i wykorzystywania technik negocjacyjnych może znacząco poprawić zdolność rozwiązywania konfliktów w sposób konstruktywny i satysfakcjonujący dla wszystkich stron zaangażowanych w spór. To umiejętność, która ma szerokie zastosowanie i przyczynia się do rozwoju lepszych relacji interpersonalnych.

## 3.12. Dążenie do win-win: Jak motywacja do dążenia do rozwiązań, które korzystają obu stronom, może przyczynić się do skutecznego rozwiązywania konfliktów.

Motywacja do dążenia do rozwiązań typu "win-win," czyli takich, które przynoszą korzyści obu stronom, odgrywa kluczową rolę w skutecznym rozwiązywaniu konfliktów. Oto, dlaczego jest to istotne.

Zachowanie długotrwałych relacji:

Dążenie do rozwiązań korzystnych dla obu stron sprzyja zachowaniu długotrwałych relacji. Gdy obie strony są zadowolone z wyników, większa jest szansa na kontynuację współpracy i pozytywne relacje.

Zrozumienie potrzeb drugiej strony:

Motywacja do "win-win" wymaga zrozumienia potrzeb, interesów i punktu widzenia drugiej strony. To z kolei prowadzi do lepszego zrozumienia drugiego człowieka.

Przyjęcie różnorodności:

Dążenie do "win-win" promuje poszanowanie różnic i różnorodności. Rozwiązania uwzględniające różnorodne potrzeby i interesy obu stron mogą budować szersze zrozumienie.

Skupienie na rozwiązaniach, nie na problemach:

Motywacja do osiągnięcia rozwiązania "win-win" skupia się na kreatywnym myśleniu i tworzeniu nowych, konstruktywnych rozwiązań. Zamiast utrzymywać konflikt, skupia się na jego zakończeniu.

Tworzenie pozytywnej atmosfery:

Dążenie do rozwiązania, które korzysta obu stronom, przyczynia się do tworzenia pozytywnej atmosfery i wzmacnia zaufanie między stronami.

Rozwinięcie zdolności negocjacyjnych:

Dążenie do "win-win" motywuje do rozwijania umiejętności negocjacyjnych. To skomplikowana umiejętność, która może być rozwijana w trakcie rozwiązywania konfliktów.

Długotrwałe korzyści:

Rozwiązania "win-win" często przynoszą długotrwałe korzyści, ponieważ obie strony są zadowolone z wyników. Jest to inwestycja w przyszłość relacji.

Przykład dla innych:

Dążenie do "win-win" może stać się inspiracją i przykładem dla innych osób, zarówno w sferze zawodowej, jak i osobistej.

Wnioskiem jest to, że motywacja do dążenia do rozwiązań "win-win" jest kluczowym aspektem skutecznego rozwiązywania konfliktów. Pomaga ona w tworzeniu pozytywnych, zrównoważonych relacji i budowaniu trwałego zaufania między stronami konfliktu. Jest to umiejętność, która przekłada się na wiele dziedzin życia, zarówno w sferze zawodowej, jak i osobistej.

## 3.13. Rola wsparcia: Jak motywacja do szukania wsparcia i pomocy od innych może ułatwić radzenie sobie z trudnościami w relacjach.

Motywacja do szukania wsparcia i pomocy od innych odgrywa kluczową rolę w radzeniu sobie z trudnościami w relacjach. Oto, dlaczego jest to istotne.

Zdobywanie perspektywy:

*Klucz do sukcesu*

Wsparcie od innych ludzi może pomóc w zrozumieniu sytuacji z różnych perspektyw. Osoby trzecie często widzą rzeczy, których sami nie dostrzegamy, co prowadzi do pełniejszego zrozumienia problemu.

Podnoszenie na duchu:

Motywacja do szukania wsparcia od przyjaciół, rodziny lub innych bliskich osób może pomóc w podniesieniu na duchu w trudnych chwilach. Wsparcie emocjonalne jest kluczowe dla radzenia sobie z emocjonalnymi obciążeniami.

Dzielenie się emocjami:

Motywacja do wyrażania swoich uczuć i myśli w bezpiecznym otoczeniu wspiera proces wyrażania i przetwarzania emocji. To kluczowy krok w radzeniu sobie z trudnościami emocjonalnymi.

Wsparcie w rozwiązywaniu problemów:

Dążenie do rozwiązania trudności z pomocą innych ludzi może przyspieszyć proces znalezienia praktycznych rozwiązań. Wsparcie może przyjść w formie konkretnych porad lub pomocy w podejmowaniu decyzji.

Wzmocnienie więzi:

Motywacja do szukania wsparcia i udzielania go innym buduje silniejsze więzi międzyludzkie. Proces udzielania i otrzymywania wsparcia jest okazją do pogłębiania relacji.

Zrozumienie różnych punktów widzenia:

Motywacja do słuchania różnych opinii i perspektyw innych ludzi może pomóc w zrozumieniu, że istnieje wiele sposobów patrzenia na sytuację. To z kolei może pomóc w znalezieniu rozwiązań, które uwzględniają różne interesy i potrzeby.

Znalezienie pomocy specjalistów:

Motywacja do szukania pomocy specjalistów, takich jak terapeuci czy doradcy, jest kluczowa w radzeniu sobie z trudnościami, które wymagają fachowej wiedzy i doświadczenia.

*Klucz do sukcesu*

Rozwój umiejętności interpersonalnych:

Dążenie do szukania wsparcia motywuje do rozwijania umiejętności interpersonalnych, takich jak empatia, aktywne słuchanie i umiejętność wyrażania potrzeb i uczuć.

Wnioskiem jest to, że motywacja do szukania wsparcia jest kluczowym elementem radzenia sobie z trudnościami w relacjach. Dzięki wsparciu od innych, ludzie mogą lepiej zrozumieć siebie i swoje relacje, co prowadzi do rozwiązań opartych na współpracy i wzajemnym zrozumieniu. To umiejętność, która wspiera zarówno relacje osobiste, jak i zawodowe, oraz przekłada się na ogólną jakość życia.

Radzenie sobie z konfliktami i trudnościami w relacjach wymaga determinacji i motywacji do skutecznego działania. Motywacja może być kluczowym czynnikiem, który pomaga nam przezwyciężać różnice i tworzyć zdrowe, satysfakcjonujące relacje z innymi ludźmi.

Podsumowując w tym rozdziale przyjrzeliśmy się roli motywacji w życiu prywatnym oraz zaprezentowaliśmy różnorodne techniki i strategie, które można zastosować, aby wzmocnić naszą motywację w różnych sferach życia.

Wpływ motywacji na zdrowie fizyczne i psychiczne został dokładnie omówiony, podkreślając, jak silna motywacja może wspierać utrzymanie zdrowego stylu życia i przekładać się na lepsze samopoczucie fizyczne i psychiczne.

Przyjrzelismy się również, jak motywacja może wpływać na proces nauki i zdobywanie nowych umiejętności. Szczególny nacisk został położony na celowe planowanie rozwoju osobistego i nauki, ukazując, jakie korzyści przynosi dążenie do określonych celów edukacyjnych.

Rozważyliśmy znaczenie motywacji w budowaniu zdrowych relacji i komunikacji, uwzględniając techniki motywacyjne wspierające utrzymanie zdrowego stylu życia oraz umiejętność radzenia sobie z konfliktami i trudnościami interpersonalnymi.

*Klucz do sukcesu*

Podkreśliliśmy, że motywacja jest kluczowa nie tylko w naszym życiu zawodowym, ale także w sferze prywatnej, i zachęcamy do wykorzystania opisanych strategii, aby skutecznie budować i utrzymywać silną motywację, co przekłada się na większy sukces i spełnienie w różnych obszarach naszego życia prywatnego.

# Podsumowanie Działu I:

Omówiliśmy wiele aspektów związanych z motywacją w różnych sferach życia, takich jak zdrowy styl życia, nauka i rozwijanie umiejętności, relacje interpersonalne oraz radzenie sobie z konfliktami. Poniżej przedstawiam kluczowe punkty:

Motywacja w zdrowym stylu życia:

- Motywacja jest kluczowa do utrzymania zdrowych nawyków, takich jak regularna aktywność fizyczna i zdrowa dieta.

- Określenie jasnych celów zdrowotnych i korzystanie z technik motywacyjnych pomaga podtrzymać zaangażowanie.

- Cele zdrowotne powinny być mierzalne, realistyczne i dostosowane do własnych potrzeb.

Motywacja w nauce i rozwoju osobistym:

- Motywacja sprzyja zwiększonej koncentracji, szybszemu przyswajaniu materiału i długotrwałemu zaangażowaniu w naukę.

- Określenie celów rozwoju i tworzenie planów działań pomaga osiągnąć sukcesy.

- Systematyczne monitorowanie postępów oraz korzystanie z technik motywacyjnych wzmacnia motywację.

Motywacja w relacjach interpersonalnych:

- Motywacja jest kluczowa w budowaniu i utrzymywaniu zdrowych relacji.

- Zrozumienie potrzeb i wartości swoich i innych jest istotne w budowaniu empatii i zaufania.

- Rozwiązywanie konfliktów i trudnych rozmów wymaga skupienia na rozwiązaniach, aktywnym słuchaniu i wyrażaniu uczuć.

Motywacja w radzeniu sobie z konfliktami:

- Motywacja do aktywnego rozwiązywania konfliktów pomaga w zrozumieniu, że są one naturalną częścią relacji i mogą prowadzić do pozytywnych zmian.

- Wsparcie od innych, zarówno emocjonalne, jak i praktyczne, jest kluczowe w radzeniu sobie z konfliktami.

- Warto rozwijać umiejętności negocjacyjne, aktywne słuchanie i skupianie się na rozwiązaniach, a nie na przeszłości.

Motywacja jest siłą napędową, która może prowadzić do sukcesu w wielu dziedzinach życia, od zdrowego stylu życia przez naukę i rozwijanie umiejętności po tworzenie zdrowych relacji i radzenie sobie z konfliktami. Kluczem jest określenie celów, planowanie działań, świadomość własnych potrzeb i wartości oraz gotowość do nauki i rozwoju umiejętności interpersonalnych. Współpraca z innymi i korzystanie z dostępnego wsparcia również odgrywają kluczową rolę w utrzymaniu i wzmacnianiu motywacji.

*Klucz do sukcesu*

# Motywacja z zastosowaniem hipnozy

## Różne poziomy motywacji

Po wzmocnieniu poczucia własnej wartości, możesz skoncentrować się na podniesieniu motywacji. Zauważ, że "zwiększenie motywacji" oznacza, że już do pewnego stopnia jesteś gotowy do działania. Psycholog Abraham Maslow opisał poziomy motywacji, które rozciągają się od potrzeb fizjologicznych do psychologicznych:

Abraham Maslow był znanym psychologiem, który zaproponował teorię hierarchii potrzeb, w której opisał pięć poziomów motywacji. Te poziomy motywacji były uważane za hierarchiczne, co oznacza, że niżej położone potrzeby muszą być zaspokojone przed tymi na wyższym poziomie. Oto te pięć poziomów potrzeb Maslowa:

1. Potrzeby fizjologiczne: To najniższy poziom hierarchii. Obejmuje podstawowe potrzeby fizyczne, takie jak jedzenie, picie, sen, schronienie i inne potrzeby związane z przetrwaniem. Gdy te potrzeby nie są spełnione, stają się głównym źródłem motywacji.

2. Potrzeby bezpieczeństwa: Po zaspokojeniu potrzeb fizjologicznych, jednostki przechodzą do potrzeb bezpieczeństwa. Te potrzeby obejmują poczucie bezpieczeństwa, stabilności i ochrony przed niebezpieczeństwami. To może obejmować zarówno bezpieczeństwo fizyczne, jak i emocjonalne.

3. Potrzeby przynależności i miłości: Kolejny poziom to potrzeby społeczne. W tym przypadku chodzi o pragnienie przynależności do grupy, bliskości, miłości i akceptacji społecznej. To obszar relacji interpersonalnych i potrzeby tworzenia przyjaźni oraz intymnych relacji.

*Klucz do sukcesu*

4. Potrzeby uznania i szacunku: Po zaspokojeniu potrzeb społecznych, Maslow opisuje potrzebę uznania i szacunku. To pragnienie bycia docenianym, cenionym i szanowanym. Obejmuje również potrzebę rozwoju osobistego i osiągnięć.

5. Potrzeby samorealizacji: Na szczycie hierarchii Maslowa znajdują się potrzeby samorealizacji. To pragnienie rozwijania swojego pełnego potencjału, osiągania celów, dążenia do kreatywności i samoaktualizacji. Osoba na tym poziomie dąży do spełnienia swoich najwyższych aspiracji i znalezienia sensu w życiu.

Warto zaznaczyć, że nie każdy człowiek osiąga wszystkie te poziomy hierarchii w takiej samej kolejności, a niektórzy mogą jednocześnie dążyć do różnych poziomów. Teoria Maslowa jest jednak nadal używana jako narzędzie do zrozumienia motywacji i potrzeb ludzi w różnych kontekstach życiowych.

Możesz już dostrzec, że jesteś zmotywowany na poziomie 1, dbając o swoje podstawowe potrzeby, a także na poziomie 2, troszcząc się o własne bezpieczeństwo. Poziom 3 stanowi połączenie tych podstawowych potrzeb z bardziej złożonymi relacjami społecznymi. Poziom 4, dotyczący szacunku i poczucia wartości, został już omówiony. Skupimy się teraz na poziomie 5, który związany jest z motywacją do osiągania sukcesów.

Aby zwiększyć swoją motywację i osiągnąć sukces, musisz przezwyciężyć lęk przed porażką i określić swoje cele. Oto bardziej szczegółowe omówienie tych dwóch kluczowych aspektów:

1. Pokonywanie strachu przed porażką: Strach przed porażką może być potężną przeszkodą na drodze do sukcesu. Jednak zrozumienie, że porażka jest naturalną częścią procesu, może pomóc w zbudowaniu motywacji. Pamiętaj, że nawet najbardziej udane osoby doświadczyły porażek w swoim życiu. Ważne jest, aby patrzeć na porażki jako na możliwość nauki i rozwoju. Kiedy popełnisz błąd lub nie osiągniesz swojego celu, zastanów się, co możesz z tego wynieść. To może pomóc ci unikać tych samych

*Klucz do sukcesu*

błędów w przyszłości i stać się bardziej wytrwałym.

2. Określanie celów: Cele są kluczowym źródłem motywacji. Pomagają one nie tylko określić kierunek, w którym chcesz iść, ale także dostarczają energii i determinacji do działania. Ważne jest, aby cele były konkretne, mierzalne, osiągalne, realistyczne i czasowo określone (tzw. SMART). Jeśli twoje cele są zbyt ogólne lub nieokreślone, może być trudno zrozumieć, jakie kroki trzeba podjąć, aby je osiągnąć. Określenie priorytetów i ustalenie, które cele są najważniejsze, pomoże ci skupić swoją energię na najważniejszych zadaniach.

Poznaj historię Sary, która marzyła o prowadzeniu kursu malarstwa na kółku artystycznym. Początkowo wydawało się to odległym celem, ale dzięki silnej motywacji i określeniu etapów dążenia do tego celu, zdołała go osiągnąć.

Etap 1: Nauka i Rozwój Umiejętności

Sara rozpoczęła od zbierania informacji na temat malarstwa. Spędzała godziny na czytaniu książek o różnych technikach malarskich, uczestniczyła w warsztatach artystycznych i zgłębiała tajniki różnych stylów malarstwa. To etap, w którym zdobywała wiedzę i umiejętności potrzebne do prowadzenia kursu malarstwa.

Etap 2: Praktyka i Doskonalenie Umiejętności

Sara zdawała sobie sprawę, że umiejętności artystyczne wymagają praktyki. Dlatego codziennie spędzała czas przed płótnem, eksperymentując z różnymi technikami i tworząc własne prace. To okres, w którym nie tylko doskonaliła swoje umiejętności, ale także budowała swój własny unikalny styl artystyczny.

Etap 3: Budowanie Reputacji

Kiedy Sara uznała, że jej umiejętności są na wystarczającym poziomie, zaczęła budować swoją reputację jako artystka. Rozpoczęła od udziału w lokalnych wystawach i galeriach, gdzie prezentowała swoje prace. Jej determinacja i zaangażowanie zwróciły uwagę innych artystów i krytyków.

Etap 4: Nawiązywanie Kontaktów w Branży Artystycznej

Sara zdawała sobie sprawę, że aby prowadzić kursy malarstwa, potrzebuje wsparcia i kontaktów w branży artystycznej. Rozpoczęła aktywne nawiązywanie kontaktów z innymi artystami, nauczycielami i właścicielami galerii. To etap, w którym zrozumiała, że współpraca i wsparcie od innych ludzi są kluczowe.

Etap 5: Przygotowanie do Prowadzenia Kursów

Zdobywszy wiedzę, umiejętności, reputację i wsparcie w branży artystycznej, Sara zaczęła przygotowywać się do prowadzenia kursów malarstwa. Opracowała program nauczania, znalazła odpowiednie miejsce do prowadzenia zajęć i rozpoczęła promocję swoich kursów.

Dzięki wytrwałości, determinacji i jasno określonym celom Sara spełniła swoje marzenie i zaczęła prowadzić kursy malarstwa na kółku artystycznym. Jej przykład pokazuje, że motywacja i konkretny plan działania mogą przekształcić odległe cele w realność. To doskonały przykład tego, jak określenie priorytetów i ścieżki rozwoju może prowadzić do osiągnięcia swoich marzeń.

Warto także pamiętać, że doświadczenie uczucia spełnienia jest istotne dla utrzymania motywacji. Gdy osiągasz cele pośrednie w drodze do głównego celu, zazwyczaj towarzyszy temu poczucie satysfakcji i motywacji do dalszej pracy. To uczucie spełnienia jest jak paliwo, które napędza twoją determinację do osiągnięcia ostatecznego sukcesu. W miarę jak zbliżasz się do realizacji swoich marzeń, te małe sukcesy są źródłem motywacji, by kontynuować pracę i dążyć do swoich celów.

Po przeanalizowaniu funkcji celów czas na sprecyzowanie celów osobistych.

## Sprecyzowanie celów

Żeby zwiększyć motywację do odnoszenia sukcesów, powinieneś dokładnie ustalić, co rozumiesz przez sukces. Musisz opisać swój cel. Oto kilka przykładów osobistych celów wskazanych przez osoby będące w odmiennej sytuacji życiowej i wykonujące różne zawody.

Przykład osoby młodej, studenta:

- Ukończenie studiów i zdobycie dyplomu.

- Rozwinięcie sieci kontaktów zawodowych podczas stażu lub praktyk.

- Poprawa umiejętności w zakresie zarządzania czasem i nauką.

Przykład pracownika biurowego:

- Awans na wyższe stanowisko w firmie.

- Rozwinięcie umiejętności komunikacji interpersonalnej i przywództwa.

- Zdobycie certyfikatu lub specjalizacji w dziedzinie związanej z pracą.

Przykład rodzica, który jest wychowawcą domowym:

- Umożliwienie dzieciom dostępu do jakościowej edukacji domowej.

- Zorganizowanie aktywności pozalekcyjnych i zajęć dodatkowych.

- Samorozwój w dziedzinie edukacji domowej i pedagogiki.

Przykład przedsiębiorcy:

- Rozwinięcie działalności firmy i zwiększenie jej obrotów.

- Wprowadzenie innowacji lub nowych produktów na rynek.

- Zbudowanie silnej marki i rozszerzenie rynków zbytu.

Przykład emeryta:

- Prowadzenie zdrowego stylu życia i dbanie o kondycję fizyczną.

- Działalność charytatywna i wolontariat.

- Nauka nowych umiejętności lub hobby, takich jak nauka języka obcego czy sztuka malowania.

Przykład artysty:

- Stworzenie nowej kolekcji dzieł sztuki.

- Organizacja wystawy swoich prac.

- Zdobycie nagrody lub stypendium artystycznego.

Przykład pracownika służby zdrowia:

- Ulepszenie opieki nad pacjentami i podniesienie standardów opieki medycznej.

- Kontynuowanie edukacji i specjalizacja w konkretnej dziedzinie medycyny.

- Promowanie zdrowego stylu życia i profilaktyki zdrowotnej w społeczności.

*Klucz do sukcesu*

Oczywiście, cele życiowe są bardzo zróżnicowane i zależą od indywidualnych marzeń, wartości i sytuacji życiowej. Te przykłady pokazują, że cele mogą być zawodowe, edukacyjne, rodzinne, zdrowotne, społeczne lub artystyczne. Istotne jest określenie swoich priorytetów i dążenie do realizacji celów, które są dla nas ważne. Zauważ, że wszystkie cele mają określony kierunek. Poczucie ruchu jest właściwe każdemu.

## Teraz spójrzmy na twój cel.

Rozważ dokładnie, co pragniesz osiągnąć, a następnie to zapisz.

Moim celem jest:

....

....

....

....

## Łączenie celu z nagrodą

Wraz z osiągnięciem celu musi w tej czy innej formie pojawić się nagroda. Poczucie dokonania czegoś i osiągnięcia sukcesu wypływa z następujących rodzajów nagród:

\# poczucia dumy; poczucia satysfakcji; osiągnięcia określonego poziomu intelektualnego, emocjonalnego czy społecznego;

\# korzyści materialnych; zadowolenia z własnego rozwoju;

\# rozwoju wrodzonych lub nabytych zdolności i talentów.

Przeczytaj tę listę jeszcze raz. Zadaj sobie pytanie, który rodzaj (czy które rodzaje) nagród jest dla ciebie najważniejszy. Twoja nagroda mogła zostać wymieniona na tej liście, ale może też mieć zupełnie inny charakter. Jest tak samo osobista, jak twój cel i dopóki ma dla ciebie znaczenie, jest słuszna.

Aby wyjaśnić sobie związek pomiędzy celem a nagrodą za jego osiągnięcie, wpisz tutaj swoją nagrodę.

## Moją nagrodą za [NAZWIJ SWÓJ CEL

......................................................................................

.............] będzie:

....

....

....

....

Wyraźne określenie celu oraz nagrody pomoże ci osiągnąć sukces.

Oczywiście nie można osiągnąć sukcesu czy zrealizować celu bez pozytywnego nastawienia. Ten warunek łączy się bezpośrednio z tym, czego już dowiedziałeś się o pozytywnym programowaniu i wiążących się z nim czynnikach podczas pracy nad odzyskiwaniem poczucia własnej wartości.

## Twoje nastawienie wpływa na twoją motywację.

Aby zrozumieć, jak konkretnie twoje nastawienie wpływa na twoją motywację do osiągnięcia sukcesu, odpowiedz sobie na następujące pytania:

1. Czy mam możliwości i narzędzia do tworzenia korzystnych i sprzyjających mi warunków życiowych oraz realizacji swoich marzeń i celów?

2. Czy moje umiejętności, wkład w pracę i doświadczenie uprawniają mnie do oczekiwania wyższych wynagrodzeń i korzyści finansowych?

3. Czy moje osiągnięcia i wysiłki zasługują na uznanie i pochwałę, zarówno

*Klucz do sukcesu*

ze strony innych, jak i mojej własnej?

4. Czy moje talenty i zdolności są warte rozwoju i inwestycji, które mogą prowadzić do osiągnięcia większych celów i pełniejszego wykorzystania mojego potencjału?

5. Czy moje wiedza i doświadczenie sięgnęły punktu, w którym jestem gotów/chętny do podjęcia bardziej zaawansowanych zadań i pracy wymagającej większej fachowości?

6. Czy moje umiejętności i cechy przywódcze pozwalają mi rozważyć stanowisko kierownicze lub bardziej odpowiedzialną rolę w pracy?

7. Czy istnieje potencjał do zwiększenia mojego poczucia szczęścia poprzez świadome działania i pracę nad rozwojem osobistym?

8. Czy moje wysiłki i zaangażowanie w dane dziedziny lub projekt zasługują na uznanie, które przekłada się na prestiżowy tytuł lub wyjątkową pozycję zawodową?

9. Czy moje wysiłki i osiągnięcia powinny przekładać się na poprawę jakości mojego życia i stworzenie bardziej komfortowych warunków?

10. Czy mam potencjał do inspirowania i budzenia entuzjazmu u innych, a jeśli tak, jak mogę wykorzystać tę zdolność w swoim życiu?


Te pytania mogą prowadzić do różnych sposobów myślenia i refleksji nad własnym rozwojem i celami życiowymi.


Żeby osiągnąć sukces, musisz być przekonany, że jesteś tego wart. Zarówno hipnoza poczucia własnej wartości, jak i hipnoza motywacji do osiągnięcia sukcesu pomogą ci postrzegać siebie jako wartościową osobę, która zasługuje na osiągnięcie wyznaczonego celu.

## Przeprogramowanie w celu osiągnięcia sukcesu

Przyjrzyjmy się teraz dokładnie, jak hipnoza motywacji do osiągnięcia sukcesu pomoże ci w osiągnięciu trzech celów:

- ☐ zyskaniu motywacji do osiągnięcia sukcesu,
- ☐ osiągnięciu sukcesu,
- ☐ radości z tego osiągnięcia.

Konieczne jest, abyś przyjął pozytywne podejście do siebie i swojego potencjału. To pozytywne podejście oraz przekonanie o własnej wartości odgrywają znaczącą rolę w kontekście hipnoterapii. Te elementy stają się kluczowymi składnikami całego procesu hipnoterapeutycznego. W trakcie hipnozy wzmocnione zostają twoje motywacje i dążenie do osiągnięcia sukcesu. Możesz wyobrazić sobie, że bez trudu pokonujesz wszelkie przeszkody na drodze do osiągnięcia swego wymarzonego celu. Jesteś w pełni wolny od obciążeń z przeszłości, w pełni pewny siebie, ufasz sobie, jesteś w skupieniu i pełni siły...

Musisz zaprogramować się na osiągnięcie konkretnych celów. Hipnoza motywacji do osiągnięcia sukcesu sugeruje: „Wyobraź sobie cel czy plan, który chciałbyś zrealizować. Twoim celem jest …. Zobacz siebie, jak odrzucasz wszystkie inne, mniej ważne cele i koncentrujesz się tylko na jednym zadaniu w danym czasie. Zobacz siebie wkładającego maksimum energii w działanie, zobacz, jak osiągasz swój cel".

Musisz zaakceptować sukces w swoim życiu i cieszyć się nim. Hipnoza motywacji do osiągnięcia sukcesu sugeruje: Jesteś szczęśliwy, wrażliwy na sprawy innych, pomagasz innym, twój sukces jest dobry dla wszystkich. Czujesz się dobrze ze swoim sukcesem, korzystasz z niego w najbardziej pozytywny i wartościowy sposób. Każdy twój wybór i droga życiowa są teraz absolutnie właściwe. Zobacz siebie, jak osiągasz powodzenie, masz do wyboru wiele wspaniałych dróg i wiesz, że ten sukces może trwać, że możesz dokonywać wyborów, które wzbogacają twoje życie".

*Klucz do sukcesu*

# Historia Toma

Oto historia Toma, człowieka, który odnalazł swoją motywację i zmienił swoje życie, wykorzystując hipnozę.

Tom w wieku 40 lat pracował jako księgowy w małej firmie. Jego praca była stabilna, ale monotonna. Codziennie zajmował się liczbami, bilansami i dokumentacją finansową. Mimo że miał rodzinę do utrzymania i rachunki do zapłacenia, czuł się zagubiony i pozbawiony motywacji.

Jego życie zdawało się kręcić w kółko, a perspektywa kolejnych dziesięcioleci spędzonych przy biurku przyprawiała go o przerażenie. Tom marzył o czymś więcej, o bardziej znaczącym celu, którym mógłby się zająć.

Pewnego dnia, przeglądając internet, natknął się na informacje o terapii hipnoterapeutycznej. Był początkowo sceptyczny, ale postanowił dać jej szansę. Skontaktował się z profesjonalnym hipnoterapeutą i umówił się na pierwszą sesję.

W trakcie sesji hipnoterapeuta pomógł Tomowi odkryć jego wewnętrzną motywację i pasję. Razem przeszli przez proces odkrywania celów i marzeń Toma. Okazało się, że Tom zawsze kochał muzykę, ale z czasem odłożył ją na bok, by skupić się na pracy zawodowej.

Dzięki hipnozie i wsparciu terapeuty, Tom odkrył, że nadal może podążać za swoją pasją. Rozpoczął naukę gry na gitarze i komponowania własnych utworów. Stopniowo zaczął wykorzystywać swoje umiejętności muzyczne, grając na lokalnych koncertach i nagrywając swoją muzykę.

W miarę jak Tom coraz bardziej zagłębiał się w świat muzyki, zrozumiał, że to właśnie to sprawia mu największą radość i motywację. Praca księgowego nadal była częścią jego życia, ale teraz widział ją jako środek do osiągnięcia swojego prawdziwego celu - dzielenia się swoją muzyką z innymi i inspirowania ludzi.

Hipnoterapia pomogła Tomowi uwierzyć w siebie i swoje marzenia. Teraz, jako muzyk i kompozytor, realizuje swoje pasje, przynosząc mu nie tylko satysfakcję, ale także spełnienie w życiu. To historia o odnalezieniu motywacji i pasji w nieoczekiwanych miejscach, która pokazuje, że nigdy nie jest za późno, aby podążać za swoimi marzeniami.

*Klucz do sukcesu*

## Jeśli z jakiegoś powodu…

Jeśli z jakiegoś powodu nie chcesz lub nie możesz korzystać z nagrania do hipnozy, możesz skorzystać z poniższego tekstu, czytając go bezpośrednio po przebudzeniu i przed zaśnięciem.

1. Znajdź spokojne miejsce, gdzie możesz się zrelaksować. Połóż się wygodnie na plecach lub w pozycji półleżącej, z zamkniętymi oczami.

2. Zacznij oddychając głęboko i równomiernie. Wdech przez nos, zatrzymaj oddech na chwilę, a następnie wydech przez usta. Powtarzaj ten proces kilka razy, aby poczuć się coraz bardziej zrelaksowanym.

3. Teraz skoncentruj się na swoim ciele, poczynając od głowy. Wyobraź sobie, że mięśnie twojej głowy są rozluźnione. Skoncentruj się na tym uczuciu relaksu, które się w tobie pojawia.

4. Stopniowo przesuwaj się w dół ciała, koncentrując się na każdej części. Rozluźniaj mięśnie szyi, ramion, klatki piersiowej, brzucha, bioder, nóg i stóp. W miarę jak to robisz, wyobrażaj sobie, jak napięcie opuszcza twoje ciało i jesteś coraz bardziej zrelaksowany.

6. Teraz, kiedy twoje ciało jest w stanie głębokiego relaksu, pozwól swojemu umysłowi skoncentrować się na tych celach lub afirmacjach. Wyobraź sobie, że są one jak nasiona, które kiełkują w twoim umyśle i sercu.

Możesz również skorzystać z treningu autogennego Schultza, który jest dostępny bezpłatnie na tej samej stronie internetowej, na której znajdziesz również program terapeutyczny, zawierający tę książkę w wersji elektronicznej oraz nagranie do hipnozy:

https://programy.terapiairelaks.com/

*Klucz do sukcesu*

Gdy się zrelaksujesz, przeczytaj poniższy tekst:

*Pozwalam tym pozytywnym doznaniom wzmacniać się coraz bardziej i bardziej, razem z dobrym samopoczuciem. A za każdym razem, kiedy czytam ten tekst, jestem w stanie zrelaksować się coraz głębiej, głębiej i głębiej.*

*Mimo stresu i napięcia, które może pojawiać się w moim życiu, mogę teraz zachować spokój, odprężenie, opanowanie, zdolność odpierania stresu i napięcia oraz trzymam je od siebie z daleka. Po prostu je odbieram i trzymam z dala od siebie.*

*Te pozytywne uczucia pozostaną ze mną i jeszcze bardziej się wzmocnią w ciągu kolejnych, następnych dni, kiedy ja będę nadal głębiej i głębiej się odprężać.*

*Pokonuje wszelkie przeszkody, które mogą mnie powstrzymywać przed osiągnięciem celu i pełnym sukcesem. Widzę teraz doskonały dzień, dzień, w którym budzę się i wiem, że to jest taki dzień, w którym wszystko dobrze się układa, wszystko ma swój czas i miejsce. Moje uczucia są przyjemne, odczuwam spokój i zadowolenie. Dotąd moje życie było w wygodnych i bezpiecznych granicach, zakreślonych przeze mnie, a teraz postanawiam wykroczyć poza ten obszar. Rozbijam barykady, barykady, które zostały przeze mnie zbudowane i rozszerzam swoje horyzonty, rozszerzam cel, sięgam coraz wyżej, czuję się dobrze z nowymi celami, czuję się swobodnie w rozszerzonych granicach. Czuję się bezpiecznie, odczuwam ochronę i zadowolenie, że mam siłę, by zmieniać, by zmienić swoje granice i stawać się osobą, która osiągnęła sukces, taką osobą, jaką chcę być. Czuję się dobrze, czuję się spokojnie, odczuwam zadowolenie.*

*Dostrzegam ten szczególny dzień i umieszczam go w niedalekiej*

*przyszłości, za dzień, dwa, tydzień, miesiąc, w niedalekiej przyszłości.*

*Wyobrażam sobie życie po rozwiązaniu wielu konfliktów, wielu*

*problemów, należą one już do przeszłości.*

*Uśmiecham się, odczuwam spokój i zadowolenie. Zostały odnalezione*

*sposoby rozwiązania problemów i stosuje te sposoby. Odczuwam wolność od*

*obciążeń z przeszłości, czuję pewność siebie, bezpieczeństwo, czuję*

*koncentrację i siłę, teraz wyobrażam sobie cel i plan, który chcę*

*zrealizować. Moim celem jest:*

*..*

*..*

*..*

*(tutaj wpisz swój cel).*

*Odsuwam mniej ważne cele i koncentruję się na jednym przedsięwzięciu.*

*Wkładam energię w swoje działania, widzę, jak je realizuję. Widzę teraz*

*nowe możliwości, nowe wyzwania, które są bardziej ekscytujące niż stare.*

*Mam energię, entuzjazm, koncentruję się, skupiam, a ze starych pomysłów*

*rodzą się nowe, pojawia się nowa energia i pozytywne uczucia, osiągam*

*sukces. Osiągam swój cel. Moją nagrodą za sukces jest:*

*..*

*..*

*..*

*( Napisz tu swoją nagrodę za sukces).*

*Jestem człowiekiem wartym wszystkich dobrych rzeczy, które życie ma do*

*zaoferowania. Osiągnięcie celu przynosi mi dużo korzyści, a kiedy osiągam*

**Klucz do sukcesu**

*inne cele, traktuj to jako wydarzenia pozytywne, pozytywne dla mnie, mojej rodziny, przyjaciół i osób, z którymi pracuję. Widzę mój cele w moim życiu, patrzę na to jak na pozytywne zdarzenia, pozytywne dla mnie, mojej rodziny, przyjaciół i osób, z którymi pracuję. Wkładam energię w dążenie do celu i osiągam sukcesy, na które zasługuję, zastanawiam się nad innymi już osiągniętymi pozytywnymi celami, przyniosły one korzyść mi i wszystkim dookoła. Teraz widzę jak staję się osobą osiągającą sukces. Odczuwam szczęście, jestem osobą wrażliwą na los innych, pomagam innym, a mój sukces wpływa pozytywnie na całe moje otoczenie. Dobrze się czujesz ze swoim sukcesem i wykorzystujesz go w najbardziej pozytywny i wartościowy sposób. Zasługuję na to, aby osiągnąć sukces, widzę to, czuję to, odnoszę sukces. Mój umysł jest jasny, widzę siebie jako inteligentną osobę, widzę w sobie twórczego i pięknego człowieka, którym jestem. Mam przed sobą wiele wyborów, wiele możliwości i cokolwiek wybieram, w którymkolwiek idę kierunku, wiem, że postępuję właściwie. Mój sukces wpływa pozytywnie na mnie i wszystkich, którzy mają związek z moim życiem. Każdy mój wybór i każda obrana droga są absolutnie właściwe. Widzę siebie w najbliższej przyszłości, mam wiele pozytywnych kierunków rozwoju, wiele wyborów, i przenoszę to wyobrażenie do teraźniejszości, widzę, jak rozwiązuję problemy, widzę siebie, jako osobę pewną siebie i jakie osiąga powodzenie, widzę, jak wiele mam przed sobą wspaniałych i pozytywnych dróg. Wiem, że nadal osiągam powodzenie, mogę wciąż dokonywać wyborów, które wzbogacają moje życie.*

<u>Przed snem dodaj:</u>

*Teraz zasypiam, zasypiam, zasypiam.*

*A wszystkie te pozytywne autosugestie się utrwalają we mnie, gdy ja zasypiam, zasypiam, zasypiam. Śpię zdrowym regenerującym snem i budzę się o wyznaczonej porze rześki, wypoczęty, zrelaksowany jak po bardzo długim odpoczynku.*

*Teraz zasypiam, zasypiam, zasypiam.*

<u>O poranku dodaj:</u>

*Teraz wstaje, budzę się i zaczynam wspaniały dzień.*

*Wszystkie te pozytywne autosugestie się utrwalają we mnie podczas tego i każdego kolejnego dnia.*

# Co proponuję zrobić dalej?

## Co robić po osiągnięciu motywacji?

Stosuj tę indukcję codziennie przez miesiąc. Kiedy zauważysz znaczną poprawę, ogranicz stosowanie indukcji do cotygodniowych sesji wzmacniających.

Większość ludzi osiąga ten poziom w drugim miesiącu. Od tej pory możesz stosować hipnozę jako „system podtrzymujący", kiedy tylko odczujesz taką potrzebę.

Na początku prowadź „dziennik sukcesów", a w nim zapisuj sukcesy we wszelkich dziedzinach życia. Sporządzaj notatki za każdym razem, kiedy coś osiągniesz, kiedy poczujesz, że doszedłeś do czegoś dzięki zwiększonemu poczuciu własnej wartości i motywacji. Możesz na przykład zapisywać sytuacje, kiedy ktoś prosi cię o opinię czy słucha twojej rady, pochwali cię czy wyróżni, kiedy czujesz się bardziej pewny swojej racji w podejmowanych działaniach czy bardziej atrakcyjny fizycznie. Tylko z małych osobistych osiągnięć mogą powstać duże.

Skoncentruj się na tym, co osiągnąłeś, i nie potępiaj się za to, czego nie udało się dokonać.

Uwagi dodatkowe

Obok hipnozy stosuj inne proste sposoby zwiększania poczucia własnej wartości, motywacji i sukcesu.

1. Przekazuj sobie pozytywne sugestie przed snem.

2. Postrzegaj problemy jako możliwości.

3. Wykonuj ćwiczenia fizyczne i odżywiaj się prawidłowo.

4. Postrzegaj siebie jako zdrowego i uzdolnionego.

5. Przebywaj z przyjaciółmi, którzy mają pozytywną postawę.

6. Utrzymuj kontakt z mentorem, osobą odnoszącą sukcesy w twojej dziedzinie, która może służyć ci radą i zapewnić moralne wsparcie.

Przebadaj się sam i jeżeli odczujesz brak pozytywnego nastawienia czy motywacji, wynikający z braku energii fizycznej, jeżeli jesteś często zmęczony lub przygnębiony, to możesz potrzebować szczegółowego przeanalizowania stanu twojego zdrowia, sposobu odżywiania lub kondycji psychicznej. Rozważ poddanie się bardzo dokładnym badaniom u lekarza specjalisty.

# Ćwiczenia

## Dziennik pozytywnych myśli

Jednym z ćwiczeń terapeutycznych związanych z pozytywnym myśleniem jest prowadzenie dziennika pozytywnych myśli. Codziennie rano lub wieczorem, przed snem, warto zapisać kilka pozytywnych myśli związanych z naszymi celami, wartościami czy działaniami, które wykonaliśmy. Można też zapisać rzeczy, za które jesteśmy wdzięczni w naszym życiu. To pozwoli nam skupić się na pozytywnych aspektach naszego życia i dodać nam energii i motywacji do działania.

Cieszę się, że mogę ci pomóc poprzez udział w programie psychoterapeutycznym, który przygotowałem z myślą o tobie, o ludziach takich, jak ty.

# Warto również

Jeśli jesteś w tym miejscu, znaczy to, że chcesz dokonać więcej pozytywnych zmian w swoim życiu. W tym celu chce ci zaproponować udział w warsztatach terapeutycznych.

*Klucz do sukcesu*

Warsztaty terapeutyczne - kierunek pozytywnych zmian

Tematy oferowanych warsztatów:

- → "Jak odbudować związek".
- → "Każda relacja zaczyna się od Ciebie".
- → "Odzyskaj spokój po rozstaniu lub stracie".
- → "Zrozumieć i pokonać depresję".
- → "Uwolnij się od lęku i fobii".
- → "Życie po traumie".

Więcej informacji znajdziesz na stronie: https://warsztaty.terapiairelaks.com/

Nagranie do hipnozy znajdziesz w programie terapeutycznym na tej stronie internetowej:

- https://programy.terapiairelaks.com/

Jeśli chcesz skorzystać z programu terapeutycznego mojego autorstwa, użyj poniższego kuponu rabatowego: -20%.

Kod rabatowy:

Jestem-wspaniałym-człowiekiem

Pozdrawiam

Paweł

*Klucz do sukcesu*

Pomóż **w działaniu** organizacji non profit:

Health Without Limits - Terapia i Relaks CIC

https://hwl.terapiairelaks.com/

Dołącz do rozwoju fundacji:

https://fundacja.terapiairelaks.com/

*Klucz do sukcesu*

# Kilka słów o autorze

**"Liczy się człowiek"**

Jak sięgam pamięcią, zawsze fascynował mnie człowiek, jego zachowanie, to, w jaki sposób myśli o otaczającej go rzeczywistości, co czuje i jak funkcjonuje w relacjach z innymi. Ludzie mają dla mnie wartość nadrzędną. Stąd też zrodziła się moja pasja do psychologii oraz chęć zrozumienia ludzkich potrzeb i zachowań.

Z początku interesowałem się psychologią biznesu i już jako 19-latek zdobywałem i rozwijałem swoje umiejętności prowadząc własną działalność. Wspominam ten czas bardzo dobrze i uważam, że to właśnie praca w tzw. biznesie daje człowiekowi twardą szkołę życia. Jednak mimo sukcesów zawodowych, wciąż miałem potrzebę poszukiwania tego, co przyniesie mi poczucie wewnętrznej satysfakcji i spełnienia. I tak rozpocząłem swoją nową podróż w kierunku pomagania innym.

Jako psychoterapeuta i hipnoterapeuta towarzyszę moim pacjentom w procesie poznawania siebie, odnajdywania osobistych celów i wartości, pomagam w kryzysie i wspieram w pokonywaniu lęków. W swojej pracy stosuję głównie podejście poznawczo-behawioralne z zastosowaniem hipnozy, czerpiąc również inspirację z terapii dialektyczno-behawioralnej oraz

*Klucz do sukcesu*

terapii schematów. Jestem autorem programów terapeutycznych i współorganizatorem warsztatów terapeutycznych organizowanych w różnych krajach Europy.

Prywatnie jestem spełnionym ojcem i osobą ciekawą świata. Uwielbiam podróże, campingi, a przyroda stanowi źródło życiodajnych sił.

*Klucz do sukcesu*

Czytając ten dokument, czytelnik zgadza się, że w żadnym wypadku nie ponosimy odpowiedzialności za jakiekolwiek straty, bezpośrednie lub pośrednie, poniesione w wyniku wykorzystania informacji zawartych w tym dokumencie, w tym między innymi: błędy, pominięcia lub nieścisłości.

9 798886 986910